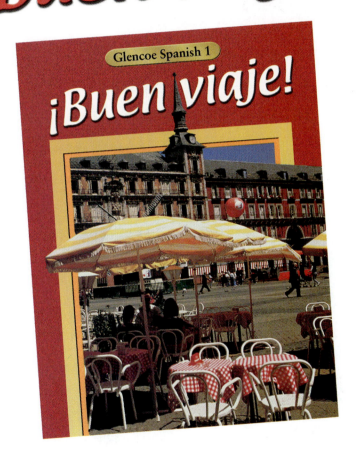

Glencoe Spanish 1

¡Buen viaje!

ABOUT THE FRONT COVER

Plaza Mayor, Madrid   This is one of the largest squares in Europe. It was designed by the architect of Felipe II, but construction on it was completed in 1620, during the reign of Fernando III. The Plaza Mayor is closed to traffic, making it a pleasant spot to enjoy food and beverages at one of the many cafés.

ABOUT THE BACK COVER

(top) Montefrío (Andalucía), España; *(middle)* Ruinas de Tulúm, Yucatán, México; *(bottom)* Ballet Folklórico de México

NATIONAL GEOGRAPHIC SOCIETY

The colorful and inviting **Vistas** featured in this textbook were designed and developed by the National Geographic Society's Educational Division. Their purpose is to give greater insight into the people and places found in the Spanish-speaking countries listed below.

VISTAS DE MÉXICO
pages 128–131

VISTAS DE ESPAÑA
pages 222–225

VISTAS DE PUERTO RICO
pages 346–349

VISTAS DE ECUADOR   pages 436–439

Glencoe Spanish 1

¡Buen viaje!

CONRAD J. SCHMITT

PROTASE E. WOODFORD

Glencoe
McGraw-Hill

New York, New York   Columbus, Ohio   Woodland Hills, California   Peoria, Illinois

The National Geographic Society

The **National Geographic Society**, founded in 1888 for the increase and diffusion of geographic knowledge, is the world's largest nonprofit scientific and educational organization. Since its earliest days, the Society has used sophisticated communication technologies and rich historical and archival resources to convey knowledge to a worldwide membership. The Education Division supports the Society's mission by developing innovative educational programs—ranging from traditional print materials to multimedia programs including CD-ROMs, videodiscs, and software.

Meet our Authors

Conrad J. Schmitt

Conrad J. Schmitt received his B.A. degree magna cum laude from Montclair State College, Upper Montclair, NJ. He received his M.A. from Middlebury College, Middlebury VT. He did additional graduate work at Seton Hall University and New York University. Mr. Schmitt has taught Spanish and French at the elementary, junior, and senior high school levels. In addition, he has travelled extensively throughout Spain, Central and South America, and the Caribbean.

Protase E Woodford

Protase "Woody" Woodford has taught Spanish at all levels from elementary through graduate school. At Educational Testing Service in Princeton, NJ, he was Director of Test Development, Director of Language Programs, Director of International Testing Programs and Director of the Puerto Rico Office. He has served as a consultant to the United Nations Secretariat, UNESCO, the Organization of American States, the U.S. Office of Education, and many ministries of education in Asia, Latin America, and the Middle East.

Glencoe/McGraw-Hill

*A Division of The **McGraw·Hill** Companies*

Send all inquiries to:
Glencoe/McGraw-Hill
8787 Orion Place
Columbus, OH 43240

ISBN: 0-02-641219-5 (Student Edition)
ISBN: 0-02-641221-7 (Teacher's Wraparound Edition)

Printed in the United States of America.

4 5 6 7 8 9 10   003   08 07 06 05 04 03 02 01 00

Contenido

Bienvenidos

CAPÍTULO *1*
Un amigo o una amiga

CAPÍTULO 2
Alumnos y cursos

CAPÍTULO 3
Las compras para la escuela

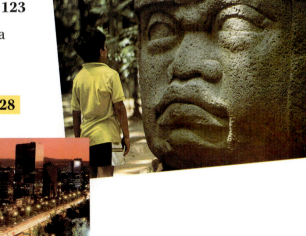

CAPÍTULO *11*
Un viaje en avión

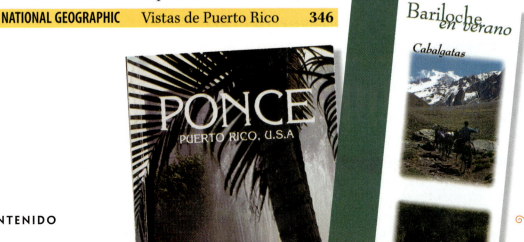

Literatura

Apéndices

Bienvenidos

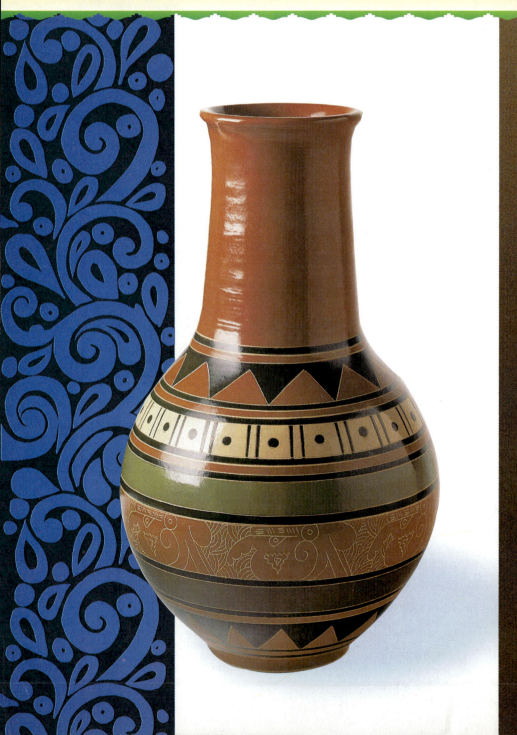

❦ Saludos ❧

Greeting people

¡Hola!

Bien, gracias, ¿y tú?

¡Hola! ¿Qué tal?

Muy bien.

❧ Actividades comunicativas ❦

A **¡Hola!** Get up from your desk. Walk around the classroom. Say hello to each classmate you meet.

B **¿Qué tal?** Work with a classmate. Greet one another and find out how things are going.

Puerto Vallarta, México

Greeting people throughout the day

1. Some greetings are more formal than **Hola.** When you greet an older person, you may use one of the following expressions.

Buenos días, señora. **Buenas tardes, señorita.** **Buenas noches, señor.**

2. The titles **señor, señora,** and **señorita** are often used without the last name of the person.

> **Buenos días, señor.**
> **Buenas tardes, señora.**

Actividades comunicativas

 A **Buenos días**   Draw some figures on the board. Some will represent friends your own age and others will represent older people. Greet each of the figures on the board properly.

 B **Saludos**   Look at these photographs of young people in Spain and Mexico. As they greet one another, they do some things that are different from what we do when we greet each other. What do you notice in the photographs?

Adiós

Saying good-bye

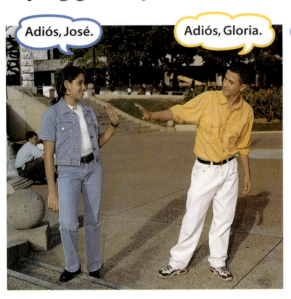

Adiós, José.

Adiós, Gloria.

Chao, Patricia.

Chao, Roberto. ¡Hasta luego!

1. The usual expression to use when saying good-bye to someone is **Adiós.**

2. If you plan to see the person again soon, you can say **¡Hasta pronto!** or **¡Hasta luego!** If you plan to see the person the next day, you can say **¡Hasta mañana!**

3. An informal expression you often hear, particularly in Spain and in Argentina is **¡Chao!**

Actividades comunicativas

A **¡Chao!**   Go over to a classmate and say good-bye to him or her.

B **¡Hasta luego!**   Work with a classmate. Say **Chao** to one another and let each other know that you will be getting together again soon.

C **¡Adiós!**   Say good-bye to your Spanish teacher. Then say good-bye to a friend. Use a different expression with each person.

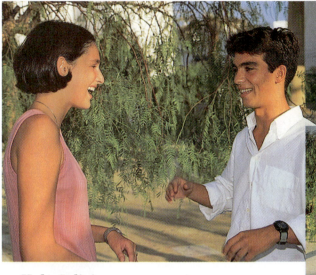

—¡Hola, Julio!
—¡Hola, Verónica! ¿Qué tal?
—Bien. ¿Y tú?
—Muy bien, gracias.

—Chao, Julio.
—Chao, Verónica. ¡Hasta luego!

Actividad comunicativa

A **¡Hola, amigo(a)!**   Work with a classmate. Have a conversation in Spanish. Say as much as you can to one another.

Salamanca, España

La cortesía

Ordering food politely

¡Hola!

Una Coca-Cola, por favor.

No hay de qué.

Gracias.

There are several ways to express "you're welcome":

No hay de qué.
De nada.
Por nada.

❧ Actividades comunicativas ❧

A **La cortesía** With a classmate, practice reading the conversation. Be as animated and polite as you can.

B Una Coca-Cola, por favor.

You are at a café in Manzanillo, Mexico. Order the following things from the waiter or waitress (your partner). Be polite when you order.

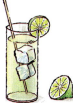

1. un sándwich   **2.** una Coca-Cola   **3.** una limonada

4. un café   **5.** una pizza

C Tacos, enchiladas, tamales

You are in a Mexican restaurant. Order the following foods from the waiter or waitress (your partner). Be polite to each other.

1. un taco   **2.** una enchilada   **3.** un tamal

Guanajuato, México

La fecha

Telling the days of the week

lunes	martes	miércoles	jueves	viernes	sábado	domingo
1	2	3	4	5	6	7
8	9	10	11	12	13	14

To find out and give the day of the week, you say:

—**¿Qué día es hoy?**

—**Hoy es lunes.**

Actividad comunicativa

 ¿Qué día es?   Answer the following questions in Spanish.

1. ¿Qué día es hoy?
2. ¿Qué día es mañana?
3. ¿Cuáles son los días del fin de semana o *weekend?*

Telling the months

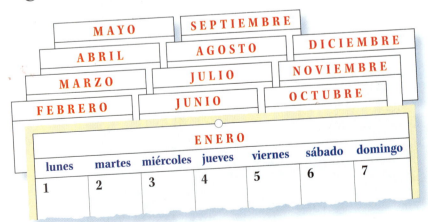

MAYO   SEPTIEMBRE   DICIEMBRE
ABRIL   AGOSTO   NOVIEMBRE
MARZO   JULIO   OCTUBRE
FEBRERO   JUNIO

ENERO						
lunes	martes	miércoles	jueves	viernes	sábado	domingo
1	2	3	4	5	6	7

Finding out and giving the date

¿Cuál es la fecha de hoy?

Hoy es el doce de septiembre.

SEPTIEMBRE
12

Primero is used for the first day of the month.
For other days you use: **dos, tres, cuatro,** etc.

NOTA

1	uno	11	once	21	veintiuno
2	dos	12	doce	22	veintidós
3	tres	13	trece	23	veintitrés
4	cuatro	14	catorce	24	veinticuatro
5	cinco	15	quince	25	veinticinco
6	seis	16	dieciséis	26	veintiséis
7	siete	17	diecisiete	27	veintisiete
8	ocho	18	dieciocho	28	veintiocho
9	nueve	19	diecinueve	29	veintinueve
10	diez	20	veinte	30	treinta

Avenida 9 de Julio,
Argentina

Celebración del
Cinco de Mayo

Telling the seasons

la primavera

el verano

el otoño

el invierno

❧ Actividades comunicativas ❧

A **¿Cuántos?** Answer the following questions in Spanish.

1. ¿Cuántos días hay en una semana, siete o cuatro?
2. ¿Cuántos meses hay en un año, siete o doce?
3. ¿Cuántas estaciones hay en un año, cuatro o doce?

B **¿En qué mes?** Each of you will stand up in class and give your birthday (**cumpleaños**) in Spanish. Listen carefully and keep a record of how many classmates were born in the same month. Then tell in Spanish in which month the greatest number of students in the class were born. In which month were the fewest born?

C **La estación, por favor** Tell in which season the following months are. Answer in Spanish.

1. ¿En qué estación es mayo?
2. ¿En qué estación es enero?
3. ¿En qué estación es julio?
4. ¿En qué estación es octubre?

Vocabulario

¡Hola!	Buenas noches.
Buenos días.	¿Qué tal?
Buenas tardes.	Muy bien.

IDENTIFYING TITLES

señor
señora
señorita

SAYING GOOD-BYE

¡Adiós!	¡Hasta pronto!
¡Chao!	¡Hasta mañana!
¡Hasta luego!	

BEING COURTEOUS

Por favor.	De (Por) nada.
Gracias.	No hay de qué.

IDENTIFYING THE DAYS OF THE WEEK

lunes	sábado
martes	domingo
miércoles	hoy
jueves	mañana
viernes	el fin de semana

IDENTIFYING THE MONTHS OF THE YEAR

enero	julio
febrero	agosto
marzo	septiembre
abril	octubre
mayo	noviembre
junio	diciembre

IDENTIFYING THE SEASONS

la primavera	el otoño
el verano	el invierno

OTHER USEFUL EXPRESSIONS

¿Qué día es hoy?
¿Cuál es la fecha?

CAPÍTULO *1*

Un amigo o una amiga

Objetivos

In this chapter you will learn to do the following:

- ask or tell who someone is
- ask or tell what something is
- ask or tell where someone is from
- ask or tell what someone is like
- describe yourself or someone else
- talk about a famous Spanish novel and some Latin American heroes

Vocabulario

¿Quién es?

Nando

Pepita

el muchacho

el alumno

el amigo

la muchacha

la alumna

la amiga

¿Qué es?

una escuela

un colegio

¿Qué es un colegio?
Un colegio es una escuela secundaria.
Es una escuela secundaria en
Latinoamérica.

MÉXICO

San Miguel
de Allende

Guadalupe es mexicana.
Guadalupe es de San Miguel
de Allende.
Ella es alumna en un colegio.
Es alumna en el Colegio Juárez.
Guadalupe es una amiga de
José Antonio.

¿Cómo es el muchacho?

alto   bajo

 guapo    feo   rubio   moreno

 gracioso, cómico   serio   ambicioso   perezoso

¿Cómo es la muchacha?

alta   baja

 bonita, linda   fea   rubia    morena

graciosa, cómica   seria   ambiciosa   perezosa

Anita es alta. No es baja.
Ella es muy bonita, muy linda.

José es rubio.
Él es guapo. No es feo.

NOTA There are many ways to express "good-looking," "handsome," or "pretty" in Spanish. The word **guapo(a)** can be used to describe a boy or a girl. The words **bonito, lindo, hermoso,** and **bello** all mean "pretty." They can describe a pretty girl or a pretty item. The word **feo** in Spanish is not as strong as the word "ugly" in English. To get a friend's attention, you could even say jokingly, ¡Oye, feo!

The following words are used to express degrees:

Él es guapo.   Ella es bonita.
Es **bastante** guapo. Es **bastante** bonita.
Es **muy** guapo.   Es **muy** bonita.

 Práctica

A HISTORIETA Un muchacho mexicano

Contesten. *(Answer.)*

1. ¿Es Manolo mexicano o colombiano?
2. ¿Es de San Miguel de Allende o de Bogotá?
3. ¿Es alumno en el Colegio Juárez?
4. ¿Es el Colegio Juárez un colegio mexicano?
5. ¿Es Manolo un amigo de Alicia Gómez?

B HISTORIETA Una muchacha americana

Contesten. *(Answer.)*

1. ¿Es Debbi una muchacha americana?
2. ¿Es ella de Miami?
3. ¿Es ella alumna en una escuela secundaria de Miami?
4. ¿Es ella una alumna seria?
5. ¿Es Debbi una amiga de Bárbara Jones?

C ¿Quién? ¿Manolo o Debbi? Contesten. *(Answer.)*

1. ¿Quién es de San Miguel de Allende?
2. ¿Quién es de Miami?
3. ¿Quién es alumno en el Colegio Juárez?
4. ¿Quién es alumna en una escuela secundaria de Miami?

Miami, La Florida

D HISTORIETA ¿Cómo es Fernando?

Contesten según la foto. *(Answer according to the photo.)*

1. ¿Cómo es Fernando? ¿Es alto o bajo?
2. ¿Cómo es Fernando? ¿Es gracioso o serio?
3. ¿Cómo es Fernando? ¿Es guapo o feo?
4. ¿Cómo es Fernando? ¿Es rubio o moreno?

E Todo lo contrario Contesten según el modelo.
(Answer according to the model.)

¿Es alta Teresa?

No, de ninguna manera. Es bastante baja.

1. ¿Es muy seria Teresa?
2. ¿Es morena Teresa?
3. ¿Es alta Teresa?

Málaga, España

Actividades comunicativas

A **¿Quién es?** Work with a classmate. Choose one of the illustrations below, but don't tell which one. Describe the student in the illustration. Your partner has to guess which one it is. Take turns.

JUEGO **¿Es un muchacho o una muchacha?** Work with a classmate. Describe someone in the class. First your partner will tell whether you're describing a boy or a girl and will guess who it is. Take turns.

Vocabulario

¿Quién soy yo y de dónde soy?

¡Hola!
Yo soy Roberto. Roberto Davidson.
Soy de California.
Soy un alumno serio.
Soy un amigo de Carmen.

Carmen es una amiga
muy buena.
Ella es una persona
muy simpática.

¿Quién es y cómo es?

Oye, Roberto. ¿Quién es?

Es muy flaco, ¿no? ¿Y él? ¿Quién es?

Ay, Jaime. Es el famoso don Quijote. Don Quijote es de la Mancha, en España.

Es el compañero de don Quijote. Es Sancho Panza. Sancho no es flaco como don Quijote. Es gordo.

flaco

gordo

Los números

0	cero				
1	uno	**11**	once	**21**	veintiuno
2	dos	**12**	doce	**22**	veintidós
3	tres	**13**	trece	**23**	veintitrés
4	cuatro	**14**	catorce	**24**	veinticuatro
5	cinco	**15**	quince	**25**	veinticinco
6	seis	**16**	dieciséis	**26**	veintiséis
7	siete	**17**	diecisiete	**27**	veintisiete
8	ocho	**18**	dieciocho	**28**	veintiocho
9	nueve	**19**	diecinueve	**29**	veintinueve
10	diez	**20**	veinte	**30**	treinta

NOTA Words that look alike in Spanish and English are called "cognates." It is very easy to guess the meaning of cognates. But, **¡Cuidado!** (*Watch out*) because even though they look alike and mean the same thing, they are pronounced differently. Here are some cognates. Take care to pronounce them correctly.

fantástico   honesto
tímido   generoso
sincero

Práctica

A HISTORIETA Jim Collins, un muchacho americano

Contesten. *(Answer.)*

1. ¿Quién es americano, Jim Collins o Eduardo Dávila?
2. ¿De dónde es Jim? ¿Es de California o es de Guadalajara, México?
3. ¿De qué nacionalidad es Jim? ¿Es americano o mexicano?
4. ¿Dónde es alumno Jim? ¿En un colegio mexicano o en una escuela secundaria de California?
5. ¿Cómo es Jim? ¿Es serio o gracioso?

MISSION HIGH SCHOOL

San Francisco, California

B ¿Cómo es la muchacha? Describan a cada muchacha.
(Describe each girl.)

1. Ana

2. Alicia

3. Isabel

4. Victoria

5. Beatriz

6. Juanita

HISTORIETA   Gabriela Torres, la graciosa

Completen. *(Complete.)*

Una muchacha mexicana, San Miguel de Allende

Gabriela Torres es de México. Ella es ____₁. No es americana. Gabriela es alumna en un ____₂ mexicano. No es alumna en una ____₃ secundaria americana. Gabriela no es baja. Ella es bastante ____₄. ¿Es ella muy seria? No, de ninguna manera. Gabriela es muy ____₅. Ella es una amiga ____₆.

Actividades comunicativas

A **¿Quién es?**   Think of a student in the class. A classmate will ask you questions about the person and try to guess who it is. Take turns.

B **Un(a) amigo(a) ideal**   What are some of the qualities an ideal friend would have? With a classmate discuss what you think an ideal friend is like.

El Zócalo, Ciudad de México

 # Estructura

Describing one person or thing
Artículos—**el, la, un, una**

1. The name of a person, place, or thing is a noun. In Spanish, every noun has a gender, either masculine or feminine. Many Spanish nouns end in either **o** or **a.** Almost all nouns that end in **o** are masculine, and almost all nouns that end in **a** are feminine.

2. There are two types of articles. The English word *the* is called a definite article because it is used to refer to a definite or specific person or thing—*the* girl, *the* school. The word *a (an)* is called an indefinite article because it refers to any person or thing, not a specific one—*a* girl, *a* school.

3. The definite articles in Spanish are **el** and **la. El** is used with a masculine noun and **la** is used with a feminine noun. The indefinite articles are **un** and **una. Un** is used with a masculine noun and **una** is used with a feminine noun.

el muchacho	**la muchacha**	**un muchacho**	**una muchacha**
el colegio	**la escuela**	**un colegio**	**una escuela**

 **Práctica**

 A **HISTORIETA** **El muchacho y la muchacha**

Contesten con **sí.** *(Answer with sí.)*

1. ¿Es americano el muchacho?
2. ¿Y la muchacha? ¿Es ella americana?
3. ¿Es bastante guapo el muchacho?
4. ¿Es muy bonita la muchacha?

B **HISTORIETA** El muchacho mexicano y la muchacha americana

Completen con **el** o **la.** *(Complete with* el *or* la.*)*

_____ muchacho es mexicano. _____ muchacha es americana.
₁   ₂
_____ muchacho mexicano es Paco y _____ muchacha americana es
₃   ₄
Linda. _____ muchacha es morena y _____ muchacho es
     ₅   ₆
moreno. _____ muchacha es alumna en _____ Escuela
       ₇   ₈
Belair en Houston. _____ muchacho es alumno en _____
               ₉   ₁₀
Colegio Hidalgo en Guadalajara.

Nueva York

 C **HISTORIETA** Un muchacho y una muchacha

Completen con **un** o **una.** *(Complete with* un *or* una.*)*

Roberto es _____ muchacho americano y
          ₁
Maricarmen es _____ muchacha chilena. Roberto es
           ₂
_____ alumno muy serio. Pero es _____ muchacho
₃   ₄
muy gracioso. Él es alumno en _____ escuela
                  ₅
secundaria en Nueva York. Maricarmen es _____ alumna
                      ₆
muy seria también. Ella es alumna en _____ colegio chileno
                   ₇
en Santiago.

Santiago de Chile

Describing a person or thing
Adjetivos en el singular

1. A word that describes a noun is an adjective. The italicized words in the following sentences are adjectives.

> **El muchacho *rubio* es muy *guapo*.**
> **La muchacha *morena* es una alumna muy *buena*.**

2. In Spanish, an adjective must agree with the noun it describes or modifies. If the noun is masculine, then the adjective must be in the masculine form. If the noun is feminine, the adjective must be in the feminine form. Many singular masculine adjectives end in **o,** and many singular feminine adjectives end in **a.**

> **un muchacho gracioso**   **una muchacha graciosa**
> **un alumno serio**   **una alumna seria**

Práctica

San Francisco, California

Caracas, Venezuela

A HISTORIETA Elena y Eduardo

Contesten. *(Answer.)*

1. ¿Es Elena americana o venezolana?
2. Y Eduardo, ¿es él americano o venezolano?
3. ¿Es moreno o rubio el muchacho?
4. Y la muchacha, ¿es ella rubia o morena?
5. ¿Es Elena una alumna seria?
6. ¿Es ella alumna en una escuela americana?
7. Y Eduardo, ¿es él un alumno serio también?
8. ¿Es él alumno en un colegio venezolano?

B ¿Quién es gracioso?

 Describan. *(Here are some adjectives that describe people. Choose a classmate and an adjective that describes that person. Then make up a sentence about him or her.)*

1. moreno 2. alto 3. rubio 4. serio 5. americano

6. gracioso 7. bajo 8. cómico 9. fantástico 10. tímido

Actividades comunicativas

Guanajuato, México

San Miguel de Allende, México

A ¿Quién es y cómo es?

 Show a classmate this photo of Isabel García, a new friend you made in San Miguel de Allende, Mexico. One of your classmates wants to know all about Isabel. Answer his or her questions.

B ¿Quién es y cómo es?

 Here's a photo of Pablo Gómez, another friend you met on your trip. He's from Guanajuato. Answer your classmate's questions about him.

Identifying a person or thing
Presente del verbo ser en el singular

1. The verb *to be* in Spanish is **ser.** Study the following forms of this verb.

SER	
yo	soy
tú	eres
él	es
ella	es

2.

Yo soy Eugenio.

Tú eres Juan.

Él es Alejandro.

Ella es una alumna seria.

You use **yo** to talk about yourself.

You use **tú** to address a friend.

You use **él** or the person's name to talk about a boy or man.

You use **ella** or the person's name to talk about a girl or woman.

Note that the form of the verb changes with each person.

3. Since the form of the verb changes with each person, the subjects **yo, tú, él,** and **ella** can be omitted.

> **Soy Paco.**
> **Eres mexicano, ¿no?**
> **Es alumna.**

4. To make a sentence negative, you simply put **no** in front of the verb.

> **Él es mexicano. No es colombiano.**
> **Yo soy de Bogotá. No soy de Cali.**

◈ Práctica ◈

A **¡Qué coincidencia!** Practiquen la conversación.
(Practice the conversation.)

B **Julia Rivera y Emilio Ortega** Hablen de Julia y Emilio.
(Tell what you know about Julia and Emilio.)

C **Yo soy...** Contesten personalmente. *(Answer these questions about yourself.)*

1. ¿Eres americano(a) o cubano(a)?
2. ¿Eres alumno(a)?
3. ¿Eres alumno(a) en una escuela secundaria?
4. ¿De dónde eres?
5. ¿Cómo eres? ¿Eres alto(a) o bajo(a)?
6. ¿Eres muy serio(a) o bastante gracioso(a)?

D HISTORIETA José, ¿eres...?

Pregúntenle a José Fuentes si es...
(Ask José Fuentes if he is . . .)

1. puertorriqueño
2. de Ponce
3. alumno en un colegio de Ponce
4. un amigo de Inés García

Ponce, Puerto Rico

Santiago de Chile

E HISTORIETA Inés, ¿eres...?

Pregúntenle a Inés García si es...
(Ask Inés García if she is . . .)

1. de Chile
2. de Santiago
3. alumna en un colegio
4. una amiga de José Fuentes

❧ Actividades comunicativas ❧

 A En un café You've just met a student your own age at a café in San Miguel de Allende, Mexico. Have a conversation to get to know one another better.

 B Un(a) amigo(a) nuevo(a)
A classmate will think of someone in class you both know and pretend that that person is his or her new boyfriend or girlfriend. Ask as many questions as you can to try and find out who the new boyfriend or girlfriend is.

San Miguel de Allende, México

JUEGO ¡Soy una persona fantástica! Have a contest with a classmate to see which one of you can boast the most. Say something good about yourself and then your partner will "one-up" you.

ALUMNA 1: **Yo soy simpática.**
ALUMNA 2: **Yo soy simpática. Y soy generosa también.**

Conversación

¿De dónde eres?

RAFAEL: ¡Hola, José! ¿Qué tal, amigo?

JOSÉ: Bien, Rafael.

RAFAEL: Oye, José. ¿Quién es el muchacho alto allí?

JOSÉ: ¿Quién? ¿El rubio?

RAFAEL: Sí, él.

JOSÉ: Pues, es Felipe García. Él es un alumno nuevo. Soy un amigo de Felipe. ¡FELIPE!

FELIPE: Hola, José.

JOSÉ: Felipe, Rafael.

FELIPE: Hola, Rafael. Mucho gusto.

RAFAEL: Mucho gusto. ¿De dónde eres, Felipe?

FELIPE: Soy de Puerto Rico.

RAFAEL: ¿Sí? Hombre, yo también soy puertorriqueño.

Después de conversar

Contesten. *(Answer.)*

1. ¿Es José un amigo de Rafael?
2. ¿Quién es el muchacho alto?
3. ¿Es rubio el muchacho alto?
4. ¿Quién es un alumno nuevo en la escuela?
5. ¿Es José un amigo de Felipe?
6. ¿Es Rafael un amigo de Felipe?
7. ¿De dónde es Felipe?
8. Y Rafael, ¿de qué nacionalidad es?

❧Actividades comunicativas❧

A **¿Quién es?** Think of someone in the class, but don't tell who it is. Say just one thing about the person and let your partner take a guess. If he or she guesses incorrectly, give another hint. Continue until your partner guesses correctly. Take turns.

Es alta.
No, no es Mónica.

¿Es Mónica?

JUEGO **¿Quién soy yo?** Play a guessing game. Think of someone in the class. Pretend you're that person and describe yourself. A classmate has to guess who you are.

PRONUNCIACIÓN

Las vocales *a, o, u*

When you speak Spanish, it is important to pronounce the vowels carefully. The vowel sounds in Spanish are very short, clear, and concise. The vowels in English have several different pronunciations, but in Spanish they have only one sound. Imitate carefully the pronunciation of the vowels **a, o,** and **u.** Note that the pronunciation of **a** is similar to the *a* in *father*, **o** is similar to the *o* in *most*, and **u** is similar to the *u* in *flu.*

a	o	u
Ana	o	uno
baja	no	mucha
amiga	Paco	mucho
alumna	amigo	muchacho

Repeat the following sentences.

Ana es alumna.
Adán es alumno.
Ana es amiga de Adán.

Lecturas CULTURALES

Reading Strategy

Cognates

Words that look alike and have similar meanings in Spanish and English (**famoso**, *famous*) are called "cognates." Look for cognates whenever you read in Spanish. Recognizing cognates can help you figure out the meaning of many words in Spanish and will thus help you understand what you read.

EL QUIJOTE

El Quijote es una novela famosa de la literatura española. El autor de *El Quijote* es Miguel de Cervantes Saavedra.

El Quijote es la historia del famoso caballero andante[1], don Quijote de la Mancha. La Mancha es una región de España.

Don Quijote es alto y flaco. Sancho Panza es el compañero o escudero[2] de don Quijote. ¿Es alto y flaco como don Quijote? No, de ninguna manera. Sancho es bajo y gordo. Sancho Panza es una persona muy graciosa. Es muy cómico. ¿Y don Quijote? De ninguna manera. No es cómico. Él es muy serio y es muy honesto y generoso. Pero según[3] Sancho Panza, don Quijote es muy tonto[4]. Y según don Quijote, Sancho es perezoso.

[1]caballero andante *knight errant*
[2]escudero *knight's attendant*
[3]según *according to*
[4]tonto *foolish*

Miguel de Cervantes Saavedra

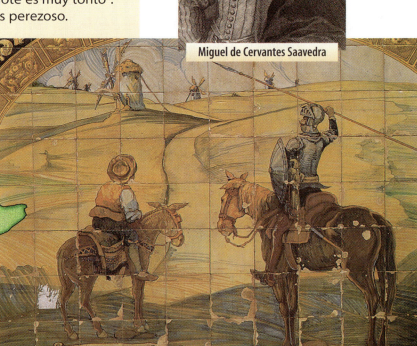

ESPAÑA

Madrid ★

La Mancha

Sancho Panza y Don Quijote

La Mancha, España

espués de leer

 ¿Es don Quijote o Sancho Panza?
Decidan. *(Decide whether each sentence describes Don Quijote or Sancho Panza.)*

1. Es bajo.
2. Es alto.
3. Es muy gracioso.
4. Es gordo.
5. Es flaco.
6. Es muy serio.
7. Es un caballero andante.
8. Es honesto y generoso.
9. Es un escudero.

B **Palabras afines**   Busquen cinco palabras afines en la lectura.
(Find five cognates in the reading.)

«Don Quijote» de Pablo Picasso

UNA ALUMNA VENEZOLANA

Alicia Bustelo es una muchacha venezolana. Ella es de Caracas, la capital de Venezuela. Alicia es alta y es una muchacha bastante bonita. Es muy graciosa. Pero es también una alumna muy seria. Es alumna en el Colegio Simón Bolívar. En Latinoamérica un colegio es una escuela secundaria. El Colegio Simón Bolívar es una escuela muy buena.

Plaza Simón Bolívar, Caracas

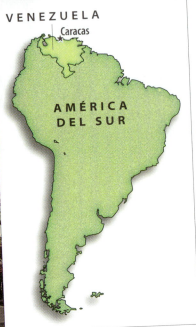

VENEZUELA
Caracas

AMÉRICA DEL SUR

Después de leer

A **Latinoamérica** Busquen la información en la lectura.
(Find the information in the reading.)

  1. the name of a Latin American country
  2. the name of a Latin American capital
  3. the name of a Latin American hero
  4. the term for the Spanish-speaking countries of the Americas

SIMÓN BOLÍVAR Y JOSÉ DE SAN MARTÍN

María Iglesias es una muchacha venezolana. Ella es de Caracas, la capital. El colegio de María Iglesias es el Colegio Simón Bolívar. Y la plaza principal de Caracas es la Plaza Simón Bolívar. Simón Bolívar es un héroe famoso de la América del Sur.

José Ayerbe no es venezolano. Él es peruano. Es de Lima, la capital del Perú. El colegio de José Ayerbe es el Colegio San Martín. Y la plaza principal de Lima es la Plaza San Martín. San Martín es otro héroe famoso de la América del Sur.

Simón Bolívar y José de San Martín luchan contra[1] España por la independencia de los países[2] de la América del Sur. Simón Bolívar es el gran[3] «libertador» de los países del norte del continente sudamericano y San Martín es el libertador de los países del sur.

[1]luchan contra *fight against*
[2]países *countries*
[3]gran *great*

Simón Bolívar

José de San Martín

Después de leer

A Héroes Den ejemplos. *(Give examples.)*

Many schools in Spain and in Latin America are named after heroes. Is the same true in the United States? Give some examples.

B El libertador Expliquen. *(Explain.)*

What is the meaning of the word **libertador** or *liberator* in English? What does a liberator do?

C Historia de los Estados Unidos Contesten. *(Answer.)*

Who is considered the liberator of the United States? What did he fight for?

Conexiones

LAS CIENCIAS SOCIALES

LA GEOGRAFÍA

Geography is the study of the Earth; it deals with all of Earth's features, particularly the natural forces that create these features and cause them to change. It is also the study of where people, animals, and plants live and how rivers, deserts, and other of Earth's features affect their lives. It is a subject that has interested human beings since earliest times.

Look at the map of South America. Notice how many geographical terms you will be able to recognize in Spanish. Now find out how easy it is to read about geography in Spanish.

El desierto Atacama, Chile

El río Tajo, España

La geografía

Hay cuatro puntos cardinales: el norte, el sur, el este y el oeste.

Hay siete continentes: la América del Norte, la América del Sur, Europa, África, Asia, Australia y la Antártida.

El océano Atlántico es muy grande. Es inmenso. El océano Pacífico es muy grande también.

España es parte de una península. Puerto Rico es una isla. El español es la lengua[1] de España. Es la lengua de Puerto Rico también. El español es una lengua muy importante. Es la lengua de 21 (veintiún) países[2] en la América del Sur, en la América Central, en la América del Norte y en Europa.

Tossa de Mar, Costa Brava, España

[1]lengua *language*
[2]países *countries*

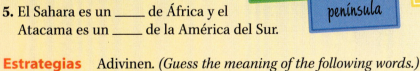

Los Andes, Argentina

Después de leer

A **Un poco de geografía** Escojan la palabra. *(Choose the correct word to complete each sentence. You may use a word more than once.)*

1. Europa es un _____.
2. España no es una isla. España es parte de una _____.
3. Puerto Rico es una _____.
4. Cuba es otra _____.
5. El Sahara es un _____ de África y el Atacama es un _____ de la América del Sur.

> continente
> isla
> océano
> desierto
> península

B **Estrategias** Adivinen. *(Guess the meaning of the following words.)*

Often you can guess the meaning of words because of other knowledge you have. You may not know the meaning of **el río** but when you see **el río Misisipí** or **el río Hudson,** you can probably figure out what **río** means.

1. el **río** Hudson
2. la **bahía** Chesapeake
3. el **lago** Superior, el **lago** Erie
4. el **golfo** de México
5. el **mar** Mediterráneo

Culminación

Actividades orales

Barcelona, España

A   **Un amigo nuevo**   Work with a classmate. Here's a picture of your new friend, Carlos Álvarez. He's from Barcelona, Spain. Say as much as you can about him and answer any questions your partner may have about Carlos.

B   **Una alumna nueva**   Inés Figueroa (a classmate) is a new girl in your school. You want to get to know her better and help her feel at home. Find out as much as you can about her. Tell Inés about yourself, too.

C   **Oye, ¿quién es?**   You and a friend (a classmate) are in a café in San Juan, Puerto Rico. You see an attractive girl or boy across the room. It just so happens your friend knows the person. Ask your friend as many questions as you can to find out more about the boy or girl you're interested in.

San Juan, Puerto Rico

❧ Actividad escrita ❧

A **Un amigo español** The following is a letter you just received from a new pen pal. First read the letter. Then answer it. Give Jorge similar information about yourself.

¡Hola!
Soy Jorge Pérez Navarro. Soy de Madrid, la capital de España. Soy español. Soy alumno en el Colegio Sorolla. Soy rubio y bastante alto. Soy bastante gracioso. No soy muy serio. Y no soy tímido. De ninguna manera.
Hasta pronto,
Jorge

Plaza de Cibeles, Madrid, España

Writing Strategy

Freewriting

One of the easiest ways to begin any kind of personal writing is simply to begin—to let your thoughts flow and write the first thing that comes to mind. Sometimes as you think of one word, another word will come to mind. If you get stuck, take several minutes to think of another word or phrase. Such brainstorming and freewriting are sometimes the best sources when doing any type of writing about yourself.

¿Quién soy yo?

On a piece of paper write down as much as you can about yourself in Spanish. Your teacher will collect the descriptions and choose students to read them to the class. You'll all try to guess who's being described.

Vocabulario

IDENTIFYING A PERSON OR THING

el muchacho   la alumna
la muchacha   la persona
el amigo   el colegio
la amiga   la escuela
el alumno

DESCRIBING A PERSON

alto(a)   serio(a)
bajo(a)   ambicioso(a)
guapo(a)   perezoso(a)
bonito(a)   bueno(a)
lindo(a)   fantástico(a)
feo(a)   tímido(a)
moreno(a)   sincero(a)
rubio(a)   honesto(a)
flaco(a)   generoso(a)
gordo(a)   simpático(a)
gracioso(a)   ser
cómico(a)

STATING NATIONALITY

americano(a)   mexicano(a)
chileno(a)   puertorriqueño(a)
colombiano(a)   venezolano(a)
cubano(a)

FINDING OUT INFORMATION

¿quién?   ¿de dónde?
¿qué?   ¿de qué nacionalidad?
¿cómo?   ¿no?

EXPRESSING DEGREES

bastante
muy
no, de ninguna manera

OTHER USEFUL EXPRESSIONS

secundario(a)

TECNOTUR

VIDEO

¡Buen viaje!

EPISODIO 1 ▶ Hola, yo soy...

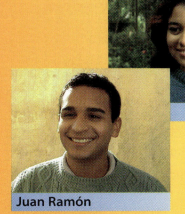

Juan Ramón

Cristina

Teresa

Isabel

Luis

CD-ROM

Expansión cultural

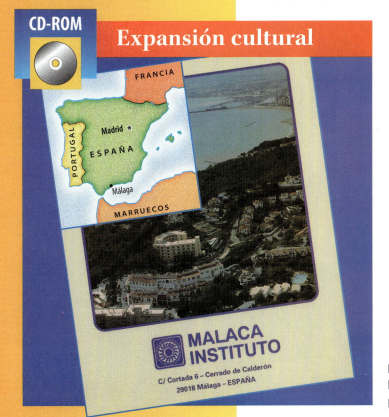

FRANCIA

PORTUGAL

Madrid ★

ESPAÑA

Málaga

MARRUECOS

MALACA INSTITUTO

C/ Cortada 6 – Cerrado de Calderón
29018 Málaga – ESPAÑA

inter NET CONNECTION

In this video episode, we are introduced to five teenagers: Juan Ramón and Cristina are Hispanic Americans from Los Angeles. Juan Ramón's family is originally from Puerto Rico, and Cristina's is from Colombia. Their friends Isabel and Luis are from Mexico, and Teresa is from Spain. To find out where these countries are located and other countries where Spanish is spoken, go to the **Capítulo 1** Internet activity at the **Glencoe Foreign Language** Web site:

http://www.glencoe.com/sec/fl

El Instituto Malaca en Málaga, España, es un instituto internacional para clases de español.

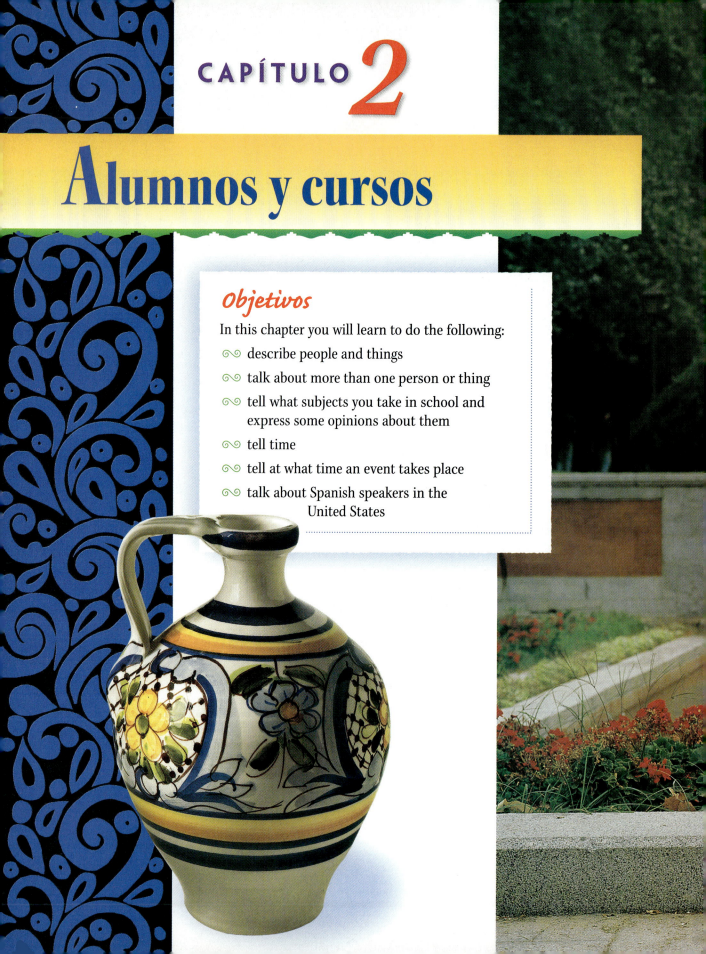

CAPÍTULO 2

Alumnos y cursos

Objetivos

In this chapter you will learn to do the following:

- describe people and things
- talk about more than one person or thing
- tell what subjects you take in school and express some opinions about them
- tell time
- tell at what time an event takes place
- talk about Spanish speakers in the United States

Vocabulario

¿Quiénes son?

PUERTO RICO

Ponce

las alumnas
las amigas

los alumnos
los amigos

¿Qué son?

Marta y Adela son puertorriqueñas.
Juan y Ricardo son puertorriqueños también.
Los cuatro amigos son de Ponce.
Ellos son alumnos en la misma escuela.
Son muy inteligentes.

¿Cómo son las clases?

el profesor

la clase

los alumnos

la profesora

Es una clase pequeña.
¿Cuántos alumnos hay en la clase?
Hay pocos alumnos en la clase.
Es una clase aburrida.

Es una clase grande.
Hay muchos alumnos en la clase.
Es una clase interesante.

El curso de matemáticas
es bastante difícil (duro).

El curso de español no es difícil.
Es fácil.

NOTA Once again you will see how many Spanish words you already know because they are cognates. You should have no trouble guessing the meaning of these words.

el curso
la clase
el profesor, la profesora

inteligente
interesante
popular

dominicano
ecuatoriano
panameño

Práctica

A HISTORIETA Los cuatro amigos argentinos

Contesten. *(Answer.)*

1. ¿Son amigas Sara y Julia?
2. ¿Son amigos David y Alejandro?
3. ¿Son argentinos o mexicanos los cuatro amigos?
4. ¿Son de Buenos Aires o de Puebla?
5. ¿Son ellos alumnos muy buenos?

Plaza San Martín, Buenos Aires, Argentina

B HISTORIETA La clase de español

Contesten. *(Answer based on your own experience.)*

1. ¿Es grande o pequeña la clase de español?
2. ¿Hay muchos o pocos alumnos en la clase de español?
3. ¿Quién es el profesor o la profesora de español?
4. ¿De qué nacionalidad es él o ella?
5. ¿Cómo es el curso de español? ¿Es un curso interesante o aburrido?
6. ¿Es fácil o difícil el curso de español?
7. ¿Son muy inteligentes los alumnos en la clase de español?
8. ¿Son ellos alumnos serios?
9. ¿Cuántos alumnos hay en la clase de español?

¿Lo sabes?

The word **hay** means "there is" or "there are."

Una clase de español

De ninguna manera Sigan el modelo. *(Follow the model.)*

Son interesantes, ¿no?

No, de ninguna manera.

Entonces, ¿cómo son?

Son aburridos.

1. Son pequeños, ¿no?
2. Son aburridos, ¿no?
3. Son fáciles, ¿no?
4. Son altos, ¿no?
5. Son bonitos, ¿no?

Actividades comunicativas

A **¿Cómo es la clase?** With a classmate, look at the illustration. Take turns asking each other questions about it. Use the following question words: **¿qué? ¿quién? ¿cómo? ¿de dónde? ¿cuántos?**

$$13(x + 2g) - 3(4x + 5g) = 0$$

B **La escuela ideal** Get together with a classmate. Describe what for each of you is an ideal school. Say as much as you can about the teachers, classes, and students. Determine whether you agree.

Vocabulario

Los cursos escolares

Las ciencias

la biología
la química
la física

Las matemáticas

la aritmética
el álgebra
la geometría
el cálculo

Las lenguas

el español
el inglés
el francés
el alemán
el latín

Las ciencias sociales

la historia
la geografía

**Otras asignaturas
o disciplinas**

la educación física
la música
el arte
la economía doméstica
la informática

¿Qué son?

¡Hola, todos!
Nosotros somos americanos.
Uds. son americanos también, ¿no?
¿Son Uds. alumnos de español?
Nosotros, sí. Y somos alumnos muy buenos.

Más números

31	treinta y uno	**36**	treinta y seis	**50**	cincuenta
32	treinta y dos	**37**	treinta y siete	**60**	sesenta
33	treinta y tres	**38**	treinta y ocho	**70**	setenta
34	treinta y cuatro	**39**	treinta y nueve	**80**	ochenta
35	treinta y cinco	**40**	cuarenta	**90**	noventa

Práctica

A **Ciencias, lenguas o matemáticas** Contesten con **sí** o **no**.
(Answer with sí *or* no.*)*

1. La biología es una ciencia.
2. La historia y la geografía son matemáticas.
3. El cálculo es una lengua.
4. El latín y el francés son lenguas.
5. El arte y la música son cursos obligatorios.

B **Cursos fáciles y difíciles** Contesten personalmente.
(Answer based on your own experience.)

1. ¿Es el español un curso difícil o fácil?
2. ¿Es grande o pequeña la clase de español?
3. ¿Qué cursos son fáciles?
4. ¿Cuántos cursos son fáciles?
5. ¿Qué cursos son difíciles?
6. ¿Cuántos cursos son difíciles?
7. ¿Qué cursos son interesantes?
8. ¿Qué cursos son aburridos?

C HISTORIETA **Alumnos americanos**

Completen. *(Complete.)*

1. ¿De qué nacionalidad son los alumnos?
2. ¿Son alumnos en una escuela secundaria?
3. ¿Son alumnos de química?
4. ¿Son alumnos buenos o malos en la química?

D **¿Qué curso o asignatura es?**
Identifiquen el curso. *(Identify the course.)*

1. el problema, la ecuación, la solución,
   la multiplicación, la división
2. la literatura, la composición, la gramática
3. un microbio, un animal, una planta,
   el microscopio, el laboratorio
4. el círculo, el arco, el rectángulo, el triángulo
5. el piano, el violín, la guitarra, el concierto, la ópera, el coro
6. las montañas, los océanos, las capitales, los recursos naturales
7. la pintura, la estatua, la escultura
8. el fútbol, el básquetbol, el béisbol, el voleibol, el tenis

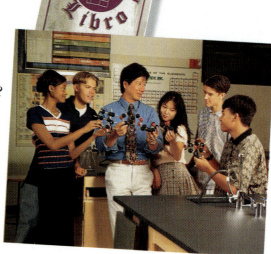
Una clase de ciencias

✿ Actividades comunicativas ✿

A **¡Qué clase tan difícil!**   Divide into groups of three or four. In each group rate your courses as **fácil, difícil, regular, interesante, aburrido, fantástico.** Tally the results and report the information to the class.

Córdoba, España

B **En España**   You are spending the summer with a family in Córdoba in southern Spain. Tell your Spanish "brother" or "sister" (your partner) all you can about your Spanish class and your Spanish teacher. Answer any questions he or she may have.

JUEGO **Un número secreto**   Think of a number between 1 and 99. Your partner will try to guess the number you have in mind. Use a hand gesture to indicate whether the number you are thinking of is higher or lower. Continue until your partner guesses the correct number. Take turns.

Estructura

Describing more than one
Sustantivos, artículos y adjetivos en el plural

1. Plural means "more than one." In Spanish, the plural of most nouns is formed by adding an **s.**

SINGULAR	PLURAL
el muchacho	**los muchachos**
el colegio	**los colegios**
la amiga	**las amigas**
la escuela	**las escuelas**

2. The plural of the definite articles **el** and **la** are **los** and **las.** The plural forms of the indefinite articles **un** and **una** are **unos** and **unas.**

SINGULAR	PLURAL
el curso	**los cursos**
la alumna	**las alumnas**
un amigo	**unos amigos**
una amiga	**unas amigas**

3. To form the plural of adjectives that end in **o, a,** or **e,** you add **s** to the singular form.

El alumno es serio.	**Los alumnos son serios.**
La alumna es seria.	**Las alumnas son serias.**
La lengua es interesante.	**Las lenguas son interesantes.**

4. To form the plural of adjectives that end in a consonant, you add **es.**

El curso es fácil.	**Los cursos son fáciles.**
La lengua es fácil.	**Las lenguas son fáciles.**

COLEGIO EXTERNADO DE SAN JOSE
SAN SALVADOR.

EXAMEN DE 2a. QUINCENA III TRIMESTRE
I N G L E S.
TURNO VESPERTINO.

NOMBRE: Diana Aída Martínez Cortez _____ * 22 SECC: B 10

I PARTE: Tranlate into English.

- La casa esta limpia.   The house is clean
- El policia es fuerte.   The policeman is strong
- El doctor es guapo.   The doctor is handsome
- Rose es gorda.   Rose is fat
- El carro es caro.   The car is expensive

HISTORIETA Amigos nuevos

Contesten con **sí**. *(Answer with* sí.*)*

1. ¿Son amigos nuevos los dos muchachos?
2. ¿Son chilenos los dos muchachos?
3. ¿Son ellos alumnos en un colegio en Santiago de Chile?
4. ¿Son alumnos serios?
5. ¿Son ellos muchachos populares?

Santiago de Chile

¿Cómo son? Describan a las personas.
(Describe the people.)

1. David, Domingo

2. Inés, Susana

3. Paco, Eduardo

4. Isabel, Carmen

HISTORIETA La señora Ortiz

Completen. *(Complete with any logical response.)*

La señora Ortiz es una profesora muy ＿＿. Las clases de la señora
　　　　　　　　　　　　　　　　　　　　　　　1
Ortiz son ＿＿. Las clases de la señora Ortiz no son ＿＿. Los
　　　　　　2　　　　　　　　　　　　　　　　　　　3
alumnos de la señora Ortiz son ＿＿. No son ＿＿.
　　　　　　　　　　　　　　　　4　　　　　　5

Talking about more than one
Presente de **ser** en el plural

1. You have already learned the singular forms of the verb **ser.**
Review the following.

yo	soy
tú	eres
él	es
ella	es

2. Now study the plural forms of the verb **ser.**

nosotros(as)	somos
ellos	son
ellas	son
Uds.	son

3.

Nosotros somos rubios.

Ellos son americanos.

When you talk about yourself and another person or other people, you use the **nosotros(as)** form.

You use **ellos** when talking about two or more males or a mixed group of males and females.

Ellas son muy simpáticas.

¿Uds. son amigos? Sí, somos amigos.

You use **ellas** when talking about two or more females.

When talking to more than one person, you use **ustedes,** the plural form for **tú.**
Ustedes is commonly abbreviated as **Uds.**

Práctica

A **Somos alumnos americanos.** Practiquen la conversación. *(Practice the conversation.)*

¿Son Uds. americanos?

Sí, somos americanos.

¿Son Uds. alumnos?

Sí, somos alumnos. Y somos alumnos serios.

¿En qué escuela son Uds. alumnos?

Somos alumnos en la Escuela Jorge Wáshington. Y Uds., ¿son Uds. alumnas?

Sí, somos alumnas en la Escuela Martin Luther King.

Completen según la conversación. *(Complete according to the conversation.)*

Los muchachos ____ americanos. Ellos ____ alumnos. ____ <u>1</u> <u>2</u> <u>3</u> alumnos muy serios. ____ alumnos buenos. ____ alumnos en la <u>4</u> <u>5</u> Escuela Jorge Wáshington. Las muchachas ____ americanas también. <u>6</u> ____ alumnas en la Escuela Martin Luther King. <u>7</u>

B **Él, ella y yo** Contesten. *(Answer with a classmate.)*

1. ¿Son Uds. amigos?
2. ¿Son Uds. alumnos serios?
3. ¿Son Uds. graciosos?
4. ¿En qué escuela son Uds. alumnos?
5. ¿Son Uds. alumnos en la misma clase de español o en clases diferentes?
6. ¿Son Uds. alumnos buenos en español?

C **¿Qué son Uds.?** Formen preguntas según el modelo. *(Ask classmates questions according to the model.)*

cubanos
americanos

María y José, ¿son Uds. americanos o cubanos?
Somos cubanos.

1. americanos mexicanos   **2.** bajos altos   **3.** morenos rubios

D **HISTORIETA** **El amigo de Carlos**

Completen con **ser.** *(Complete with* ser.*)*

Yo ___ un amigo de Carlos. Carlos
  1
___ muy simpático. Y él ___ gracioso.
  2   3
Carlos y yo ___ dominicanos.
                 4
___ de la República Dominicana.
  5
   La República Dominicana ___ parte
                                    6
de una isla en el mar Caribe. Nosotros
___ alumnos en un colegio en Santo
  7
Domingo. Santo Domingo ___ la capital
                              8
de la República Dominicana. Nosotros
___ alumnos de inglés. La profesora
  9
de inglés ___ la señora Drake. Ella
            10
___ americana.
 11
   La clase de inglés ___ bastante
                          12
interesante. Nosotros ___ muy buenos
                           13
en inglés. Nosotros ___ muy inteligentes.
                        14
¿Y Uds.? Uds. ___ americanos, ¿no?
                 15
¿De dónde ___ Uds.? ¿___ Uds.
              16   17
alumnos en una escuela secundaria?
¿___ Uds. alumnos de español?
  18

Santo Domingo, República Dominicana

A ¿**De qué nacionalidad son?**   Work in groups of four. Two of you get together and choose a city below, but don't tell the other students in your group which one. The other two have to guess where you're from by asking you questions. Take turns. You may use the model as a guide.

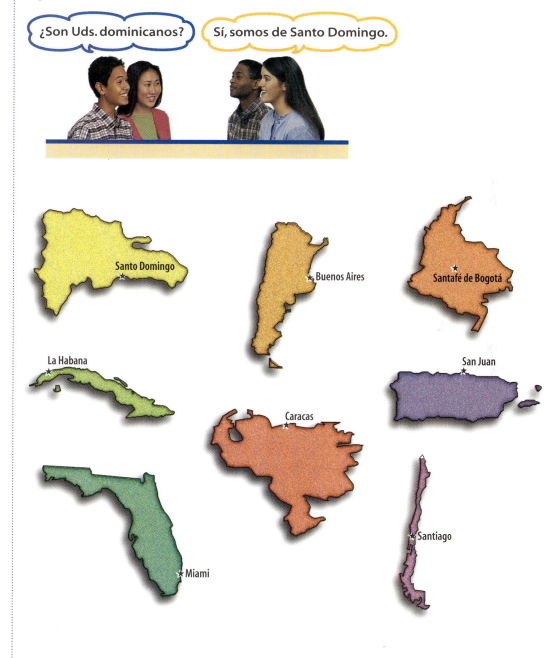

¿Son Uds. dominicanos?

Sí, somos de Santo Domingo.

Santo Domingo

Buenos Aires

Santafé de Bogotá

La Habana

San Juan

Caracas

Santiago

Miami

Telling time
La hora

1. Observe the following examples of how to tell time.

¿Qué hora es?

Es la una.

Son las dos.

Son las diez.

Son las doce.

Es el mediodía.

Es la medianoche.

Es la una y diez.

Son las tres y cinco.

Son las cuatro y veinticinco.

Son las cinco menos veinte.

Son las seis menos diez.

Son las diez menos cinco.

Son las dos y cuarto.

Son las siete menos cuarto.

Son las seis y media.

2. To indicate A.M. and P.M. in Spanish, you use the following expressions.

**Son las ocho
de la mañana.**   **Son las tres de la tarde.**   **Son las once
de la noche.**

3. Note how to ask and tell what time something (such as a party) takes place.

¿A qué hora es la fiesta?   La fiesta es *a* las nueve.

A **¿Qué hora es?**   Digan la hora. *(Tell the time on each clock.)*

1.   2.   3.   4.   5.   6.

B **El horario escolar**
Digan la hora de la clase.
(Tell the time of each class.)

Conversación

¿De qué nacionalidad son Uds.?

PATRICIO: ¿De dónde son Uds.?

MANUEL: ¿Nosotros? Somos americanos.

PATRICIO: ¿Ah, sí? ¿De dónde?

MANUEL: Somos de Tejas, de San Antonio. ¿De qué nacionalidad son Uds.?

PATRICIO: Somos mexicanos. Somos de Coyoacán.

MANUEL: ¿Coyoacán?

PATRICIO: Sí, es una colonia de la Ciudad de México, la capital.

Después de conversar

Contesten. *(Answer.)*

1. ¿De dónde son los muchachos americanos?
2. ¿De dónde son los muchachos mexicanos?
3. ¿Cuál es la capital de México?
4. ¿Cuál es una ciudad en el estado de Tejas?
5. ¿Cuál es una parte de la Ciudad de México?

❧ Actividades comunicativas ❧

A. En la Argentina   Work in groups of four. Two of you are visiting
Buenos Aires and you meet two Argentine students in a café. Find out
as much about each other and your schools as you can.

La Recoleta, Buenos Aires, Argentina

JUEGO   **¿Qué clase es?**   Work with a classmate. He or she gives you
a one-sentence description of a class. Guess what class it is. If you're
wrong, your partner will give you another hint. Continue until you
guess the class being described. Take turns.

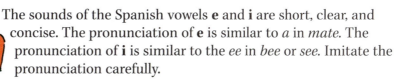

PRONUNCIACIÓN

Las vocales *e, i*

The sounds of the Spanish vowels **e** and **i** are short, clear, and
concise. The pronunciation of **e** is similar to *a* in *mate*. The
pronunciation of **i** is similar to the *ee* in *bee* or *see*. Imitate the
pronunciation carefully.

e	**i**
Elena	**Isabel**
peso	**Inés**

Repeat the following sentences.

Elena es una amiga de Felipe.
Inés es tímida.
Sí, Isabel es italiana.

Lecturas CULTURALES

Reading Strategy

Using titles and subtitles

Look at titles and subtitles before you begin to read. They will usually help you know what a reading selection will be about. Having an idea of what a reading will be about will help you understand better as you read.

EL ESPAÑOL EN LOS ESTADOS UNIDOS

Mexicanoamericanos

¡Hola! Somos Alejandro Chávez y Guadalupe Garza. Somos alumnos en una escuela secundaria de Pueblo, Colorado. Somos alumnos en una escuela secundaria americana. Pero para nosotros el español no es una lengua extranjera[1]. ¿Por qué[2]? Porque nosotros somos de ascendencia[3] mexicana. Somos mexicanoamericanos.

[1]extranjera *foreign*
[2]¿Por qué? *Why?*
[3]ascendencia *background, descent*

Jóvenes de ascendencia mexicana

Cubanoamericanos

Nosotros somos Raúl Ugarte y Marta Dávila. Somos de Miami, en la Florida. Como muchas personas en Miami, somos de ascendencia cubana. Somos cubanoamericanos.

En los Estados Unidos hay unos veinte millones de hispanohablantes[4]. El español es una lengua muy importante en los Estados Unidos.

[4]hispanohablantes *Spanish speakers*

Jóvenes de ascendencia cubana

Miami, La Florida

espués de leer

 Alejandro Chávez y Guadalupe Garza Contesten. *(Answer.)*

1. ¿Quiénes son Alejandro Chávez y Guadalupe Garza?
2. ¿Dónde son alumnos?
3. ¿De dónde son ellos?
4. Para Alejandro y Guadalupe, ¿es el español una lengua extranjera?
5. ¿Por qué no? ¿Qué son ellos?

Raúl Ugarte y Marta Dávila Corrijan.
(Correct the false statements.)

1. Raúl Ugarte y Marta Dávila son de ascendencia mexicana.
2. Ellos son mexicanoamericanos.
3. Ellos son de San Antonio, Tejas.
4. Hay unos veinte millones de hispanohablantes en Cuba.

LECTURA OPCIONAL 1

SAN ANTONIO

San Antonio es una ciudad[1] muy bonita de Tejas. Es una ciudad muy histórica. Es la ciudad favorita de muchos turistas. San Antonio es una ciudad bilingüe. Hay mucha gente[2] de ascendencia mexicana en San Antonio. Hay muchos mexicanoamericanos.

[1]ciudad *city*
[2]gente *people*

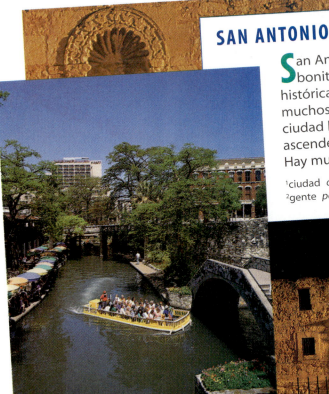

El río, San Antonio

El Álamo, San Antonio

espués de leer

A **¿Cómo es San Antonio?** Contesten con **sí** o **no**.
(Answer with sí *or* no.*)*

1. San Antonio es una ciudad bastante fea.
2. Hay monumentos históricos en San Antonio.
3. San Antonio es una ciudad de México.
4. Hay muchos hispanohablantes en San Antonio.
5. Hay muchos mexicanoamericanos en San Antonio.

B **En español, por favor.** Busquen las palabras afines en la lectura.
(Find the following cognates in the reading.)

1. favorite   3. bilingual
2. historic   4. tourists

El Museo de Frida Kahlo, Coyoacán

COYOACÁN

La Ciudad de México es hoy día[1] la ciudad más grande del mundo[2]. Coyoacán es una colonia en la zona sur de la ciudad. Es una colonia bonita y tranquila. Es elegante también. Muchos residentes o habitantes de Coyoacán son personas famosas.

[1]hoy día   *these days*
[2]mundo   *world*

Coyoacán, México

 Después de leer

 La Ciudad de México   Completen. *(Complete.)*

1. _____ es la ciudad más grande del mundo.
2. _____ es una colonia de la Ciudad de México.
3. Coyoacán es una colonia en la zona _____ de la ciudad.
4. Hay muchas personas _____ en Coyoacán.

B **En español, por favor.**   Busquen las palabras afines en la lectura.
(Find the following cognates in the reading.)

1. zone   4. residents
2. tranquil, calm 5. inhabitants
3. elegant

Conexiones

LAS CIENCIAS SOCIALES

LA SOCIOLOGÍA

Sociology is the study of society in all its aspects. A society is composed of many groups. All of us belong to a number of groups. We belong to a family group, a language group, and an ethnic or racial group.

The large Spanish-speaking world is one of great diversity. There are many ethnic groups living in Spain and in Latin America. Let's take a look at some of these groups.

Caras de Latinoamérica

Grupos étnicos de Latinoamérica

En Latinoamérica hay muchos grupos étnicos. ¿Cuáles son los grupos étnicos de Latinoamérica?

Influencia africana

En la región del Caribe hay mucha influencia africana. En Puerto Rico, Cuba, la República Dominicana, Panamá y en la costa norte de la América del Sur, la influencia negra es notable. Hay mucha gente[1] de ascendencia africana. Hay también muchos mulatos. En Latinoamérica, un mulato es una persona de sangre[2] blanca y negra.

Influencia india o indígena

En México, Guatemala y la región andina—de los Andes—hay muchos indios. En Ecuador, Perú y Bolivia, hay muchos descendientes de los incas. En México y Guatemala hay muchos descendientes de los mayas. Hay también muchos mestizos. Un mestizo es una persona con una mezcla[3] de sangre india y blanca.

Criollos

¿Y quiénes son los criollos? Los criollos son los blancos nacidos[4] en las colonias—los españoles nacidos en América.

[1]gente *people*
[2]sangre *blood*
[3]mezcla *mixture*
[4]nacidos *born*

«La almendra del cacao» de Diego Rivera

Después de leer

A **En español** Busquen las palabras afines en la lectura. (*Find the cognates in the reading.*)

B **La palabra, por favor** Pareen. (*Match.*)

1. área de las Américas donde el español es la lengua oficial
2. una persona de África
3. la región de los Andes
4. los indios del Perú, Ecuador y Bolivia
5. los indios de México y Guatemala
6. una persona de sangre india y blanca
7. una persona de sangre blanca y negra

a. mestizo
b. Latinoamérica
c. mulato
d. africano
e. andina
f. descendientes de los incas
g. descendientes de los mayas

C **¿Cuáles son las palabras?** Busquen las palabras equivalentes. (*Find the equivalent words.*)

In this reading, there are two important terms that are the same in Spanish and English. The words came to English from the Spanish language. Which words are they?

Culminación

✦Actividades orales✦

A. Nosotros(as) Work with a classmate. Together prepare a speech that you are going to present to the class. To help you organize your presentation, use the following as a guide:

▶ tell who you are
▶ tell where you're from
▶ give the name of your school
▶ describe one of your classes

B. Cursos obligatorios y opcionales You are speaking with a student you met recently. He is from Chile and he doesn't know much about our schools. Tell him something about your school curriculum. Which courses are required and which ones are electives? Answer any questions he may have about your courses.

```
*** LICEO SALVADOREÑO ***

          INFORME    DE    NOTAS

22 - MANUEL ERNESTO MARTINEZ CORTEZ
                                    PROF. RODRIGO RAMIREZ SANTOS
TERCERA AREA
                         1ra.  2da. Act  Activ. P.O.   Nota   30%   3ra.   Nota Obs.
Nombre materia           Area  Area 10%   40%   50%                Area   Acum.

                          0.9  1.3   10    34    44     88    26.4   2.6    4.8
EDUCACION EN LA FE        1.2  1.3   10    31    46     86    25.8   2.6    5.1
LENGUAJE                  1.0  1.2    8    33    46     87    26.1   2.6    4.8
ESTUDIOS SOCIALES         1.4  1.2   10    38    49     97    29.1   2.9    5.5
INGLES                    1.2  1.4   10    37    40     87    26.1   2.6    5.2
MATEMATICAS               1.3  1.4    9    38    36     83    24.9   2.5    5.2
CIENCIA,SALUD Y MEDIO A   1.2  1.2    9    36    50     95    28.5   2.9    5.3
EDUCACION ESTETICA        1.4  1.4   10    40    50    100    30.0   3.0    5.8
EDUCACION FISICA          1.2  1.3   10    31    45     86    25.8   2.6    5.1
MECANOGRAFIA              1.3  1.3    9    36    50     95    28.5   2.9    5.5
COMPUTACION

                                              FIRMA ENCARGADO
```

Actividad escrita

A **Una postal a una amiga**   You're in Barcelona, Spain. Write a post-card to a friend at home, telling him or her about your new Spanish friends—José Luis, Nando, Alejandra, and Guadalupe.

BARCELONA

Writing Strategy

Keeping a journal

*T*here are many kinds of journals you can keep, each having a different purpose. One type of journal is the kind in which you write about daily events and record your thoughts and impressions about these events. It's almost like "thinking out loud." By keeping such a journal, you may find that you discover something new that you were not aware of.

Clases y profesores

You've been in school for about a month. You've had a chance to get to know what your courses are like and to become familiar with your teachers. Create a journal entry in which you write about your classes and your teachers. Try to write about your classes—the days and times of each, whether there are many or few students, whether the class is big or small, what the class is like, who the teacher is, and what he or she is like. When you have finished, reread your journal entry. Did you discover anything about your courses or your teachers that you hadn't thought of before?

Vocabulario

IDENTIFYING A PERSON OR THING

el profesor
la profesora
la clase
el curso

IDENTIFYING SCHOOL SUBJECTS

las ciencias
  la biología
  la química
  la física
las matemáticas
  la aritmética
  el álgebra
  la geometría
  el cálculo
las ciencias sociales
  la historia
  la geografía

las lenguas
  el inglés
  el español
  el francés
  el alemán
  el latín
otras asignaturas o disciplinas
  la educación física
  la música
  el arte
  la economía doméstica
  la informática

DESCRIBING TEACHERS AND COURSES

inteligente
interesante
aburrido(a)
pequeño(a)
grande

fácil
difícil, duro(a)
popular
obligatorio(a)

IDENTIFYING OTHER NATIONALITIES

argentino(a)
dominicano(a)

ecuatoriano(a)
panameño(a)

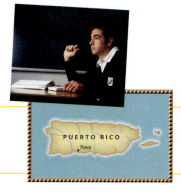

FINDING OUT INFORMATION

¿quiénes?
¿cuántos(as)?

AGREEING AND DISAGREEING

sí, también
no, de ninguna manera

OTHER USEFUL EXPRESSIONS

hay
mucho
poco

mismo(a)
todos(as)

VIDEO

¡Buen viaje!

EPISODIO 2 ▸ Alumnos y cursos

En la escuela de Isabel y Luis

Isabel y Luis con Cristina

CD-ROM

Expansión cultural

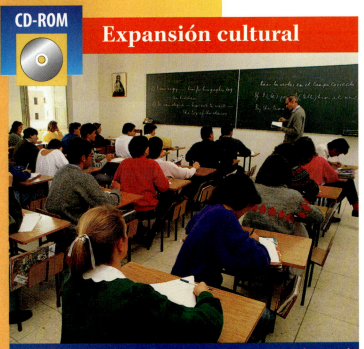

El inglés es una lengua muy importante y popular en el mundo hispano.

inter NET CONNECTION

In this video episode Cristina attends Isabel's English class at her school in Mexico City. Like the students in the video, Cristina had to learn English when her family emigrated from Colombia to Los Angeles. To find out more about American cities like Los Angeles with large Spanish-speaking populations and Hispanic origins, go to the Capítulo 2 Internet activity at the Glencoe Foreign Language Web site:

http://www.glencoe.com/sec/fl

CAPÍTULO 3

Las compras para la escuela

Objetivos

In this chapter you will learn to do the following:

- identify and describe school supplies
- identify and describe articles of clothing
- shop for school supplies and clothing
- state color and size preferences
- speak to people formally and informally
- discuss differences between schools in the United States and in Spanish-speaking countries

Vocabulario

Los materiales escolares

un cuaderno, un bloc

la mochila

una carpeta

un libro

una calculadora

un marcador

un bolígrafo, una pluma

un disquete

una hoja de papel

una goma de borrar

un lápiz,
dos lápices

En la papelería

Alejandro necesita materiales escolares.
Busca un cuaderno en la papelería.

Alejandro mira un cuaderno.
Mira un bolígrafo también.

¿El cuaderno?
¿Cuánto es, por favor?

Noventa pesos.

la dependienta,
la empleada

Alejandro habla con la dependienta.

la caja

Alejandro compra el cuaderno.
El cuaderno cuesta noventa pesos.
Alejandro paga noventa pesos.
Paga en la caja.

Alejandro lleva los materiales escolares
en una mochila.

VOCABULARIO

Práctica

A **Los materiales escolares** Preparen una lista de materiales escolares importantes. *(Make a list of important school supplies.)*

B **HISTORIETA** **En la papelería**

Contesten. *(Answer.)*

1. ¿Necesita la muchacha materiales escolares?
2. ¿Busca los materiales escolares en la papelería?
3. ¿Mira ella un bolígrafo?
4. ¿Habla con el dependiente?
5. ¿Compra el bolígrafo?
6. ¿Paga en la caja?

Santiago de Chile

Carpeta con portada transparente con 3 argollas de 1"

- Capa transparente en portada, lomo y contraportada
- Disponible en blanco, negro, azul claro y gris

0400-3544

$2.09 **MAX PRECIO**

MaxReembolso proporcional disponible

C **HISTORIETA** **De compras**

Escojan. *(Choose.)*

1. Diego _____ materiales escolares.
   a. paga   **b.** habla   **c.** necesita
2. Él _____ un bolígrafo y un cuaderno.
   a. mira   **b.** cuesta   **c.** habla
3. Diego _____ con el empleado.
   a. paga   **b.** habla   **c.** mira
4. Él necesita _____ para la computadora.
   a. un disquete   **b.** un bloc   **c.** un lápiz
5. Diego _____ en la caja.
   a. paga   **b.** compra   **c.** lleva
6. Él _____ los materiales escolares en una mochila.
   a. compra   **b.** mira   **c.** lleva

D. HISTORIETA Una calculadora, por favor.

Contesten. (*Answer.*)

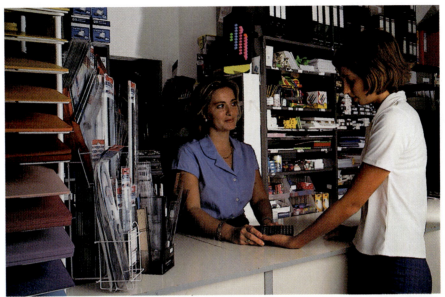

Málaga, España

1. ¿Con quién habla Casandra en la papelería?
2. ¿Qué necesita ella?
3. ¿Qué busca?
4. ¿Compra la calculadora?
5. ¿Cuánto cuesta la calculadora?
6. ¿Dónde paga Casandra?

Actividades comunicativas

A. En la papelería   Work with a classmate. You're buying the school supplies below. Take turns being the customer and the salesperson.

JUEGO   ¿Qué es?   Play a guessing game. Your partner will hide a school supply behind his or her back. Guess what he or she is hiding. Take turns.

Vocabulario

La ropa

una gorra

un pantalón corto

un pantalón largo

una blusa

un traje

una chaqueta

un T-shirt,
una camiseta

una camisa

38

la talla,
el tamaño

una falda

36

el número

los zapatos

una corbata

un blue jean

los calcetines

un par de tenis

La muchacha lleva un
  T-shirt y un blue jean.
Lleva un par de tenis.
Lleva una chaqueta.
No lleva una falda.

¿Qué desea Ud.?

Una blusa, por favor.

Sí, señorita. ¿Qué talla usa Ud.?

Treinta y cuatro.

¿Qué número usa (calza) Ud.?

Treinta y ocho.

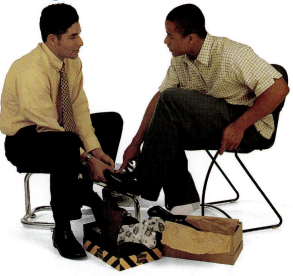

Gloria habla con la dependienta.
La dependienta trabaja en la tienda de ropa.

Rubén compra un par de zapatos.
Él habla con el dependiente.

La camisa cuesta mucho.
Es muy cara.

1.200 pesos

35 pesos

La gorra no cuesta mucho.
Cuesta poco.
Es bastante barata.

¿Lo sabes?

Ciento is shortened to cien before any word that is not a number: cien pesos, ciento ochenta pesos.

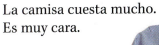

Los colores

¿De qué color es?

anaranjado(a)

verde   de color marrón

blanco(a)

gris

rosado(a)

rojo(a)

negro(a)   azul

amarillo(a)

Más números

100	ciento, cien	**600**	seiscientos
200	doscientos	**700**	setecientos
300	trescientos	**800**	ochocientos
400	cuatrocientos	**900**	novecientos
500	quinientos	**1000**	mil

150	ciento cincuenta
790	setecientos noventa
1800	mil ochocientos

Práctica

A ¿Qué es? Identifiquen. (Identify.)

1.

2.

3.

4.

5.

6.

Miraflores, Lima, Perú

B HISTORIETA En la tienda de ropa

Contesten según se indica.
(Answer according to the cues.)

1. ¿Con quién habla Eugenio?
   (con el dependiente)
2. ¿Dónde trabaja el dependiente?
   (en la tienda de ropa)
3. ¿Qué necesita Eugenio?
   (un T-shirt)
4. ¿Qué talla usa? (treinta y ocho)
5. ¿De qué color es el T-shirt?
   (blanco)
6. ¿Cuánto es? (cinco pesos)
7. ¿Cuesta mucho? (no, poco)
8. ¿Es caro? (no, barato)
9. ¿Compra Eugenio el T-shirt? (sí)
10. ¿Dónde paga? (en la caja)

C ¿De qué color es? Completen con el color.
(Complete with the color.)

1. Tomás compra
   un pantalón _____.
2. Ana compra una
   blusa _____.
3. Emilio compra
   una camisa _____.

4. Paco compra una
   gorra _____.
5. Adriana compra una
   falda _____.
6. César compra zapatos
   de color _____.

✤ Actividades comunicativas ✤

A **¿Qué es?** With a classmate, take turns asking each other what each of the following items is. Then ask questions about each one. Find out how much it costs and tell what you think about the price. Is it a real bargain—**¿una ganga?**

1.
2.
3.
4.
5.

B **¿Quién es?** Work in small groups. One person tells what someone in the class is wearing. The others have to guess who it is. If several people are wearing the same thing, you will have to give more details.

C **En la tienda de ropa** With a classmate, look at the photograph. Ask one another questions about it. Answer each other's questions. Then work together to make up sentences about the photograph. Put the sentences in logical order to form a paragraph.

JUEGO **¿Cuál es el número?** Give some numbers in a mathematical pattern but leave one out. Your partner will try to figure out what the missing number is. Take turns. You can use the model as a guide.

doscientos, cuatrocientos, _____, ochocientos

seiscientos

Estructura

Telling what people do
Presente de los verbos en **-ar** en el singular

1. All verbs, or action words, in Spanish belong to a family, or conjugation. Verbs whose infinitive ends in **-ar** (**hablar:** *to speak,* **comprar:** *to buy*) are called first conjugation verbs.

necesitar	**comprar**
buscar	**hablar**
mirar	**pagar**

2. Spanish verbs change their endings according to the subject. Study the following forms.

INFINITIVE	hablar	comprar	mirar	
STEM	habl-	compr-	mir-	ENDINGS
yo	hablo	compro	miro	-o
tú	hablas	compras	miras	-as
él	habla	compra	mira	-a
ella	habla	compra	mira	-a

> **¿Te acuerdas?**
>
> To make a sentence negative, put **no** in front of the verb.
> Hablo español.
> **No** hablo francés.
> Necesita una hoja de papel.
> **No** necesita una pluma.

3. Since the ending of the verb in Spanish indicates who performs the action, the subjects (**yo, tú, él, ella**) are often omitted.

Hablo español.   Hablas español.   Habla español.

Use **-o** when you talk about yourself.   Use **-as** when you talk to a friend.   Use **-a** when you talk about someone.

Práctica

A HISTORIETA En la papelería

Contesten. *(Answer.)*

1. ¿Necesita Andrea materiales escolares?
2. ¿Busca ella un bolígrafo?
3. ¿Compra un bolígrafo en la papelería?
4. ¿Habla ella con la empleada?
5. ¿Paga ella en la caja?
6. ¿Lleva los materiales escolares en una mochila?

Una papelería, Caracas, Venezuela

B HISTORIETA Llevo un blue jean.

Contesten personalmente. *(Answer these questions about yourself.)*

1. ¿Llevas un blue jean?
2. ¿Necesitas un nuevo blue jean?
3. ¿Compras el blue jean en una tienda de ropa?
4. ¿Con quién hablas en la tienda?
5. ¿Qué talla usas?
6. ¿Dónde pagas?
7. ¿Pagas mucho?
8. ¿Cuánto pagas?

C HISTORIETA Necesito un par de tenis, por favor.

Contesten según se indica.
(Answer according to the cues.)

1. ¿Qué necesitas? (un par de tenis)
2. ¿Dónde buscas los tenis? (en la tienda González)
3. ¿Qué número usas? (treinta y seis)
4. ¿Miras un par de tenis? (sí)
5. ¿Compras los tenis? (sí)
6. ¿Cuánto pagas? (quinientos pesos)
7. ¿Dónde pagas? (en la caja)

CONVERSION DE TALLAS

Ropa de señora — Vestidos y abrigos						
Estados Unidos	6	8	10	12	14	16
España	36	38	40	42	44	46
Sudamérica	34	36	38	40	42	44
Ropa de señora — Blusas y jersey						
Estados Unidos	30	32	34	36	38	40
España	38	40	42	44	46	48
Sudamérica	38	40	42	44	46	48
Ropa de caballeros — Trajes						
Estados Unidos	34	36	38	40	42	44
España	44	46	48	50	52	54
Sudamérica	44	46	48	50	52	54
Calzado — señoras						
Estados Unidos	4	5	6	7	8	9
España	34/35	35/36	36/37	38/39	39/40	41/42
Sudamérica	2	3	4	5	6	7
Calzado — caballeros						
Estados Unidos	8	8½	9	9½	10	10½
España	41	42	43	43	44	45
Sudamérica	6	6½	7	7½	8	8½

D Perdón, ¿qué necesitas? Sigan el modelo. *(Follow the model.)*

Necesito un bolígrafo.

Perdón, ¿qué necesitas?

1. Necesito una hoja de papel.
2. Busco una goma de borrar.
3. Compro un disquete.
4. Llevo una mochila.

HISTORIETA En la tienda de ropa

Completen. *(Complete.)*

Casandra _____ (necesitar) una blusa. Ella _____ (buscar) una blusa
         1   2
verde. En la tienda de ropa Casandra _____ (hablar) con una amiga.
                                              3

—Casandra, ¿qué _____ (buscar)?
                       4

—Yo _____ (buscar) una blusa.
      5

—¿_____ (Necesitar) un color especial?
    6

—Sí, verde.

—¿Qué talla _____ (usar)?
             7

—Treinta y seis.

—¿Por qué no _____ (hablar) con la
                    8
dependienta?

—¡Buena idea!

Casandra _____ (hablar) con la
           9
dependienta. Ella _____ (mirar) varias
              10
blusas verdes. Casandra _____ (comprar)
                  11
una blusa que es muy bonita. Ella _____
                              12
(pagar) en la caja.

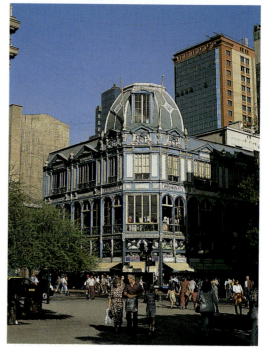

Santiago, Chile

Actividades comunicativas

A **¿Trabajas o no?** Find out from a classmate whether he or she
works. Try to find out where and when. Tell the class about your
friend's work.

B **¿Qué necesitas?** You're talking on the phone with a good friend.
The new school year **(la apertura de clases)** is about to begin. You
need lots of things. Have a conversation with your friend.
You may want to use some of the following
words and expressions.

la papelería

la tienda
de ropa

ropa

materiales
escolares

necesitar

comprar

¿de qué color?

¿qué talla?

¿cuánto
cuesta?

Talking formally and informally
Tú o Ud.

1. In Spanish, there are two ways to say "you." You can use **tú** when talking to a friend, to a person your own age, or to a family member. **Tú** is called the informal or familiar form of address.

> **José, ¿hablas español?**
> **Carolina, ¿qué necesitas?**

2. You use **usted** when talking to an older person, a person you do not know very well, or anyone to whom you wish to show respect. The **usted** form of address is polite, or formal. **Usted** is usually abbreviated **Ud. Ud.** takes the same verb ending as **él** or **ella**.

> **Señor, ¿habla Ud. inglés?**
> **Señora, Ud. trabaja en la papelería, ¿no?**

Práctica

A **¿Tú o Ud.?** Pregunten. (*Ask the following people what they need and what they are looking for. Use* tú *or* Ud. *as appropriate.*)

1.

2.

3.

4.

5.

B **Claudia y el señor** Sigan el modelo.
(*Follow the model.*)

> **Necesito una hoja de papel.**
> **Y tú, Claudia, ¿qué necesitas?**
> **¿Y qué necesita Ud., señor?**

1. Necesito un cuaderno.
2. Busco una goma de borrar.
3. Compro una camisa.
4. Hablo español.

ESTRUCTURA

Conversación

En la tienda de ropa

EMPLEADA:	Sí, señor. ¿Qué desea Ud.?
CLIENTE:	Necesito una camisa.
EMPLEADA:	Una camisa. ¿De qué color, señor?
CLIENTE:	Una camisa blanca.
EMPLEADA:	De acuerdo. ¿Qué talla usa Ud.?
CLIENTE:	Treinta y seis. *(After looking at some shirts)*
CLIENTE:	¿Cuánto es, por favor?
EMPLEADA:	Ciento cincuenta pesos.
CLIENTE:	Bien. ¿Pago aquí o en la caja?
EMPLEADA:	En la caja, por favor.

Después de conversar

Contesten. *(Answer.)*

1. ¿Con quién habla el cliente?
2. ¿Qué necesita?
3. ¿Qué talla usa?
4. ¿Mira el señor una camisa?
5. ¿Cuánto es la camisa?
6. ¿Compra el señor la camisa?
7. ¿Dónde paga?

OFERTA $150

Actividades comunicativas

A **Para la apertura de clases** Ask a classmate what school supplies he or she needs at the beginning of the new school year and where he or she usually **(generalmente)** buys them. Then tell the class what you find out.

B **En las tiendas** Work with a classmate. Take turns playing the roles of the salesperson and the customer in the following situations.

▶ **En la papelería** You want to buy two pens—preferably red ones—, a notebook, and a calculator.

▶ **En la tienda de ropa** You want to buy a blue shirt for your friend. They have his size, but only in white.

▶ **En la zapatería** You need a pair of brown shoes. The ones the salesperson shows you are expensive.

 **¿Qué lleva?** Have one student leave the room while the others choose a classmate to describe. The student who left comes back in and has to guess which classmate the others have chosen by asking questions about his or her clothes. Use the model as a guide.

¿Lleva un blue jean azul y una camiseta roja?

No.

¿Lleva un par de tenis negros?

Sí.

¡Es Tomás!

PRONUNCIACIÓN

Las consonantes l, f, p, m, n

The pronunciation of the consonants **l, f, p, m,** and **n** is very similar in both Spanish and English. However, the **p** is not followed by a puff of breath as it often is in English. Repeat the following sentences.

Lolita es linda y elegante.
La falda de Felisa no es fea.
Paco es una persona popular.
La muchacha mexicana mira una goma.
Nando necesita un cuaderno nuevo.

CONVERSACIÓN

Lecturas CULTURALES

Reading Strategy

Using pictures and photographs

Before you begin to read, look at pictures, photographs, or any other visuals that accompany a reading. By doing this, you can often tell what the reading selection is about before you actually read it.

UN ALUMNO MADRILEÑO

Julio Torres es de Madrid. Él es alumno en el Liceo Joaquín Turina en Madrid. Un liceo o colegio es una escuela secundaria en España. En Madrid, la apertura de clases[1] es a fines de[2] septiembre. Julio necesita muchas cosas para la apertura de clases. Necesita materiales escolares. En una papelería compra un libro, un bolígrafo, tres lápices y varios cuadernos. Compra también un disquete para la computadora.

Pero Julio no necesita ropa nueva para la escuela. ¿Por qué? Porque Julio no lleva un blue jean o una camiseta a la escuela. Él lleva un uniforme. Es obligatorio llevar uniforme a la escuela. Un muchacho lleva un pantalón negro y una camisa blanca. En algunas[3] escuelas es necesario llevar chaqueta y corbata también. Una muchacha lleva una falda y una blusa. Y a veces[4] es necesario llevar una chaqueta. ¿Qué opinas? ¿Es una buena idea llevar uniforme a la escuela?

[1]apertura de clases *opening of school*
[2]a fines de *at the end of*
[3]algunas *some*
[4]a veces *sometimes*

Después de leer

A **Un alumno madrileño**   Contesten. *(Answer.)*

1. ¿De dónde es Julio Torres?
2. ¿En qué escuela es alumno?
3. ¿Cuándo es la apertura de clases en Madrid?
4. ¿Qué necesita Julio para la apertura de clases?
5. ¿Dónde compra las cosas que necesita?
6. ¿Necesita Julio ropa nueva para la escuela?
7. ¿Qué lleva él a la escuela?
8. ¿Qué lleva una muchacha a la escuela?

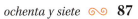

Colegio de Nuestra Señora de la Consolación, Madrid

B **Julio Torres**   Busquen la información en la lectura.
(Find the information in the reading.)

1. de dónde es Julio Torres
2. la escuela de Julio
3. cuándo es la apertura de clases en Madrid
4. las cosas que compra Julio
5. lo que es obligatorio llevar a la escuela
6. lo que Julio no lleva a la escuela
7. el uniforme típico de un muchacho
8. el uniforme típico de una muchacha

C **Discusión**   ¿Qué opinas?
(What is your opinion?)

¿Es una buena idea llevar uniforme a la escuela?

El Retiro, Madrid

LECTURA OPCIONAL 1

LA ROPA INDÍGENA

La ropa que lleva la población india o indígena de Latinoamérica es muy interesante y muy bonita.

En Guatemala, por ejemplo, la ropa cambia o varía de un pueblo[1] a otro. El traje que lleva una señora de Santiago de Atitlán no es el mismo traje que lleva una señora de Chichicastenango.

La india de Guatemala no lleva sombrero. Pero la india del Perú, sí. Ella lleva sombrero.

La india del famoso pueblo de Otavalo en el Ecuador lleva dos faldas de lana[2] oscura con una blusa muy brillante. El señor otavaleño lleva un pantalón blanco, una camisa blanca y un poncho azul.

[1]pueblo *town*   [2]lana *wool*

Después de leer

A La ropa indígena

Identifiquen. *(Identify.)*

There are some articles of clothing that retain their Spanish names in English. Look at the photographs to find out what they are.

huaraches

sarape

poncho

UN DISEÑADOR FAMOSO

El famoso diseñador de ropa Oscar de la Renta es de Santo Domingo, la capital de la República Dominicana. Los estilos de de la Renta son muy elegantes y lujosos. Los trajes de gala de de la Renta son muy caros. La fama de Oscar de la Renta es mundial[1].

Oscar de la Renta es también una persona muy buena y muy humana. En la República Dominicana, de la Renta funda un orfanato[2] y un tipo de «Boys' Town». El «Boys' Town» es para niños desamparados[3]. Funda también una escuela especial para sordos[4].

[1]mundial *worldwide*
[2]orfanato *orphanage*
[3]niños desamparados *homeless children*
[4]sordos *deaf people*

Después de leer

A **En español, por favor.** Busquen las palabras afines en la lectura. *(Look for the cognates in the reading.)*

B **Oscar de la Renta** Contesten. *(Answer.)*

1. ¿De dónde es Oscar de la Renta?
2. ¿Por qué es él un hombre (señor) muy famoso?

Conexiones

LA TECNOLOGÍA

LA COMPUTADORA

Some years ago computers began to revolutionize the way people conduct their lives. They have changed the way we view the world and, in reality, they've changed the world. Computers have a place in our homes, in our schools, and in our world of business. If you are interested in computers, you may want to familiarize yourself with some basic computer vocabulary in Spanish. Then read the information about computers on the next page.

la pantalla, el monitor

la computadora, el ordenador

el teclado

el ratón

un disco compacto

un disquete

la impresora

Conecta la computadora y ¡a trabajar!

Una computadora procesa datos. El hardware es la computadora y todo el equipo[1] conectado con la computadora. El software son los programas de la computadora. Un programa es un grupo o conjunto de instrucciones.

La computadora almacena[2] datos. Envía o transmite los datos a un disco. La computadora calcula, compara y copia datos. Pero la computadora no piensa[3]. El operador o la operadora de la computadora entra las instrucciones y la computadora procesa la información.

El módem adapta una terminal a una línea telefónica para transmitir información por todo el mundo[4].

El Internet—¡Conecta al mundo!

Con el Internet hay acceso al mundo entero. Hay información sobre la historia, la economía, el arte, la música y muchas otras áreas de interés. Cuando navegas por la red[5], es posible conectar con los centros de noticias. Es posible enviar correo[6] electrónico y conversar con amigos en otras partes del mundo. Y hay la posibilidad de crear una página Web. Sí, ¡el mundo entero en una pantalla!

[1]equipo *equipment*
[2]almacena *stores*
[3]piensa *think*
[4]mundo *world*
[5]red *Net*
[6]correo *mail*

Después de leer

A **En español, por favor.** Busquen las palabras en la lectura. *(Find the following words in the reading.)*

1. hardware
2. software
3. program
4. data
5. terminal
6. surf the Net
7. Web page
8. e-mail (electronic mail)
9. to process information
10. access
11. computer operator

B **Una página Web** Look at the monitor on page 90. If you have access to the Internet either at home or at school, go to www.glencoe.com/sec/fl **¡a practicar el español!**

Una oficina, Caracas, Venezuela

Culminación

❧Actividades orales❧

A **¿Qué necesitas y cuánto es?** With a classmate, take turns playing the parts of a student and a salesperson in a stationery store. Tell the salesperson what school supplies you need. The salesperson will tell you how much money you need.

12 pesos

40 pesos

120 pesos

620 pesos

95 pesos

60 pesos

B **Regalos** You have just spent a few weeks in Spain and want to buy some gifts for several friends. Make a list of what you want to buy. Go to the different stores to buy the items you want. With a classmate, take turns being the customer and salesperson at the stores where you are purchasing the items on your list.

C **En la papelería** With a classmate, look at the illustrations. Take turns asking and answering questions about each illustration.

❧ Actividad escrita ❧

A. **La apertura de clases** You have received a letter from a pen pal in Salamanca, Spain. Write back to her in Spanish. She wants to know all about you. She also wants to know when school starts and what you wear to school. Give her as much information as you can.

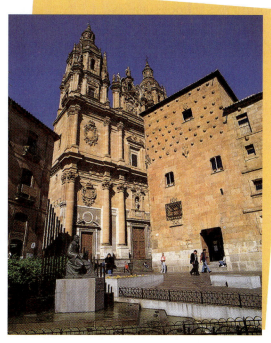

Salamanca, España

Writing Strategy

Preparing for an interview

An interview is one way to gather information for a story or a report. A good interviewer should prepare questions ahead of time. In preparing the questions, think about what you hope to learn from the interview. The best interview questions are open ended. Open-ended questions cannot be answered with "yes" or "no." They give the person being interviewed more opportunity to "open up" and speak freely.

¿De dónde?
¿Cuánto? ¿Cómo?
¿Quién? ¿Dónde?
¿Qué?

Guadalupe Álvaro

It is the beginning of a new school year. Your first assignment for the school newspaper is to write an article about a new exchange student, Guadalupe Álvaro. Guadalupe is from Salamanca, Spain.

You decide to interview Guadalupe before writing your article. To prepare for the interview, write down as many questions as you can. Ask her about her personal life, school life in her country, her friends, etc.

After you have prepared your questions, conduct the interview with a partner who plays the role of Guadalupe. Write down your partner's answers to your questions. Then organize your notes and write your article.

Vocabulario

IDENTIFYING SCHOOL SUPPLIES

los materiales escolares   el cuaderno, el bloc
la mochila   la carpeta
el lápiz, los lápices   el libro
el bolígrafo, la pluma   la hoja de papel
el marcador   la calculadora
la goma de borrar   el disquete

IDENTIFYING ARTICLES OF CLOTHING

la ropa   la blusa
el pantalón   la chaqueta
la camisa   el traje
la corbata   la gorra
el T-shirt, la camiseta   los calcetines
el blue jean, los blue jeans   los zapatos
la falda   los tenis, un par de tenis

DESCRIBING CLOTHES

largo(a)   corto(a)

IDENTIFYING COLORS

¿De qué color es?   anaranjado(a)
blanco(a)   rojo(a)
negro(a)   rosado(a)
gris   verde
azul   de color marrón
amarillo(a)

IDENTIFYING SOME TYPES OF STORES

la papelería   la tienda de ropa

SHOPPING

el/la dependiente(a)   necesitar
el/la empleado(a)   buscar
la caja   mirar
la talla, el tamaño   comprar
el número   pagar
barato(a)   usar, calzar
caro(a)   llevar
mucho   hablar
poco   trabajar

OTHER USEFUL EXPRESSIONS

¿Qué desea Ud.?   ¿Cuánto es?, ¿Cuánto cuesta?

TECNOTUR

VIDEO

¡Buen viaje!

EPISODIO 3 ▶ Las compras para la escuela

Teresa compra un cuaderno y un lápiz para Pilar.

En la tienda, Teresa busca ropa nueva.

CD-ROM

Expansión cultural

Hay muchas tiendas elegantes en la calle Serrano, Madrid.

interNET
CONNECTION

In this video episode Teresa and Pilar go shopping for school clothes in Madrid. To find out what Hispanic teens are wearing this year, go to the **Capítulo 3** Internet activity at the **Glencoe Foreign Language** Web site:

http://www.glencoe.com/sec/fl

CAPÍTULO 4

En la escuela

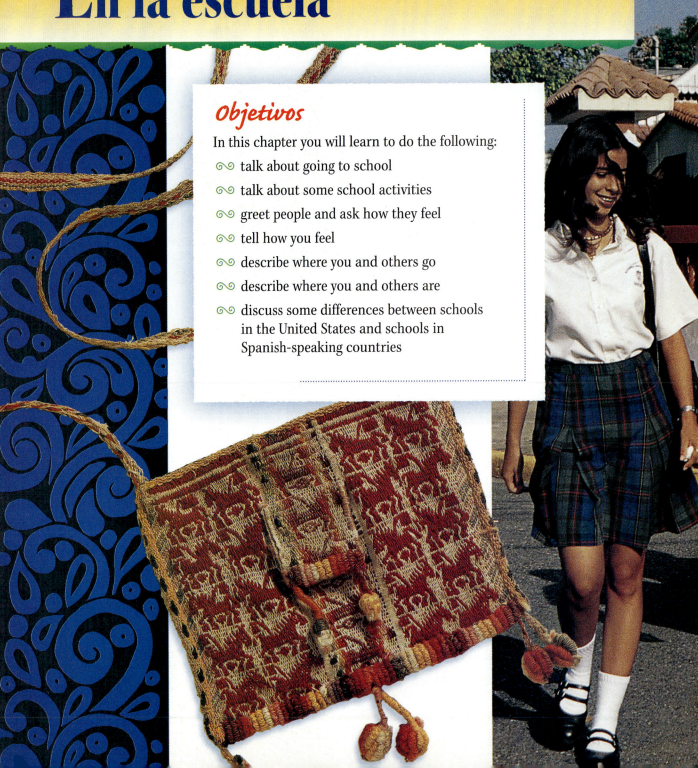

Objetivos

In this chapter you will learn to do the following:

- ◌ talk about going to school
- ◌ talk about some school activities
- ◌ greet people and ask how they feel
- ◌ tell how you feel
- ◌ describe where you and others go
- ◌ describe where you and others are
- ◌ discuss some differences between schools in the United States and schools in Spanish-speaking countries

Vocabulario

Llegar a la escuela

a pie

en el bus escolar

en carro, en coche

Los alumnos llegan a la escuela.
¿Cuándo llegan a la escuela?
¿A qué hora llegan?
Llegan a eso de las ocho menos cuarto.
No llegan a las ocho menos cuarto en punto.
Algunos van a la escuela a pie.
Algunos van en carro.
Otros toman el bus escolar.

En la escuela

entrar en la escuela

Los alumnos entran en la escuela.

Los alumnos están en la sala de clase.
Los alumnos estudian.
La profesora enseña.

la sala de clase,
el salón de clase

Práctica

A HISTORIETA ¡A la escuela!

Contesten. *(Answer.)*

1. ¿Llegan los alumnos a la escuela?
   ¿Adónde llegan los alumnos?
   ¿Quiénes llegan a la escuela?

2. ¿Llegan a la escuela a eso de
   las ocho menos cuarto?
   ¿Cuándo llegan a la escuela?
   ¿A qué hora llegan a la escuela?

3. ¿Van algunos alumnos a la escuela a pie?
   ¿Cómo van a la escuela?
   ¿Adónde van a pie?

4. ¿Toman otros alumnos el bus escolar?
   ¿Qué toman?
   ¿Adónde toman el bus escolar?
   ¿Cómo llegan ellos a la escuela?

Colegio San José, Estepona, España

Autobuses escolares, Málaga, España

Una clase, San Miguel de Allende, México

B HISTORIETA En la escuela

Contesten según se indica.
(Answer according to the cues.)

1. ¿Dónde están los alumnos? (en clase)
2. ¿Quiénes estudian? (los alumnos)
3. ¿Estudian mucho? (sí)
4. ¿Quién no estudia? (la profesora)
5. ¿Quién enseña? (la profesora)

HISTORIETA ¡A la escuela, todos!

Completen. *(Complete.)*

Los alumnos ____₁ a la escuela. Llegan a eso de las ____₂ menos cuarto—a las ocho menos veinte o a las ocho menos trece. No ____₃ a las ocho menos cuarto en punto. Algunos van a la escuela a ____₄. Algunos ____₅ en carro. Y otros ____₆ el bus escolar.

Una clase, Santurce, Puerto Rico

Los alumnos entran en la ____₇ de clase a eso de las ocho. Cuando entran en la clase, hablan con el ____₈. Los alumnos ____₉ mucho en la escuela. Pero el profesor no ____₁₀; él ____₁₁.

Actividad comunicativa

Entrevista Work with a classmate. Pretend you are on the staff of your school newspaper and have been assigned to interview a Mexican exchange student about a school day in his or her hometown. Interview him or her.

Salón de clase, San Miguel de Allende, México

Vocabulario

En la clase

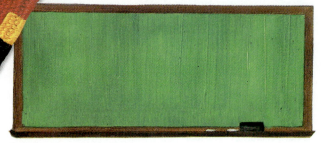

la pizarra, el pizarrón

un examen

una nota buena,
una nota alta

una nota mala,
una nota baja

Los alumnos miran la pizarra.
Miran al profesor también.

El profesor habla.
El profesor explica la lección.
Los alumnos escuchan al profesor.
Prestan atención.
Cuando el profesor habla,
los alumnos escuchan.

Los alumnos toman apuntes.

hablar

escuchar

el lunes-examen

Ahora la profesora da un examen.
Los alumnos toman el examen.

Elena saca una nota buena.

La fiesta del Club de español

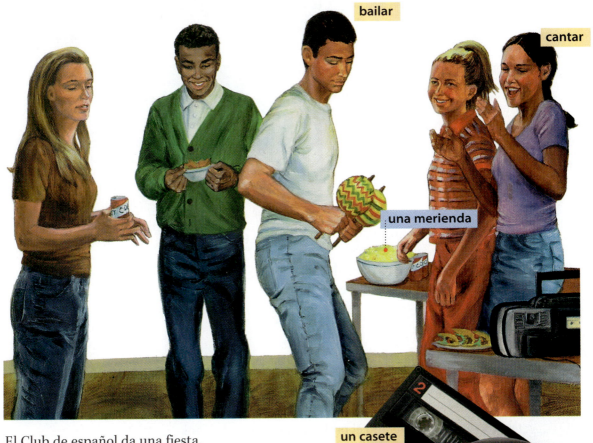

bailar

cantar

una merienda

El Club de español da una fiesta.
Muchos alumnos van a la fiesta.
Escuchan discos compactos y casetes.
Los miembros del club bailan y cantan.
Toman una merienda también.

un casete

un disco compacto

Más números

1000	mil		**1200**	mil doscientos
2000	dos mil		**1492**	mil cuatrocientos noventa y dos
2002	dos mil dos		**1814**	mil ochocientos catorce
2500	dos mil quinientos		**1898**	mil ochocientos noventa y ocho
3000	tres mil		**1,000,000**	un millón
3015	tres mil quince		**2,000,000**	dos millones
3650	tres mil seiscientos cincuenta			

Práctica

A HISTORIETA En clase

Contesten. *(Answer.)*

Colegio San José, Estepona, España

1. ¿Miran los alumnos la pizarra?
2. ¿Habla la profesora?
3. ¿Escuchan los alumnos?
4. ¿Prestan atención cuando la profesora habla?
5. ¿Toman los alumnos apuntes en un cuaderno?
6. ¿Estudian mucho los alumnos?
7. ¿Trabajan ellos mucho?
8. ¿Da la profesora un examen?
9. ¿Toman los alumnos el examen?
10. ¿Sacan notas buenas o malas en el examen?

B HISTORIETA La escuela

Completen. *(Complete.)*

Los alumnos llegan a la escuela y luego van a ___1___. Los alumnos ___2___ mucho en la escuela y los profesores ___3___. Los alumnos toman ___4___ en un cuaderno. Cuando el profesor habla, los alumnos ___5___ atención. El profesor da un ___6___ y los alumnos toman el ___7___. Algunos alumnos sacan notas ___8___ y otros sacan notas ___9___. Una nota buena es una nota ___10___ y una nota mala es una nota ___11___.

C HISTORIETA El Club de español

Contesten según la foto.
(Answer according to the photo.)

1. ¿Da una fiesta el Club de español?
2. ¿Van muchos alumnos a la fiesta?
3. ¿Bailan en la fiesta?
4. ¿Cantan también?
5. ¿Preparan los miembros del club una merienda?
6. ¿Toman una merienda?

Actividades comunicativas

A. En clase With a classmate, look at the illustration. Take turns saying as much as you can about it.

B. ¿Es importante el año? Think of a year that has some significance. Say the year in Spanish for your partner, who will write it down. Tell him or her whether the number is correct. Have your partner tell you (in English, if necessary) why that year is important. Take turns.

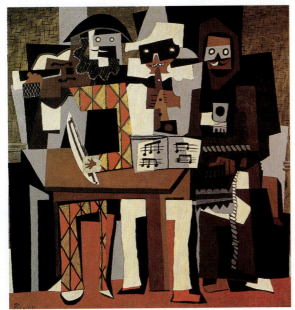

«Tres músicos» de Pablo Picasso

VOCABULARIO

Estructura

Talking about things people do
Presente de los verbos en **-ar** en el plural

1. You have already learned the singular forms of regular **-ar** verbs. Now study the plural forms.

INFINITIVE	hablar	estudiar	tomar	
STEM	habl-	estudi-	tom-	ENDINGS
nosotros(as)	hablamos	estudiamos	tomamos	-amos
ellos, ellas, Uds.	hablan	estudian	toman	-an

2.

> Hablamos español.

> José y Casandra estudian mucho.

When you talk about yourself and someone else, you say **-amos**.

When you talk about two or more people, you say **-an**.

3. In most parts of the Spanish-speaking world, except for some regions of Spain, there is no difference between formal and informal address in the plural.

> Uds. toman muchos apuntes.

When speaking to more than one person, you use the **ustedes** form of the verb. Note that **Uds.** is an abbreviation of **ustedes**.

¿Lo sabes?
Vosotros(as) is a familiar form used in much of Spain. ¿Cantáis y bailáis en la fiesta?

5. Now review all the forms of the present tense of the regular **-ar** verbs.

INFINITIVE	hablar	estudiar	tomar	
STEM	habl-	estudi-	tom-	ENDINGS
yo	hablo	estudio	tomo	-o
tú	hablas	estudias	tomas	-as
él, ella, Ud.	habla	estudia	toma	-a
nosotros(as)	hablamos	estudiamos	tomamos	-amos
vosotros(as)	*habláis*	*estudiáis*	*tomáis*	-áis
ellos, ellas, Uds.	hablan	estudian	toman	-an

Práctica

A HISTORIETA En la escuela

Sigan el modelo.
(Follow the model.)

> **llegar**
> **Los alumnos llegan.**

1. llegar a la escuela a las ocho
2. llevar los materiales escolares en una mochila
3. entrar en la sala de clase
4. hablar con el profesor
5. prestar atención
6. tomar apuntes
7. estudiar mucho
8. sacar notas buenas

El Viejo San Juan, Puerto Rico

B HISTORIETA ¿Y Uds.?

Contesten personalmente. *(Answer about yourself and a friend.)*

1. ¿A qué hora llegan Uds. a la escuela?
2. ¿Toman Uds. el bus escolar a la escuela?
3. ¿Estudian Uds. mucho?
4. ¿Toman Uds. un curso de español?
5. ¿Hablan Uds. mucho en la clase de español?
6. ¿Escuchan Uds. al profesor cuando habla?
7. ¿Miran Uds. un video?
8. ¿Escuchan Uds. casetes?

Sí, estudiamos. Sigan el modelo. *(Follow the model.)*

Uds. necesitan estudiar.

Pero, estudiamos.

1. Uds. necesitan estudiar mucho.
2. Uds. necesitan mirar el video.
3. Uds. necesitan escuchar los casetes.
4. Uds. necesitan trabajar.

5. Uds. necesitan prestar atención.
6. Uds. necesitan escuchar al profesor cuando habla.

D **HISTORIETA** **En un colegio del Perú**

Completen. *(Complete.)*

Emilio _____ (ser) un muchacho peruano. Él _____ (estudiar) en
      1   2
un colegio en Lima. Los amigos de Emilio _____ (llevar) uniforme
      3
a la escuela. Uno de los amigos de Emilio _____ (hablar):
      4

—Sí, todos nosotros _____ (llevar) uniforme a la escuela. _____
      5   6
(Llevar) un pantalón negro, una camisa blanca y una corbata negra.
¿_____ (Llevar) Uds. uniforme a la escuela en los Estados Unidos?
  7

Los amigos de Emilio _____ (tomar) muchos cursos. Y Emilio
      8
también _____ (tomar) muchos cursos. Algunos
      9
cursos _____ (ser) fáciles y otros _____ (ser)
     10   11
difíciles. Los amigos de Emilio _____ (hablar):
     12

—Nosotros _____ (tomar) nueve cursos.
     13
En algunos cursos nosotros _____ (sacar) notas
     14
muy buenas y en otros _____ (sacar) notas
     15
bajas—. Un amigo _____ (preguntar):
     16

—¡Oye, Emilio! ¿En qué cursos _____ (sacar)
     17
tú notas buenas y en qué cursos _____ (sacar)
     18
tú notas malas?

Emilio _____ (contestar):
     19

—Cuando yo _____ (trabajar) y _____ (estudiar)
     20   21
yo _____ (sacar) notas buenas en todos los cursos.
  22

Plaza de Armas, Lima, Perú

❧ Actividades comunicativas ❧

A **Una clase** Ask a classmate about one of his or her classes. Then he or she will ask you about one of your classes. The following are some words or expressions you may want to use.

aburrido grande profesor ¿quién? hablar enseñar

pequeño interesante exámenes ¿cómo? escuchar tomar

apuntes ¿a qué hora? mirar prestar

B **Un día típico** With a classmate look at the illustrations. Take turns talking about them.

C **¿Cuándo? ¿En clase, después de las clases o en una fiesta?**
Work with a classmate. He or she will suggest an activity. You will tell where or when you and your friends typically take part in the activity. Take turns.

Describing people's activities
Presente de los verbos ir, dar, estar

1. The verbs **ir** *(to go)*, **dar** *(to give)*, and **estar** *(to be)* are irregular. An irregular verb does not conform to the regular pattern. Note the similarity in the irregular **yo** form of these verbs.

> **yo   voy   doy   estoy**

2. The other forms of these verbs are the same as those you have learned for regular **-ar** verbs.

INFINITIVE	ir	dar	estar
yo	voy	doy	estoy
tú	vas	das	estás
él, ella, Ud.	va	da	está
nosotros(as)	vamos	damos	estamos
vosotros(as)	vais	dais	estáis
ellos, ellas, Uds.	van	dan	están

Práctica

A **HISTORIETA Voy a la escuela.**

Contesten. *(Answer.)*

1. ¿Vas a la escuela?
2. ¿A qué hora vas a la escuela?
3. ¿Vas a la escuela a pie?
4. ¿Vas en el bus escolar?
5. ¿Vas en carro?
6. ¿Cómo vas?
7. ¿Estás en la escuela ahora?
8. ¿En qué clase estás ahora?

San Juan, Puerto Rico

B. Perdón, ¿adónde vas?

Sigan el modelo. *(Follow the model.)*

Voy a la escuela.

Perdón, ¿adónde vas?

1. Voy a la clase de español.
2. Voy a la clase de biología.
3. Voy a la cafetería.
4. Voy al laboratorio.
5. Voy al gimnasio.
6. Voy a la papelería.

Santurce, Puerto Rico

C. ¿Dónde están Uds.?

Preparen una conversación.
(Prepare a conversation.)

> **Tomamos una merienda. (en la cafetería)**
> **—¿Dónde están Uds.? ¿En la cafetería?**
> **—Sí, estamos en la cafetería.**

1. Tomamos un sándwich. (en la cafetería)
2. Miramos un video. (en la clase de español)
3. Compramos un cuaderno. (en la papelería)
4. Estudiamos biología. (en el laboratorio)
5. Damos una fiesta. (en el Club de español)

D. HISTORIETA La escuela

Contesten. *(Answer.)*

1. ¿A qué hora van Uds. a la escuela?
2. ¿Cómo van?
3. ¿Están Uds. en la escuela ahora?
4. ¿En qué clase están?
5. ¿Está el/la profesor(a)?
6. ¿Da él/ella muchos exámenes?
7. ¿Da él/ella exámenes difíciles?
8. ¿Qué profesores dan muchos exámenes?

La Torre del Oro, Sevilla, España

Expressing direction and possession
Las contracciones al y del

1. The preposition **a** means "to" or "toward." **A** contracts with the article **el** to form one word: **al.** The preposition **a** does not change when used with the other articles **la, las,** and **los.**

> **a + el = al**
>
> **En la escuela voy al laboratorio.**
> **Después voy a la cafetería.**
> **Y después voy a las tiendas.**

2. The preposition **a** is also used before a direct object that refers to a specific person or persons. It is called the "personal **a**" and has no equivalent in English.

Miro la televisión.	**Miro al profesor.**
Escucho el disco compacto.	**Escucho a los amigos.**

3. The preposition **de** can mean "of," "from," or "about." Like **a,** the preposition **de** contracts with the article **el** to form one word: **del.** The preposition **de** does not change when used with the other articles **la, las,** and **los.**

> **de + el = del**
>
> **Él habla del profesor de español.**
> **Es de la ciudad de Nueva York.**
> **Él es de los Estados Unidos.**

4. You also use the preposition **de** to indicate possession.

> **Es la calculadora del profesor.**
> **Son los bolígrafos de Teresa**
> **y Sofía.**
> **Son los cuadernos de Juan**
> **y Fernando.**

Práctica

A **¿Qué o a quién?** Contesten con **sí.** *(Answer with* sí.*)*

1. ¿Miras el video?
2. ¿Miras la pizarra?
3. ¿Miras al muchacho?
4. ¿Miras a la muchacha?

5. ¿Escuchas el disco compacto?
6. ¿Escuchas la música?
7. ¿Escuchas al profesor?
8. ¿Escuchas a las profesoras?

B **¿Adónde vas?** Preparen una conversación.
(Prepare a conversation based on each illustration.)

—¿Adónde vas?
—¿Quién? ¿Yo?
—Sí, tú.
—Pues, voy a la escuela.

1.

2.

3.

4.

5.

C **HISTORIETA** Roberta Smith

Contesten. *(Answer.)*

1. ¿Es Roberta de la ciudad de Nueva York?
2. ¿Es Roberta de los Estados Unidos?
3. ¿Habla Roberta del curso de biología?
4. ¿Habla del profesor de biología?
5. Y después de las clases, ¿habla Roberta con los amigos?
6. ¿Hablan de la escuela?
7. ¿Hablan de los cursos que toman?
8. ¿Hablan de la fiesta del Club de español?

Conversación

RUBÉN: Hola, amigo. ¿Qué tal?
¿Cómo estás?

HÉCTOR: Bien. ¿Y tú?

RUBÉN: Muy bien. Oye, ¿adónde vas
el viernes?

HÉCTOR: ¿El viernes? Pues, voy a la fiesta
del Club de español. ¿Tú no vas,
hombre?

RUBÉN: Sí, voy. ¿Por qué no vamos juntos?

HÉCTOR: ¿Por qué no? ¡Buena idea!

RUBÉN: En la fiesta bailamos, cantamos.

HÉCTOR: Sí, y tomamos una merienda—
¡con tacos y enchiladas!

Después de conversar

Contesten. *(Answer.)*

1. ¿Con quién habla Rubén?
2. ¿Cómo están los dos muchachos?
3. ¿Adónde va Héctor el viernes?
4. ¿Va Rubén también?
5. ¿Quién da la fiesta?
6. ¿Van juntos los dos muchachos?
7. ¿Bailan en la fiesta?
8. ¿Cantan?
9. ¿Toman una merienda?
10. ¿Qué toman?

Actividades comunicativas

A **Para ser un(a) alumno(a) bueno(a)** Work with a classmate.
Prepare a list of things one has to do to be a good student. Take turns
telling each other what you have to do. Each will respond to the other's
advice. Use the models as a guide.

> ALUMNO 1: **Necesitas estudiar.**   ALUMNO 1: **Es necesario estudiar.**
>
> ALUMNO 2: **Pues, estudio.**   ALUMNO 2: **Sí, y yo no estudio.**

B **¿Bailan o qué?** With a classmate, look at the places below. Choose
one and tell several things students usually do in that place. Take turns.

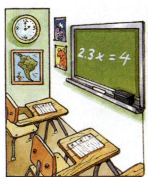
1.

2.

3.

4.

C **Un día típico** Work with a classmate. Each of you will tell about
your typical school-day activities. When you finish, identify those
things that both of you do.

PRONUNCIACIÓN

La consonante t

The **t** in Spanish is pronounced with the tip of the tongue pressed
against the upper teeth. It is not followed by a puff of air.

ta	**te**	**ti**	**to**	**tu**
taco	Teresa	tienda	toma	tú
canta	interesante	tiempo	tomate	estudia
está	casete	latín	Juanito	estupendo

Repeat the following sentences.

> **Tito necesita siete disquetes de la tienda.**
> **Tú tomas apuntes en latín.**
> **Teresa invita a Tito a la fiesta.**

Lecturas CULTURALES

Reading Strategy

Making comparisons while reading

If you read a passage that discusses a topic from different points of view, you can make comparisons while reading. Noting such similarities and differences will help make the ideas clearer and you will probably remember more of what you read. You can either make these comparisons in your head or write them down as you read.

ESCUELAS DEL MUNDO HISPANO

Paula y Armando son dos amigos peruanos. Son de Miraflores. Miraflores es un suburbio bonito de Lima.

Paula y Armando no van a la misma escuela. Paula va a una academia privada y Armando va a un colegio privado. Muchas escuelas privadas en España y Latinoamérica no son para muchachos y muchachas. No son mixtas. Pero la mayoría¹ de las escuelas públicas son mixtas.

Hay otra diferencia interesante entre una escuela norteamericana y una escuela hispana. Aquí los alumnos van de un salón a otro. El profesor o la profesora de álgebra enseña en un salón y el profesor o la profesora de español enseña en otro. En España y Latinoamérica, no. Los alumnos no van de un salón a otro. Pasan la mayor parte² del día en el mismo salón. Son los profesores que «viajan³» o van de una clase a otra.

¹mayoría *majority*
²mayor parte *greater part*
³viajan *travel*

Colegio de Nuestra Señora Carmen, Miraflores, Perú

Una vista de Miraflores

Después de leer

A ¿En Latinoamérica o en los Estados Unidos? Decidan.
(Decide whether each statement describes more accurately a school in Latin America or one in the United States.)

1. Los muchachos y las muchachas van a la misma escuela.
2. Los alumnos van de un salón a otro.
3. Los profesores van de un salón a otro.

B Las escuelas de Paula y Armando Contesten. *(Answer.)*

1. ¿De dónde son Paula y Armando?
2. ¿Van a la misma escuela?
3. ¿Va Paula a una escuela pública o privada?
4. ¿Y Armando? ¿Va él a una escuela pública o privada?
5. ¿Son mixtas la mayoría de las escuelas privadas en Latinoamérica?
6. ¿Dónde pasan la mayor parte del día los alumnos hispanos?
7. ¿Quiénes «viajan» de una clase a otra?

C En español, por favor. Busquen las palabras afines.
(Find the cognates in the reading.)

Miraflores, Perú

UNA CONFERENCIA UNIVERSITARIA

En la universidad los profesores dan conferencias a los estudiantes. Hay una conferencia universitaria muy histórica y famosa. Es famosa porque es la primera[1] conferencia universitaria de las Américas. Y la primera conferencia que da un profesor en una universidad de América es una conferencia en español.

¿Por qué en español? Es en español porque el profesor da la conferencia en la Universidad de Santo Domingo. La universidad más antigua[2] de las Américas es la Universidad de Santo Domingo (1538). La universidad más antigua de los Estados Unidos es Harvard (1636).

[1] primera *first*
[2] más antigua *oldest*

Harvard University, Massachussetts

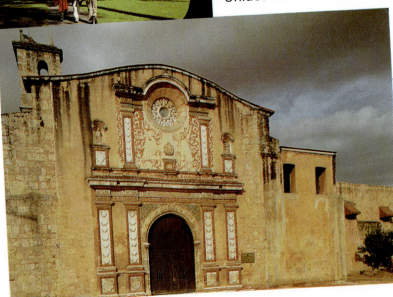

Antigua Universidad de Santo Domingo

Después de leer

A **En inglés, por favor.** Expliquen. (*Explain the significance of the information presented in the reading.*)

¿Lo sabes?

The Spanish word **conferencia** is a false cognate. It looks like the English word *conference* but it actually means *lecture*.

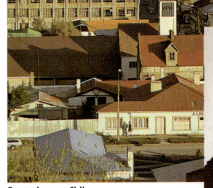

Punta Arenas, Chile

GABRIELA MISTRAL (1889–1957)

Gabriela Mistral es una poeta famosa. Es de Vicuña. Vicuña es un pequeño pueblo rural de Chile. De joven[1], Gabriela Mistral enseña en varias escuelas primarias en áreas rurales de Chile. Ella pasa unos años[2] como directora de una escuela en Punta Arenas, en el extremo sur de la Patagonia chilena. Hoy la escuela lleva el nombre[3] de la maestra y poeta—el Liceo Gabriela Mistral. Es una maestra excelente y es también una poeta excelente. Como poeta, Gabriela Mistral recibe un gran honor. Gana[4] el Premio Nóbel de Literatura.

[1] De joven *As a young woman*
[2] años *years*
[3] nombre *name*
[4] Gana *She wins*

Liceo Gabriela Mistral, Punta Arenas

espués de leer

A **Gabriela Mistral**   Digan que sí o que no. *(Tell whether the statements are true or false.)*

1. Gabriela Mistral es novelista.
2. Gabriela Mistral es venezolana.
3. Ella es de Santiago de Chile.
4. Ella enseña en muchas áreas urbanas de Chile.
5. Ella enseña en varias escuelas secundarias.

B **No es así.**   Corrijan. *(Correct the statements in Activity A that are not correct.)*

C **Un poco de geografía**   Busquen en el mapa. *(On the map of South America in the back of your book, locate* Punta Arenas *and* la Patagonia. Patagonia *is in two countries. What countries are they?)*

Conexiones

LAS CIENCIAS NATURALES

LA BIOLOGÍA

Sciences are an important part of the school curriculum. If you like science, it would be fun to be able to read some scientific material in Spanish. You will see how easy it is. It's easy because you already have some scientific background and knowledge. The knowledge you already have helps you understand what you are reading. In addition, many scientific terms are cognates. The following is a short selection in Spanish about biology.

Una clase de biología, Buenos Aires

La biología

La biología es la ciencia que estudia los animales y las plantas. Es el estudio de la estructura de los organismos vivos. El/La biólogo(a) es el/la científico(a) que estudia la biología.

El microscopio
Los biólogos trabajan en un laboratorio. Un instrumento importante para los biólogos es el microscopio. El microscopio permite a los biólogos observar objetos muy pequeños, muy diminutos. Con el microscopio los biólogos observan y analizan células, microbios y bacterias.

Orquídeas de Costa Rica

Niña con una llama, Cuzco, Perú

La célula

¿Qué es una célula? La célula es el elemento básico y más importante de los seres vivientes[1]. Generalmente una célula es microscópica. Consiste en una masa llamada[2] «protoplasma» envuelta[3] en una membrana. Un microbio es un ser monocelular vegetal o animal. El microbio es solamente visible con el microscopio.

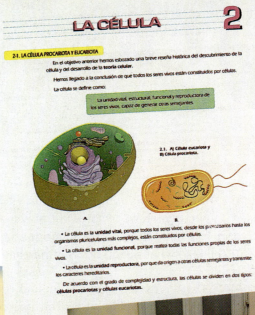

[1]seres vivientes *living creatures*
[2]llamada *called*
[3]envuelta *wrapped, encased*

Después de leer

A **Palabras científicas** Hagan una lista.
(Make a list of science terms you recognize.)

B **La biología** Digan que sí o que no.
(Tell whether the statements are true or false.)

1. La biología es la ciencia que estudia los elementos químicos.
2. Los biólogos estudian los animales y las plantas.
3. Un vegetal es un animal.
4. Los biólogos trabajan en un laboratorio.
5. Los biólogos usan un telescopio.
6. Hay muchas cosas que son visibles solamente con el microscopio.
7. Una célula es bastante grande.
8. Un microbio es un ser de una sola célula—es monocelular.

Una clase de biología, Buenos Aires

C **Estudio de palabras** Adivinen. *(Note that the following words are all related to one another. If you know the meaning of one of them, you can guess the meaning of the others.)*

1. la biología, el biólogo, biológico
2. observar, la observación, el observador
3. analizar, el análisis, analítico
4. la célula, celular
5. el microscopio, microscópico

Culminación

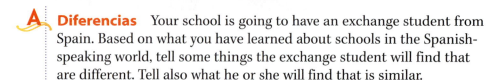

❧ Actividades orales ❧

A **Diferencias** Your school is going to have an exchange student from Spain. Based on what you have learned about schools in the Spanish-speaking world, tell some things the exchange student will find that are different. Tell also what he or she will find that is similar.

B **Las mismas cosas** With a classmate, look at the illustrations. Then compare your own daily school habits with those of the students in the illustrations. Use **nosotros.**

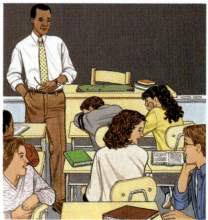

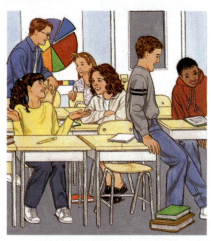

❖Actividades escritas❖

A **La vida escolar** Your Spanish pen pal wants to know what a typical school day is like. In a short letter, tell him or her all you can about a typical day in school. Don't forget to mention grades.

B **El horario escolar** Write out your daily school schedule in Spanish.

Writing Strategy

Ordering ideas

You can order ideas in a variety of ways when writing. Therefore, you must be aware of the purpose of your writing in order to choose the best way to organize your material. When describing an event, it is logical to put the events in the order in which they happen. Using a sensible and logical approach helps readers develop a picture in their minds.

Una fiesta

In the most recent letter from your Spanish pen pal, Gloria Velázquez, she described a party she had for her best friend. She also sent you this photograph. She told you what she had to do to prepare for the party and what her friends did at the party. She wants to know whether the types of parties she has are similar to the ones teenagers give here in the United States. Write her a letter explaining what you do to prepare for a party and what the parties are like. Include as many details as you can. These words may be helpful to you: **dar, invitar, necesitar, preparar, llegar, estar, hablar, tomar, escuchar, bailar, cantar.**

Puerto Sol, España

CULMINACIÓN

Vocabulario

GETTING TO SCHOOL

llegar
ir a pie
en el bus escolar
en carro, en coche
entrar en la escuela

IDENTIFYING CLASSROOM OBJECTS

la sala (el salón) de clase
la pizarra, el pizarrón

DISCUSSING CLASSROOM ACTIVITIES

estar en clase	prestar atención
estudiar	tomar apuntes
enseñar	dar un examen
mirar	sacar notas buenas (altas)
escuchar	sacar notas malas (bajas)

DISCUSSING THE SPANISH CLUB

el Club de español	la merienda
el miembro	bailar
la fiesta	cantar
la música	preparar
el disco compacto	dar una fiesta
el casete	

FINDING OUT INFORMATION

¿a qué hora?
¿cuándo?
¿adónde?

OTHER USEFUL EXPRESSIONS

a eso de	algunos(as)
en punto	ahora
otros(as)	también

TECNOTUR

¡Buen viaje!

EPISODIO 4 ▶ En la escuela

Cristina visita a Isabel en la escuela.

¿Estudia Luis para el examen de biología?

CD-ROM

Expansión cultural

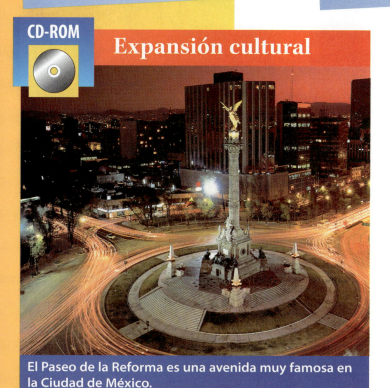

El Paseo de la Reforma es una avenida muy famosa en la Ciudad de México.

interNET CONNECTION

In this video episode Cristina experiences campus life in a Mexican school with her friends Isabel and Luis. To find out more about Spanish-speaking schools worldwide, go to the Capítulo 4 Internet activity at the Glencoe Foreign Language Web site:

http://www.glencoe.com/sec/fl

Repaso CAPÍTULOS 1–4

Conversación

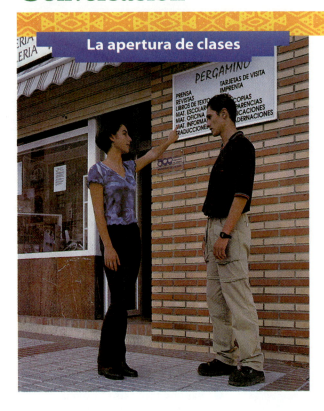

La apertura de clases

JULIO:	Anamari, ¿cómo estás?
ANAMARI:	Muy bien, Julio. ¿Y tú?
JULIO:	Bien. ¿Adónde vas?
ANAMARI:	Voy a la papelería. Necesito comprar algunas cosas para la apertura de clases.
JULIO:	¡Ay, septiembre, una vez más y la apertura de clases! ¡Es increíble!

Estepona, España

Después de conversar

A **Anamari y Julio** Contesten. *(Answer.)*

1. ¿Con quién habla Anamari?
2. ¿Cómo está Julio?
3. ¿Son amigos Julio y Anamari?
4. ¿Son alumnos?
5. ¿Adónde va Anamari? ¿Qué necesita?
6. ¿De qué hablan los dos amigos?

B **¿Qué compra Anamari?** Preparen una lista de los materiales escolares que Anamari compra para la apertura de clases. *(Prepare a list of school supplies that Anamari buys for the beginning of school.)*

Estructura

Verbos, sustantivos, artículos y adjetivos

1. Review the forms of regular **-ar** verbs.

HABLAR	**hablo**	**hablas**	**habla**	**hablamos**	*habláis*	**hablan**
LLEVAR	**llevo**	**llevas**	**lleva**	**llevamos**	*lleváis*	**llevan**

2. Review the irregular verbs you have learned so far.

SER	**soy**	**eres**	**es**	**somos**	*sois*	**son**
IR	**voy**	**vas**	**va**	**vamos**	*vais*	**van**
ESTAR	**estoy**	**estás**	**está**	**estamos**	*estáis*	**están**
DAR	**doy**	**das**	**da**	**damos**	*dais*	**dan**

3. An adjective must agree with the noun it describes. Remember that adjectives that end in **o** have four forms.

el amigo sincero	**los amigos sinceros**	**la amiga sincera**	**las amigas sinceras**
el curso difícil	**los cursos difíciles**	**la clase difícil**	**las clases difíciles**

Práctica

A **Entrevista** Contesten personalmente. *(Answer.)*

1. ¿Vas a una escuela secundaria?
2. ¿Estás en la escuela ahora?
3. ¿Cuántos cursos tomas?
4. ¿Habla mucho la profesora?
5. ¿Son buenos los alumnos de español?
6. ¿Escuchan Uds. cuando la profesora habla?
7. ¿Sacan Uds. notas buenas?
8. ¿Dan los profesores muchos exámenes?

Actividades comunicativas

A **Julio y Anamari** Work with a classmate. Look at the photo of Julio and Anamari. They are from Málaga, Spain. Say as much as you can about Julio. Then say as much as you can about Anamari. Take turns.

B **Los amigos** Look at the photo of a group of friends from Estepona, Spain on page 126. With a classmate, talk about the group. Ask one another questions about some of the people in the photo.

1

1. *Ruinas de Uxmal*
2. *Estatua olmeca, parque La Venta, Veracruz*
3. *Mercado indio Tzotzil, Chiapas*
4. *Guanajuato*
5. *Tuna con vestimenta del siglo XVI, Guanajuato*
6. *Tejedor de caña, Querétaro*
7. *Pescadores, lago Pátzcuaro, Michoacán*

2

7

5

6

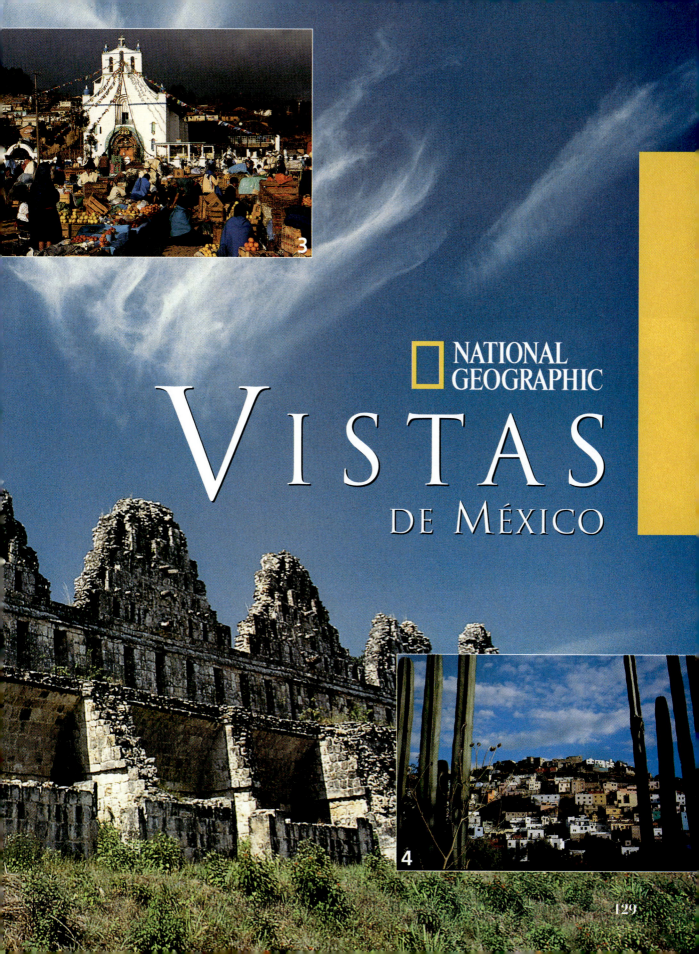

NATIONAL GEOGRAPHIC

VISTAS

DE MÉXICO

1. Alhóndiga, museo, Guanajuato
2. Niña maya delante de la catedral de San Cristóbal de las Casas, Chiapas
3. Bolsa de valores, Ciudad de México
4. Cosecha de toronjas, Oaxaca
5. Maquiladora de televisores, Tijuana
6. Plataforma petrolera, Campeche
7. Monumento de la Independencia, Paseo de la Reforma, Ciudad de México

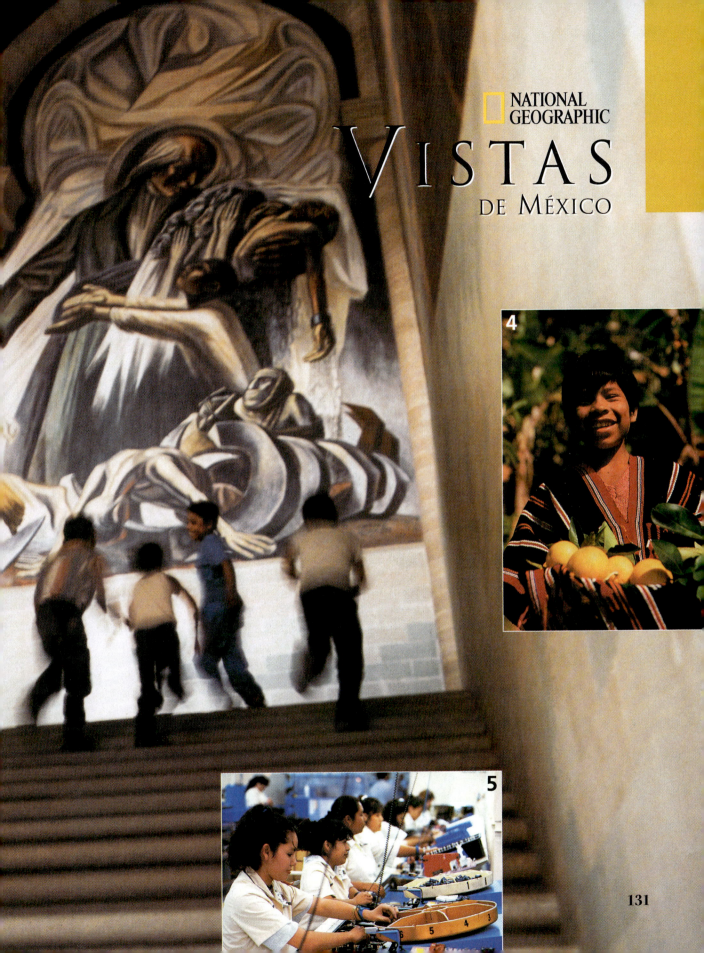

4

5

131

CAPÍTULO 5

En el café

Objetivos

In this chapter you will learn to do the following:

- ∾ order food or a beverage at a café
- ∾ identify some food
- ∾ shop for food
- ∾ talk about activities
- ∾ talk about differences between eating habits in the United States and in the Spanish-speaking world

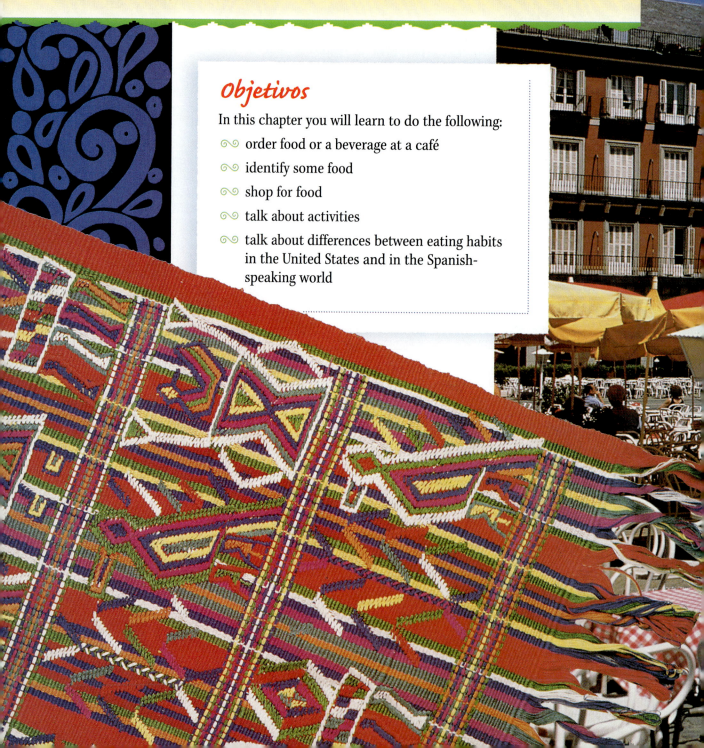

Vocabulario

En el café

el café

el mesero,
el camarero

la mesa
una mesa ocupada

una mesa libre

el menú

Rafael va al café.
Él va al café con Catalina.
Ellos van juntos.
Buscan una mesa.
Ven una mesa libre.

Catalina lee el menú.

Para beber

un café solo

un café con leche

los refrescos

una Coca-Cola

un té helado

una limonada

Para comer

una sopa

el jamón

el queso

una ensalada

una tortilla

un bocadillo,
un sándwich

papas fritas

una hamburguesa

el postre

un pan dulce

un helado
de vainilla

un helado
de chocolate

Antes de comer

Sí, señores, ¿qué desean Uds.?

Para mí, un café con leche, por favor.

Y para mí, una Coca-Cola.

Los clientes hablan con el mesero.
El mesero escribe la orden.

Después de comer

La cuenta, por favor.

Sí, señor. Enseguida.

¿Está incluido el servicio?

Sí, señor.

la cuenta

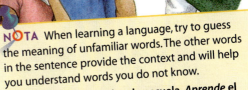

NOTA When learning a language, try to guess the meaning of unfamiliar words. The other words in the sentence provide the context and will help you understand words you do not know.

Elena estudia español en la escuela. *Aprende* el español en la escuela. Elena lee un menú en español. Ella *comprende* el menú. *Comprende* porque a*prende* el español en la escuela. Elena *comprende*, habla, lee y escribe el español. Es una alumna buena. *Recibe* notas muy buenas.

A HISTORIETA Al café

Contesten. *(Answer.)*

1. ¿Adónde van los amigos?
2. ¿Qué buscan?
3. ¿Están ocupadas todas las mesas?
4. ¿Ven una mesa libre?
5. ¿Toman la mesa?
6. ¿Lee Gabriela el menú?
7. ¿Con quién hablan los amigos?
8. ¿Quién escribe la orden?
9. ¿Qué bebe Gabriela?
10. ¿Qué bebe Tomás?
11. ¿Toman un refresco los amigos?

Caracas, Venezuela

B HISTORIETA En el café

Contesten. *(Answer.)*

1. Los amigos van ____.
   a. al café   **b.** a la cafetería de la escuela

2. Buscan ____.
   a. una mesa ocupada   **b.** una mesa libre

3. Los amigos leen ____.
   a. el menú   **b.** la orden

4. El mesero ____ la orden.
   a. lee   **b.** escribe

5. Para ____ hay café, té y soda.
   a. comer   **b.** beber

6. El cliente paga ____.
   a. el menú   **b.** la cuenta

C ¿Qué toma José?   Sigan el modelo. *(Follow the model.)*

José bebe una Coca-Cola.   **José come un bocadillo de jamón y queso.**

1.

2.

3.

4.

5.

6.

D. HISTORIETA Una experiencia buena

Contesten. *(Answer.)*

1. ¿Va Linda a un café?
2. ¿Va a un café en Madrid?
3. ¿Va con un grupo de alumnos americanos?
4. ¿Habla Linda con el camarero?
5. ¿Lee Linda el menú?
6. ¿Es en español el menú?
7. ¿Comprende Linda el menú?
8. ¿Y comprende Linda al camarero cuando él habla?
9. ¿Por qué comprende Linda? ¿Aprende ella el español en la escuela?
10. ¿Habla, lee y comprende Linda el español?

Madrid, España

🌸 Actividades comunicativas 🌸

A. **Al café**   Work in small groups. You're in a café in Mexico City. One of you will be the server. Have a conversation from the time you enter the café until you leave. You will get a table, order, get the check, and pay.

B. **¿Qué toman los amigos?**   Look at the illustrations below. With a classmate, take turns telling one another what's happening in each one.

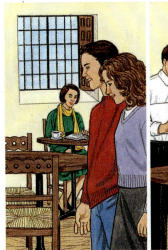

Vocabulario

En el mercado

las manzanas

la lechuga

las naranjas

los plátanos

las papas

los tomates

las judías verdes

las zanahorias

las frutas

las habichuelas,
los frijoles

los guisantes

la carne

los vegetales

los mariscos

los huevos

el pollo

el pescado

¿A cuánto están los guisantes hoy?

A cincuenta el kilo.

Medio kilo, por favor.

¿Algo más, señora?

No, nada más, gracias.

La señora va de compras.
Va de compras en México,
La señora vive en México.

En el supermercado

Venden:

un bote (una lata) de atún

un paquete de arroz

una bolsa de papas fritas

productos congelados

Las comidas

el desayuno

el almuerzo

la cena

❧Práctica❧

A. HISTORIETA Al mercado

Contesten. *(Answer.)*

1. ¿Van Uds. al mercado?
2. ¿Compran Uds. comida en el mercado?
3. En el mercado, ¿venden vegetales y frutas?
4. ¿Venden carne y pescado también?
5. ¿Quiénes venden, los clientes o los empleados?
6. ¿Van Uds. al supermercado también?
7. En el supermercado, ¿venden productos en botes, paquetes y bolsas?
8. ¿Venden también muchos productos congelados?

Miraflores, Perú

B. HISTORIETA De compras

Completen según la foto.
(Complete according to the photo.)

La señora está en el ＿＿＿. La señora
va a un mercado en México porque ella
＿＿＿ en México. Habla con la empleada.
Compra una docena de ＿＿＿. Hoy los
huevos están a ＿＿＿ pesos la docena.
La señora compra los huevos pero no
necesita ＿＿＿ más.

San Miguel de Allende, México

C **¿El desayuno, el almuerzo o la cena?** Contesten con **sí** o **no.**
(*Answer with* sí *or* no.)

1. En el desayuno comemos cereales, huevos, pan dulce, yogur y pan tostado con mermelada.
2. En la cena comemos un biftec.
3. En el desayuno comemos un bocadillo de pollo con papas fritas y una ensalada de lechuga y tomate.
4. En la cena comemos carne o pescado, papas o arroz, un vegetal y un postre.

D **Lo contrario** Escojan lo contrario. (*Choose the opposite.*)

1. algo   **a.** escribir
2. ocupado   **b.** aprender
3. para beber   **c.** nada
4. leer   **d.** libre
5. comprar   **e.** vender
6. enseñar   **f.** para comer

❧ Actividades comunicativas ❧

A **Al mercado** Visit a Hispanic market in your community with your classmates. If you don't know the names of some foods that appeal to you, ask the vendor. Choose a few items and find out how much you owe. Be sure to speak Spanish. If there isn't a Latin American market in your community, set one up in your classroom. Bring in photos of food items. Take turns pretending to be the vendor and the customers.

B **¿Qué compras en el mercado?**
You're at an open-air food market in Peru. Make a list of the items you want to buy. With a classmate, take turns being the vendor and the customer as you shop for the items on your lists.

C **Las comidas para mañana**
Work with a classmate. Prepare a menu for tomorrow's meals—**el desayuno, el almuerzo y la cena.** Based on your menus, prepare a shopping list.

Lima, Perú

Estructura

◆ Describing people's activities
Presente de los verbos en -er e -ir

You have already learned that many Spanish verbs end in **-ar.** These verbs are referred to as first conjugation verbs. Most regular Spanish verbs belong to the **-ar** group. The other two groups of regular verbs in Spanish end in **-er** and **-ir.** Verbs whose infinitive ends in **-er (comer, beber, leer, vender, aprender, comprender)** are second conjugation verbs. Verbs whose infinitive ends in **-ir (vivir, escribir, recibir)** are third conjugation verbs. Study the following forms. Note that the endings of **-er** and **-ir** verbs are the same except for the **nosotros** and **vosotros** forms.

-ER VERBS			
INFINITIVE	comer	leer	
STEM	com-	le-	ENDINGS
yo	como	leo	-o
tú	comes	lees	-es
él, ella, Ud.	come	lee	-e
nosotros(as)	comemos	leemos	-emos
vosotros(as)	*coméis*	*leéis*	*-éis*
ellos, ellas, Uds.	comen	leen	-en

-IR VERBS			
INFINITIVE	vivir	escribir	
STEM	viv-	escrib-	ENDINGS
yo	vivo	escribo	-o
tú	vives	escribes	-es
él, ella, Ud.	vive	escribe	-e
nosotros(as)	vivimos	escribimos	-imos
vosotros(as)	*vivís*	*escribís*	*-ís*
ellos, ellas, Uds.	viven	escriben	-en

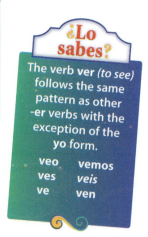

¿Lo sabes?

The verb **ver** *(to see)* follows the same pattern as other -er verbs with the exception of the yo form.

veo	vemos
ves	*veis*
ve	ven

A HISTORIETA Un menú español

Lean y contesten. *(Read and answer.)*

PABLO: Linda, ¿lees el menú en español?

LINDA: ¡Sí, claro!

PABLO: Pero, ¿comprendes un menú en español?

LINDA: Sí, comprendo. ¿Por qué preguntas?

PABLO: Pero no eres española. Y no vives aquí en Madrid. ¿Lees el español? ¿Cómo es posible?

LINDA: Pues, aprendo el español en la escuela en Nueva York. En clase hablamos mucho. Leemos y escribimos también.

PABLO: Pues, yo aprendo el inglés aquí en Madrid. Hablo un poco, pero cuando leo no comprendo casi nada. Comprendo muy poco.

1. ¿Qué lee Linda?
2. ¿En qué lengua lee el menú?
3. ¿Comprende el menú?
4. ¿Es de España Linda?
5. ¿Vive ella en Madrid?
6. ¿Por qué comprende? ¿Donde aprende ella el español?
7. En la clase de español, ¿hablan mucho los alumnos?
8. ¿Leen y escriben también?
9. ¿Qué lengua aprende Pablo en Madrid?
10. ¿Comprende él cuando lee algo en inglés?

Madrid, España

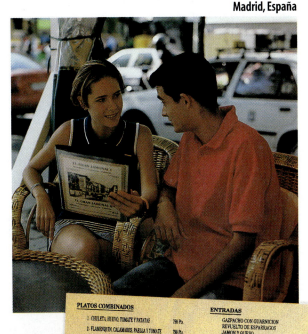

HISTORIETA En un café

Completen. *(Complete.)*

En el café los clientes _____ (ver) al mesero. Ellos _____ (hablar) con
              1   2

el mesero. Los clientes _____ (leer) el menú y _____ (decidir) lo que van
              3   4

a comer o beber. Los meseros _____ (tomar) la orden y _____ (escribir)
              5   6

la orden en una hoja de papel o en un bloc pequeño. Los meseros no

_____ (leer) el menú. Los clientes _____ (leer) el menú. Y los clientes no
7   8

_____ (escribir) la orden. Los meseros _____ (escribir) la orden.
9   10

Yo Contesten personalmente. *(Answer about yourself.)*

1. ¿Dónde vives?
2. En casa, ¿hablas inglés o español?
3. ¿Aprendes el español en la escuela?
4. En la clase de español, ¿hablas mucho?
5. ¿Lees mucho?
6. ¿Escribes mucho?
7. ¿Comprendes al profesor o a la profesora cuando él o ella habla?
8. ¿Comprendes cuando lees?

¿Qué comen todos? Sigan el modelo. *(Follow the model.)*

carne
Teresa come carne.
—Yo como carne también. / Yo no como carne.
—Y tú, ¿comes carne o no?

1. vegetales
2. pescado
3. mariscos
4. ensalada
5. postre
6. pollo
7. huevos

Cádiz, España

E **Nosotros** Contesten personalmente. *(Answer about yourself and a friend.)*

1. ¿Dónde viven Uds.?
2. ¿A qué escuela asisten Uds. (van Uds.)?
3. ¿Escriben Uds. mucho en la clase de español?
4. ¿Escriben Uds. mucho en la clase de inglés?
5. ¿Leen Uds. mucho en la clase de español?
6. ¿En qué clase leen Uds. novelas y poemas?
7. ¿Aprenden Uds. mucho en la clase de español?
8. ¿Comprenden Uds. cuando el profesor o la profesora habla?
9. ¿Ven Uds. un video en la clase de español?
10. Recibimos notas buenas en español. ¿Reciben Uds. notas buenas también?

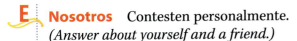
¿Lo sabes?

The verb **asistir** is a false cognate. It means "to attend."

 F **¿Toman Uds. un refresco?** Sigan el modelo. *(Follow the model.)*

Coca-Cola
Nosotros bebemos Coca-Cola. / No bebemos Coca-Cola.
¿Y Uds.? ¿Beben Coca-Cola o no?

1. café solo   4. limonada
2. café con leche   5. té
3. leche

Actividades comunicativas

 A **¿Qué comes?** With a classmate, take turns finding out what each of you eats for breakfast, lunch, and dinner.

B **¿Cuánto es, por favor?** You are at a little café in South America. Your classmate is the waiter or waitress. Order something you want to eat and drink. Then find out how much it is. The waiter or waitress can refer to the menu to tell you how much you owe.

Café Luna

sándwich	14 pesos
tamal	10 pesos
enchilada	11 pesos
café	2 pesos
limonada	3 pesos
Coca-Cola	3 pesos

 C **El curso de inglés** Have a discussion with a classmate about your English class. Tell as much as you can about what you do and learn in class. You may want to use some of the following words.

aprender   escribir   leer   comprender   recibir

Conversación

En la terraza de un café

JULIA: Carlos, hay mucha gente en el café.
CARLOS: Sí, veo que no hay muchas mesas libres.
JULIA: Verdad, pero allí hay una. ¿Ves? ¡Vamos!
CARLOS: ¡Vale!
(Llegan a la mesa y Julia lee el menú.)
MESERO: Señores, ¿desean Uds. tomar algo?
JULIA: Sí, para mí una limonada, por favor.
CARLOS: Y para mí un café con leche.
MESERO: Sí, señores. Enseguida.
(Julia y Carlos hablan mientras toman el refresco.)
CARLOS: ¿Qué lees, Julia?
JULIA: Leo una novela de Isabel Allende. Es excelente.
(Unos momentos después)
CARLOS: Mesero, la cuenta, por favor.
MESERO: Sí, señor.

Después de conversar

Contesten. *(Answer.)*

1. ¿Dónde están Julia y Carlos?
2. ¿Hay mucha gente en el café?
3. ¿Qué ve Julia?
4. ¿Qué lee Julia?
5. ¿Con quién hablan Carlos y Julia?
6. ¿Qué desea Julia?
7. ¿Y Carlos?
8. ¿Qué novela lee Julia?
9. ¿Cómo es la novela?

⚘Actividades comunicativas⚘

A **En el café** Work in groups of three or four. You're all friends from Madrid. After school you go to a café where you talk about lots of things—school, teachers, friends, etc. One of you will play the role of the waiter or waitress at the café. You have to interrupt the conversation once in a while to take the orders and serve.

B **¿Qué preparamos?** Work in groups of three or four. The Spanish Club is having a party and you're planning the menu. You want to have one dish with meat and one without meat, since there are quite a few students who are vegetarians **(vegetarianos)**. Look at the menu the club members have prepared and decide what you have to buy at the supermarket.

para comer:
  sándwiches
  hamburguesas
  ensaladas
  fruta
para beber:
  refrescos
  café

PRONUNCIACIÓN

La consonante d

The pronunciation of **d** in Spanish varies according to its position in the word. When a word begins with **d** (initial position) or follows the consonants **l** or **n,** the tongue gently strikes the back of the upper front teeth.

da	de	di	do	du
da	dependiente	difícil	domingo	dulce
merienda	vende	andino	condominio	

When **d** appears within the word between vowels (medial position), **d** is extremely soft. Your tongue should strike the lower part of your upper teeth, almost between the upper and lower teeth.

da	de	di	do	du
privada	modelo	estudio	helado	educación
ensalada	cuaderno	medio	congelado	

When a word ends in **d** (final position), **d** is either extremely soft or omitted completely—not pronounced.

nacionalidad   **ciudad**

Repeat the following sentences.

Diego da el disco compacto a Donato en la ciudad.
El dependiente vende helado y limonada.
Adela compra la merienda en la tienda.

Lecturas CULTURALES

Reading Strategy

Guessing meaning from context

It's easy to understand words you have already studied. There are also ways to understand words you are not familiar with. One way is to use the context—the way these words are used in the sentence or reading—to help you guess the meaning of those words you do not know.

EN UN CAFÉ EN MADRID

José Luis vive en Madrid. Después de las clases, los amigos de José Luis van juntos, en grupo, a un café. En el otoño y en la primavera, ellos van a un café al aire libre[1]. Pasan una hora o más en el café. Toman un refresco y a veces comen un bocadillo o un pan dulce. En el café, hablan y hablan. Hablan de la escuela, de los amigos, de la familia. Y a veces miran a la gente que pasa.

[1]al aire libre *outdoor*

Paseo de la Castellana, Madrid

Madrid, España

Después de una hora o más, van a casa. Cuando llegan a casa, ¿comen o cenan enseguida, inmediatamente? No, no comen inmediatamente. En España, no cenan hasta las diez o las diez y media de la noche. Pero en España y en algunos países latinoamericanos la comida principal es la comida del mediodía.

Estepona, España

Después de leer

A **José Luis**   Contesten con **sí** o **no.** *(Answer with* sí *or* no.*)*

1. José Luis es un muchacho de la Ciudad de México.
2. José Luis va solo al café.
3. En el invierno, José Luis y un grupo de amigos van a un café al aire libre.
4. En el café, toman un refresco.
5. Hablan de muchas cosas diferentes.
6. Pasan solamente unos minutos en el café.
7. Cuando llegan a casa, los muchachos comen enseguida con la familia.
8. La comida principal es la cena.

B **La verdad, por favor.**   Corrijan las oraciones falsas de la Actividad A. *(Correct the false statements from Activity A.)*

LAS HORAS PARA COMER

El desayuno

En España y en los países de Latinoamérica, la gente suele[1] comer más tarde que aquí en los Estados Unidos. Como nosotros, toman el desayuno a eso de las siete o las ocho de la mañana. A eso de las diez van a un café o a una cafetería donde toman otro café con leche y un churro o pan dulce.

Buenos Aires, Argentina

El almuerzo

El almuerzo es a la una o, en el caso de España, a eso de las dos de la tarde. Hoy día la mayoría[2] de la gente no va a casa a tomar el almuerzo. Toman el almuerzo en la cafetería de la escuela o en la cafetería donde trabajan. Si no, comen en un café o en un restaurante. Muchos no van a casa a tomar el almuerzo porque hay mucho tráfico. Tarda (toma) demasiado tiempo[3].

La cena

En la mayoría de los países latinoamericanos la gente suele cenar a las ocho y media o a las nueve. Pero, en España, no. En España la cena es a las diez o a las diez y media.

[1]suele *tend to*
[2]mayoría *majority*
[3]demasiado tiempo *too much time*

Después de leer

A ¡A comer en el mundo hispano! Contesten. *(Answer.)*

1. ¿Dónde suele comer la gente más tarde, en los Estados Unidos o en los países hispanos?
2. ¿A qué hora toman el desayuno en los países hispanos?
3. ¿A qué hora toman Uds. el desayuno?
4. ¿A qué hora es el almuerzo?
5. ¿Dónde toma la gente el almuerzo?
6. ¿Van muchos a casa?
7. ¿Por qué no van a casa?
8. ¿A qué hora cenan en Latinoamérica?
9. Y en España, ¿a qué hora cenan?
10. ¿A qué hora cenan Uds.?

¿MERCADO O SUPERMERCADO?

En los países hispanos hay muchos mercados. Algunos son mercados al aire libre. En el mercado la gente compra los alimentos o comestibles[1] que necesitan para las tres comidas. Los productos que venden en los mercados están muy frescos[2]. ¡Qué deliciosos!

Sevilla, España

Barcelona, España

Hay también supermercados—sobre todo (particularmente) en las grandes ciudades y en los alredededores[3] de las grandes ciudades. En los supermercados venden muchos productos en lata, en paquete o en bolsa. En los supermercados hay un gran surtido[4] de productos congelados.

[1]comestibles *foods*   [3]alrededores *outskirts*
[2]frescos *fresh*   [4]surtido *assortment*

Después de leer

A **De compras para la comida**   Completen. *(Complete.)*

1. En los países hispanos hay ____.
2. En los mercados la gente compra ____.
3. Los productos del mercado están ____.
4. Hay supermercados en ____.
5. En los supermercados venden ____.

B **Otra expresión**   Busquen una expresión equivalente en la lectura.
(Find an equivalent expression in the reading for the italicized words.)

1. En *las naciones* hispanas hay muchos mercados al aire libre.
2. La gente compra *los alimentos* que necesitan.
3. Están muy frescos. ¡Y qué ricos y *sabrosos*!
4. Venden productos *enlatados*.
5. Hay *una gran selección*.

Conexiones

LAS MATEMÁTICAS

LA ARITMÉTICA

When we go shopping or out to eat, it is often necessary to do some arithmetic. We either have to add up the bill ourselves or check the figures someone else has done for us. In a café or restaurant we want to figure out how much tip we should leave. In order to do this we have to do some arithmetic.

We seldom do a great deal of arithmetic in a foreign language. We normally do arithmetic in the language in which we learned it. It is fun, however, to know some basic arithmetical terms in case we have to discuss a bill or a problem with a Spanish-speaking person.

Before we learn some of these terms in Spanish, let's look at some differences in numbers. Note how the numbers 1 and 7 are written in some areas of the Spanish-speaking world.

$$1 \quad 7$$

Note too the difference in the use of the decimal point in some countries.

$$1,000 \quad 1.000 \quad 1,07 \quad 1.07$$

La aritmética

sumar	+
restar	−
multiplicar	×
dividir	÷

Para resolver un problema oralmente

Suma dos y dos.
   Dos y dos son cuatro. $2 + 2 = 4$

Resta dos de cinco.
   Cinco menos dos son tres. $5 − 2 = 3$

Multiplica dos por cinco.
   Dos por cinco son diez. $2 × 5 = 10$

Divide quince entre tres.
   Quince entre tres son cinco. $15 ÷ 3 = 5$

El diez por ciento de ciento cincuenta pesos son quince pesos.

Después de leer

A **¿Cuánto es?** Resuelvan los problemas aritméticos en voz alta. *(Solve the following problems aloud.)*

1. $2 + 2 = 4$ **5.** $4 × 4 = 16$
2. $14 + 6 = 20$ **6.** $8 × 3 = 24$
3. $30 − 8 = 22$ **7.** $27 ÷ 9 = 3$
4. $20 − 4 = 16$ **8.** $80 ÷ 4 = 20$

B **La respuesta, por favor.** Contesten en español. *(Do the following problems in Spanish.)*

1. Suma 5 y 2.   **5.** Multiplica 5 por 3.
2. Suma 20 y 3.   **6.** Multiplica 9 por 4.
3. Resta 3 de 10.   **7.** Divide 9 entre 3.
4. Resta 8 de 25.   **8.** Divide 16 entre 2.

C **La cuenta, por favor.** Sumen.
(Add up the following bill in Spanish.)

Culminación

✦ Actividades orales ✦

A **En el mercado** You are spending a semester studying in Spain. You are going to prepare a dinner for your "Spanish family." Decide what you need to buy at the market. Then have a conversation with a classmate who will be the clerk at the food store.

B **En el café** Work with a classmate. One of you is the customer and the other is a waiter or waitress in a café. Have a conversation. Say as much as you can to each other.

JUEGO **Una competición** Compete with a classmate. See which one of you can make up the most expressions using the following words.

un kilo
un paquete
una botella
una docena
una lata
una bolsa

Las Ramblas, Barcelona

Madrid, España

Actividad escrita

A · **El menú**   Write a menu in Spanish for your school cafeteria.

Estepona, España

Writing Strategy

Clustering

Most writers brainstorm ideas before they begin to write. The next logical step is to "cluster" these ideas. This is done by writing down your main ideas and drawing a box around each one. Then draw a line indicating which ideas are connected to each other. Once you do this, it is easy to add other details to each cluster of ideas. When beginning to write, sort out your clusters and present each in a logical and organized paragraph.

Un restaurante bueno

You have been asked to write a short article about a Spanish restaurant in your community. If there isn't one where you live, make one up. Be sure to include the name of the restaurant, whether it's big or small, expensive or inexpensive, what you usually eat and drink there, whether the meals are good, and what the restaurant's specialty (**la especialidad**) is, if any.

Vocabulario

GETTING ALONG IN A CAFÉ

el café	ocupado(a)
la mesa	ver
el/la mesero(a),	leer
el/la camarero(a)	comer
el menú	beber
la orden	¿Qué desean Uds.?
la cuenta	¿Está incluido el servicio?
libre	

IDENTIFYING SNACKS AND BEVERAGES

los refrescos	un yogur	papas fritas
una Coca-Cola	una sopa	una tortilla
un café solo, con leche	un bocadillo,	una ensalada
un té helado	un sándwich	el postre
una limonada	el jamón	un helado de vainilla,
el cereal	el queso	de chocolate
el pan tostado	una hamburguesa	un pan dulce

SHOPPING FOR FOOD

el mercado	una bolsa	¿A cuánto está(n)?
el supermercado	un kilo	algo más
un bote, una lata	congelado(a)	nada más
un paquete	vender	

IDENTIFYING FOODS AND MEALS

los vegetales	la carne
los guisantes	el biftec
las habichuelas,	los mariscos
los frijoles	el pescado
las judías verdes	el pollo
las zanahorias	el huevo
las papas	el atún
la lechuga	el arroz
las frutas	las comidas
las naranjas	el desayuno
las manzanas	el almuerzo
los plátanos	la cena
los tomates	

OTHER USEFUL EXPRESSIONS

juntos(as)	enseguida	escribir
antes de	comprender	recibir
después de	aprender	vivir

TECNOTUR

¡Buen viaje!

EPISODIO 5 ▶ En el café

Después de llegar a Madrid, Juan Ramón y Teresa comen en un café.

Después, van de compras a un mercado.

CD-ROM

Expansión cultural

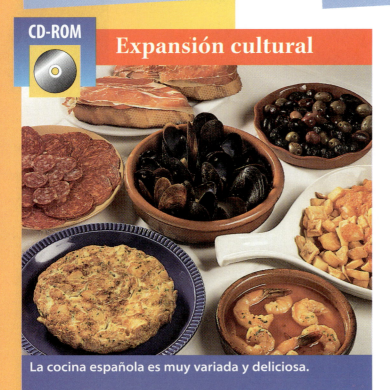

La cocina española es muy variada y deliciosa.

interNET
CONNECTION

In this video episode, Juan Ramón and Teresa have lunch at a café in Madrid and stop at the market on the way home to pick up a few things. To find out more about foods in the Spanish-speaking world, go to the **Capítulo 5** Internet activity at the **Glencoe Foreign Language** Web site:

http://www.glencoe.com/sec/fl

CAPÍTULO **6**

La familia y su casa

Objetivos

In this chapter you will learn to do the following:

- ∾ talk about your family
- ∾ describe your home
- ∾ tell your age and find out someone else's age
- ∾ tell what you have to do
- ∾ tell what you are going to do
- ∾ tell what belongs to you and to others
- ∾ talk about families in Spanish-speaking countries

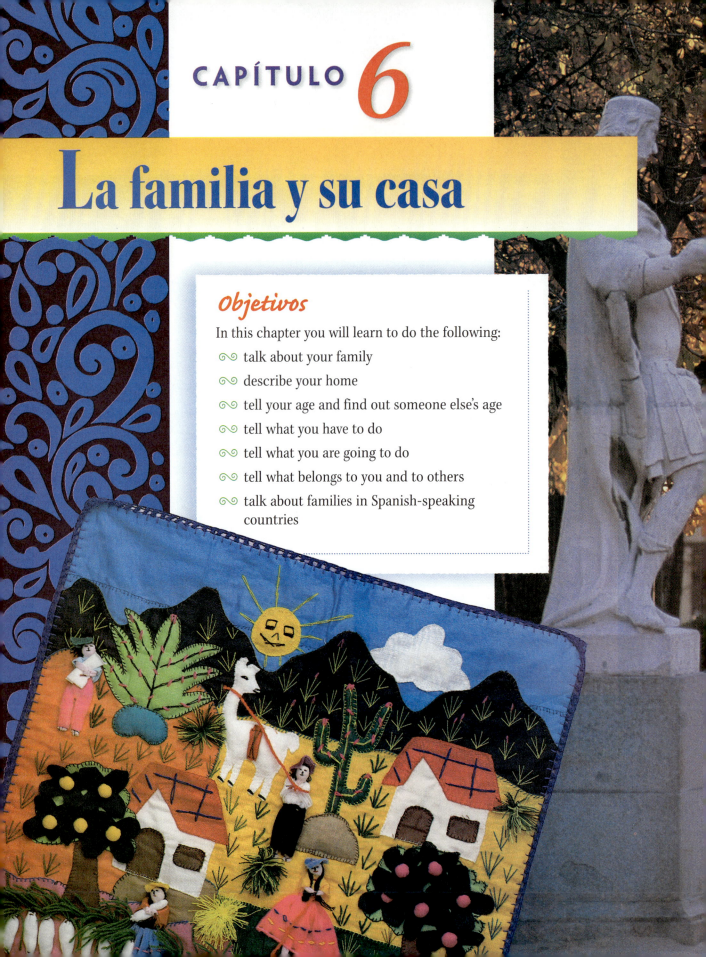

Vocabulario

La familia

los abuelos

Don Luis Guerrero

Doña Antonia Guerrero

el abuelo

la abuela

los padres

los tíos

Sr. Moliner

Sra. Moliner

Sr. Guerrero

Sra. Guerrero

el esposo, el marido

la esposa, la mujer

el tío

la tía

el padre

la madre

los hijos

Felipe

Verónica

Tomás

Isabel

el hijo

la hija

el sobrino

la sobrina

el hermano

la hermana

el primo

la prima

el nieto

la nieta

Tico

Merlín

el gato

el perro

Es la familia Moliner. Son de Quito.
El señor y la señora Moliner tienen
    dos hijos.
Tienen un hijo, Felipe, y una hija,
    Verónica.
Los Moliner tienen un gato, Tico.
La familia no tiene un perro.

¿Cuántos años tienen los hijos?
Felipe, el hijo, tiene dieciséis años.
Verónica, la hija, tiene catorce años.
Son jóvenes. No son viejos (ancianos).

el regalo

Hoy es el 28 de noviembre.
Es el cumpleaños de Verónica.
Los Moliner van a dar una fiesta
    para Verónica.
Van a invitar a todos sus parientes
    (los tíos, los abuelos) a la fiesta.
Los amigos van a llevar regalos
    para Verónica.

Práctica

A HISTORIETA La familia Rodríguez de España

Contesten. *(Answer.)*

1. ¿Vive la familia Rodríguez en España?
2. ¿Tienen dos hijos los señores Rodríguez?
3. ¿Es grande o pequeña la familia Rodríguez?
4. ¿Cuántos años tiene Antonio?
5. ¿Cuántos años tiene Maricarmen?
6. ¿Tienen los Rodríguez un gato o un perro?

Madrid, España

B Los parientes Completen. *(Complete.)*

1. El hermano de mi padre es mi _____.
2. La hermana de mi padre es mi _____.
3. El hermano de mi madre es mi _____.
4. La hermana de mi madre es mi _____.

5. El hijo de mi tío o de mi tía es mi _____.
6. La hija de mis tíos es mi _____.
7. Los hijos de mis tíos son mis _____.
8. Los padres de mis padres son mis _____.

C Y yo Escojan la respuesta correcta. *(Choose the correct completion.)*

1. Yo soy _____ de mis abuelos.
   a. el nieto   **b.** la nieta
2. Yo soy _____ de mis padres.
   a. el hijo   **b.** la hija
3. Yo soy _____ de mis tíos.
   a. el sobrino   **b.** la sobrina
4. Yo soy _____ de mis primos.
   a. el primo   **b.** la prima

Lima, Perú

D. HISTORIETA El cumpleaños de Luisa

Contesten según se indica. *(Answer according to the cues.)*

1. ¿Qué es hoy? (el cumpleaños de Luisa)
2. ¿Cuántos años tiene hoy? ¿Cuántos años cumple? (quince)
3. ¿Qué dan sus padres en su honor? (una fiesta)
4. ¿A quiénes invitan a la fiesta? (a sus amigos y a sus parientes)
5. ¿Qué va a recibir Luisa? (muchos regalos)

❧ Actividades comunicativas ❧

A. **La familia Guzmán**   With a classmate, look at the picture of the Guzmán family. Take turns saying as much as you can about each person in the photo.

JUEGO **¿Cúal de los parientes es?**   Give a definition in Spanish of a relative. Your partner will then tell which relative you're referring to. Take turns.

Vocabulario

La casa

la casa

el jardín

el garaje

alrededor de

JUAN ELCANO

la calle

la recámara

el cuarto de baño

el cuarto

el dormitorio

la sala

la cocina

el comedor

Es la casa de la familia Moliner.
Alrededor de la casa hay un jardín.
El garaje está cerca de la casa.
Los Moliner viven en una casa
   privada (particular).
Tienen un carro.
El carro está en el garaje.
La casa está en la calle Juan Elcano.

La casa de los Moliner tiene siete cuartos.

el periódico

el libro

la revista

una emisión deportiva

las noticias

una película

Después de la cena, la familia va a la sala.
En la sala leen.
Y ven la televisión.

Una casa de apartamentos (departamentos)

el décimo piso

el noveno piso

el octavo piso

el séptimo piso

el sexto piso

el quinto piso

el cuarto piso

el tercer piso

el segundo piso

el primer piso

la planta baja

Los García tienen un apartamento en
el quinto piso.
Suben al apartamento en el ascensor.
No toman la escalera.
Toman el ascensor.

Práctica

 A HISTORIETA La casa de los Baeza

Contesten. *(Answer.)*

1. ¿Tienen los Baeza una casa bonita?
2. ¿En qué calle está la casa?
3. ¿Cuántos cuartos tiene la casa?
4. ¿Tiene dos pisos la casa?
5. ¿Qué cuartos están en la planta baja?
6. ¿Qué cuartos están en el primer piso?
7. ¿Tienen los Baeza un carro?
8. ¿Está en el garaje el carro?
9. ¿Está el garaje cerca de la casa?
10. ¿Hay un jardín alrededor de la casa?

B HISTORIETA Actividades en casa

Completen. *(Complete.)*

1. La familia prepara la comida en la _____.
2. La familia come en _____ o _____. A veces comen en _____ y a veces comen en _____.
3. Después de la cena, la familia va o pasa a _____.
4. En la sala leen _____, _____ o _____. No escriben cartas.
5. En la sala ven _____.
6. Ven _____, _____ o _____ en la televisión.

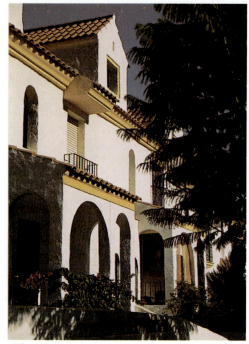

Málaga, España

Madrid, España

C **¿Es verdad o no?** Contesten con **sí** o **no.**
(*Answer with* sí *or* no.)

1. Una casa pequeña tiene sólo dos cuartos.
2. Un apartamento grande tiene dos cuartos.
3. La casa de apartamentos es alta.
4. Una casa privada o particular tiene sólo uno o dos pisos y una casa de apartamentos tiene muchos pisos.
5. En una casa privada la familia sube de un piso a otro en el ascensor.
6. La familia toma la escalera para subir de un piso a otro en una casa particular.

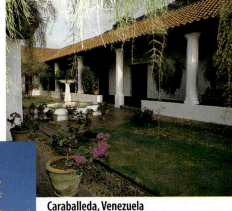

Caraballeda, Venezuela

Buenos Aires, Argentina

El Viejo San Juan, Puerto Rico

Santiago, Chile

Actividades comunicativas

 A **Mi casa** Work with a classmate. One of you lives in a private house and the other lives in an apartment building. Ask each other as many questions as you can about your homes. Answer each other's questions, too.

B **La rutina de mi familia** Get together with a classmate and discuss the routine your family follows after school or after work. You may want to use some of the following words.

escribir

mirar

ver

tomar

comer

preparar

leer

Estructura

 ## Telling what you and others have
Presente de **tener**

1. The verb **tener** *(to have)* is irregular. Study the following forms.

INFINITIVE	tener
yo	tengo
tú	tienes
él, ella, Ud.	tiene
nosotros(as)	tenemos
vosotros(as)	*tenéis*
ellos, ellas, Uds.	tienen

2. You also use the verb **tener** to express age in Spanish.

> **¿Cuántos años tienes?**
> **Tengo dieciséis años.**
> **¿Cuántos años tiene Ud.?**

A **¿Cómo es tu familia?** Contesten personalmente.
(Answer these questions about yourself.)

1. ¿Tienes un hermano?
2. ¿Cuántos hermanos tienes?
3. ¿Tienes una hermana?
4. ¿Cuántas hermanas tienes?
5. ¿Tienes un perro?

6. ¿Tienes un gato?
7. ¿Tienes muchos amigos?
8. ¿Tienes una familia grande o pequeña?

¡NO VAYAS A TANTOS LUGARES AQUI TENEMOS TODO!

PREGUNTA POR NUESTROS PAQUETES "TODO INCLUIDO"

EL PALACIO Vals DE RUBÉN SAINZ EN MEXICO

VESTIDO
MAQUILLAJE
PEINADO
MANICURE

CHAMBELANES
CADETES

VESTUARIOS

FILMACION
VIDEO-CLIP
FOTOGRAFO
FOTO-ESTUDIO
INVITACIONES

AUTO DEL AÑO
CALABAZA
LIMOUSINE
CARCACHA
O AUTO ANTIGUO

SALON DE FIESTAS
GRUPO
SONIDO
SHOW EN LA CENA
ARREGLOS FLORALES

MESAS
SILLAS
MANTELES
MESEROS
BANQUETES

B ¿Tienes un hermano? Practiquen la conversación.
(Practice the conversation.)

> **Ernesto, ¿tienes un hermano?**
>
> **No, no tengo un hermano. Tengo una hermana.**
>
> **¿Cuántos años tiene ella?**
>
> **Tiene catorce años.**
>
> **Y tú, ¿cuántos años tienes?**
>
> **Yo tengo dieciséis.**
>
> **¿Uds. tienen un perrito?**
>
> **No, perrito no tenemos. Pero tenemos una gata adorable.**

Ernesto y Teresa Hablen de Ernesto y Teresa.
(In your own words, tell all about Ernesto and Teresa.)

C ¿Qué tienes? Formen preguntas con **tienes.**
(Form questions with tienes.*)*

1. un hermano
2. una hermana
3. primos
4. un perro
5. un gato
6. muchos amigos

D ¿Qué tienen Uds.? Sigan el modelo.
(Follow the model.)

> **una casa o un apartamento
> Marcos y Adela, ¿ Uds. tienen una
> casa o un apartamento?
> Tenemos una casa. / Tenemos un
> apartamento.**

1. un perro o un gato
2. un hermano o una hermana
3. un sobrino o una sobrina
4. una familia grande o pequeña
5. una bicicleta o un carro
6. discos compactos o casetes

Santiago, Chile

E **HISTORIETA** La familia Sánchez

Completen con **tener.** *(Complete with* tener.*)*

Aquí ____ (nosotros) una foto de la familia Sánchez. La familia
₁

Sánchez ____ un piso (apartamento) muy bonito en Madrid. El piso
₂

____ seis cuartos y está en Salamanca,
₃
una zona bastante elegante de Madrid.

Los Sánchez ____ una casa de campo
₄
en Chinchón también. La casa de campo
en Chinchón es un pequeño chalé donde
los Sánchez pasan los fines de semana o
los *weekend* y sus vacaciones. La casa de
campo ____ cinco cuartos.
₅

Hay cuatro personas en la familia
Sánchez. Carolina ____ nueve años y
₆
su hermano Gerardo ____ once años.
₇

Gerardo y Carolina ____ un
₈
perrito encantador, Chispa.
Adoran a su Chispa.

¿Tú ____ un perro? ¿Tú
₉
____ un gato? ¿Tu familia ____
₁₀ ₁₁
un apartamento o una casa?
¿Uds. también ____ una casa
₁₂
de campo donde pasan los fines
de semana como los Sánchez?

La Plaza, Chinchón, España

Actividad comunicativa

A **Tengo tres hermanos.** With a classmate, take turns telling one
another some things about your family. Tell whether you have a large
or small family; tell the numbers of brothers and sisters you have and
their ages, etc.

Telling what you have to do and what you are going to do
Tener que; Ir a

1. **Tener que** + *infinitive* (**-ar, -er,** or **-ir** form of the verb) means "to have to."

> **Tengo que comprar un regalo.**

2. **Ir a** + *infinitive* means "to be going to." It is used to express what is going to happen in the near future.

> **Vamos a llegar mañana.**
> **Ella va a cumplir quince años.**

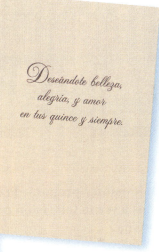

Práctica

A **H**ISTORIETA ¡Cuánto tengo que trabajar!

Contesten personalmente. *(Answer these questions about yourself.)*

1. ¿Tienes que trabajar mucho en la escuela?

2. Antes de la apertura de clases, ¿tienes que comprar materiales escolares?

3. ¿Tienes que comprar ropa también?

4. ¿Tienes que estudiar mucho?

5. ¿Tienes que leer muchos libros?

6. ¿Tienes que tomar apuntes?

7. ¿Tienes que escribir mucho?

B HISTORIETA Voy a dar una fiesta.

Contesten con **sí.** *(Answer with* sí.*)*

1. ¿Vas a dar una fiesta?
2. ¿Vas a dar la fiesta para Ángel?
3. ¿Ángel va a cumplir diecisiete años?

4. ¿Vas a invitar a sus amigos?
5. ¿Van Uds. a bailar durante la fiesta?
6. ¿Van a comer?

Estepona, España

C **¡Tenemos tanto que hacer!** Sigan el modelo. *(Follow the model.)*

> **ver la televisión / preparar la comida**
> **No vamos a ver la televisión porque tenemos que preparar
> la comida.**

1. escuchar discos compactos / estudiar
2. hablar por teléfono / escribir una composición
3. tomar seis cursos / sacar notas buenas
4. tomar apuntes / escuchar al profesor
5. ir a la fiesta / trabajar

❧Actividades comunicativas❧

 A **Tengo que...** Tell a classmate some things you have to do tomorrow. Then find out if he or she has to do the same things. Report your
findings to the class.

 B **No voy a...** Tell a classmate some things you're not going to do
tomorrow because you have to do something else. Tell what you have
to do. Your classmate will let you know if he or she is in the same
situation.

Telling what belongs to whom
Adjetivos posesivos

1. You use possessive adjectives to show possession or ownership. Like other adjectives, the possessive adjective must agree with the noun it modifies. The possessive adjectives **mi, tu,** and **su** have only two forms: singular and plural.

mi libro y mi revista	**mis libros y mis revistas**
tu libro y tu revista	**tus libros y tus revistas**
su libro y su revista	**sus libros y sus revistas**

2. The possessive adjective **su** can mean "his," "her," "their," or "your." Its meaning is usually obvious from the way it is used in the sentence. However, if it is not clear, **su** can be replaced by a prepositional phrase.

el libro { **de él** / **de ella** / **de Ud.** }   **el libro** { **de ellos** / **de ellas** / **de Uds.** }

3. The possessive adjective **nuestro** (our) has four forms.

nuestro apartamento	**nuestros libros**
nuestra casa	**nuestras revistas**

¿Lo sabes?

Vuestro is the possessive adjective used with **vosotros** in parts of Spain. **Vuestro,** like **nuestro,** has four forms.

Sevilla, España

Práctica

A HISTORIETA Mi familia y mi casa

Contesten personalmente. *(Answer about your family and your home.)*

1. ¿Dónde está tu casa o tu apartamento?
2. ¿Cuántos cuartos tiene tu casa o tu apartamento?
3. Tu apartamento o tu casa, ¿es grande o pequeño(a)?
4. ¿Cuántas personas hay en tu familia?
5. ¿Dónde viven tus abuelos?
6. Y tus primos, ¿dónde viven?

B Tengo una pregunta para ti. Sigan el modelo. *(Follow the model.)*

la casa
Lupita, ¿dónde está tu casa?

1. el hermano
2. la hermana
3. los primos
4. los libros
5. la escuela
6. el/la profesor(a) de español

C La verdad es que... Preparen una conversación.
(Make up a conversation.)

—**¿Tienes tú mi libro?**
—**No. De ninguna manera. No tengo tu libro.**
  La verdad es que tú tienes tu libro.

1.

2.

3.

4.

D ¿Cómo son sus parientes? Sigan el modelo. *(Follow the model.)*

el hermano de Susana
Su hermano es muy simpático.

1. el hermano de Pablo
2. la amiga de Pablo
3. el primo de Carlos y José
4. la tía de Teresa y José
5. los tíos de Teresa y José
6. los padres de Ud.

HISTORIETA Nuestra casa y nuestra escuela

Contesten personalmente. *(Answer about your family and friends.)*

1. Su casa (la casa de Uds.), ¿es grande o pequeña?

2. ¿Cuántos cuartos tiene su casa?

3. ¿Su casa está en la ciudad o en el campo?

4. ¿En qué calle está su escuela?

5. Su escuela, ¿es una escuela intermedia o una escuela superior?

6. En general, ¿sus profesores son simpáticos?

7. ¿Son interesantes sus cursos?

8. ¿Son grandes o pequeñas sus clases?

Madrid, España

Actividad comunicativa

A **Mi hermano y yo...** Work with a classmate. Tell him or her about yourself and a sibling, or your friend if you don't have a sibling. Then ask your classmate questions about his or her family. Here are some words you may want to use.

casa   amigo   perro   escuela   gato   jardín   carro   clase   amiga

¿Tú tienes una hermana?

TADEO: ¿Vas a la fiesta de José Luis el viernes?

JAIME: ¡Ah! ¡Es verdad! José Luis va a dar una fiesta.

TADEO: ¡Hombre! ¿No vas?

JAIME: Pues, tengo que ir de compras. Tengo que comprar un regalo para mi hermana.

TADEO: ¿Tienes una hermana?

JAIME: Sí, y va a cumplir quince años.

TADEO: ¿Uds. van a dar una fiesta?

JAIME: ¡Claro! Vamos a tener una celebración.

TADEO: Pero, no es mañana, ¿verdad?

JAIME: No. Su fiesta es el sábado.

TADEO: Pues, tienes que ir a la fiesta de José Luis.

Después de conversar

Contesten. *(Answer.)*

1. ¿Con quién habla Tadeo?
2. ¿Adónde tiene que ir Jaime?
3. ¿Qué tiene que comprar?
4. ¿Por qué tiene que comprar un regalo para su hermana?
5. ¿Cuántos años tiene su hermana?
6. ¿Cuántos años va a cumplir el sábado?
7. ¿Van a dar una fiesta?
8. ¿Cuándo es la fiesta de su hermana?
9. ¿Cuándo es la fiesta de José Luis?

❧Actividades comunicativas❧

A **¿Qué casa?** You and your family are planning to spend a month in Peru. Which of the houses or apartments, as described in the newspaper ads, would suit your family best? Explain why.

B **¡Qué familia!** Work with a class-mate. Make up an imaginary family. Describe each family member and tell what he or she has to do. Be as creative as possible.

PRONUNCIACIÓN

Las consonantes b, v

There is no difference in pronunciation between a **b** and a **v** in Spanish. The **b** or **v** sound is somewhat softer than the sound of an English *b*. When making this sound, the lips barely touch. Imitate the following carefully.

ba	be	bi	bo	bu
bajo	bebé	bicicleta	bonito	bueno
bastante	escribe	bien	recibo	bus
trabaja	recibe	biología	árbol	aburrido
va	**ve**	**vi**	**vo**	**vu**
vamos	verano	vive	vosotros	vuelo
nueva	venezolano	violín	voleibol	

Repeat the following sentences.

El joven vive en la avenida Bolívar en Bogotá.
Bárbara trabaja los sábados en el laboratorio de biología.
La joven ve la bicicleta nueva en la televisión.

Lecturas CULTURALES

Reading Strategy

Using background knowledge

When you are first assigned a reading, quickly look at the accompanying visuals to determine what the reading is about. Once you know what the topic is, spend a short time thinking about what you already know about it. If you do this, the reading will be easier to understand and you will more likely be able to figure out words you do not recognize.

LA FAMILIA HISPANA

Cuando un joven hispano habla de su familia, no habla solamente de sus padres y de sus hermanos. Habla de toda su familia—sus abuelos, tíos, primos, etc. Incluye también a sus padrinos—a su padrino y a su madrina.

¿Quiénes son los padrinos? Los padrinos son los que asisten al bebé durante el bautizo[1]. En la sociedad hispana, los padrinos forman una parte íntegra de la familia. Y la familia es una unidad muy importante en la sociedad hispana. Cuando hay una celebración familiar como un bautizo, una boda[2] o un cumpleaños, todos los parientes van a la fiesta. Y los padrinos también van a la fiesta.

[1] bautizo *baptism*
[2] boda *wedding*

Estepona, España

San Juan, Puerto Rico

Después de leer

A **La familia hispana**   Contesten. *(Answer.)*

1. Cuando una persona hispana habla de su familia, ¿de quiénes habla?

2. ¿Quiénes son los padrinos?

3. ¿Son una parte importante de la familia los padrinos?

4. ¿Cuáles son algunas celebraciones familiares?

5. ¿Quiénes asisten a una celebración familiar?

La Sagrada Familia, Barcelona, España

Invitando A Mi Bautizo

Nombre: Ma Gabriela Portillo Morán
Día: 29 Sept.
Hora: 9 am
Se Efectuará: Capilla del Hospital de la Divina Providencia
Reunión: en mi casa.

Padrinos: Carlos y Lorena de Pineda.

LA QUINCEAÑERA

En los Estados Unidos celebramos la *Sweet Sixteen*. La *Sweet Sixteen* es una fiesta en honor de la muchacha que cumple dieciséis años. En una familia hispana hay una gran celebración en honor de la quinceañera. ¿Quién es la quinceañera? La quinceañera es la muchacha que cumple quince años. La familia siempre da una gran fiesta en su honor. Todos los parientes y amigos asisten a la fiesta.

La quinceañera recibe muchos regalos. A veces los regalos son extraordinarios—como un viaje[1] a Europa o a los Estados Unidos, por ejemplo. Y si la quinceañera vive en los Estados Unidos es a veces un viaje a Latinoamérica o a España.

[1]viaje *trip*

En Tus Quince Años

Maracaibo, Venezuela

Después de leer

A **¿Una costumbre hispana o estadounidense?** Lean las frases. *(Read the statements and tell whether each more accurately describes a Hispanic or an American custom. In some cases, it may describe a custom of both cultures.)*

1. Dan una fiesta en honor de una muchacha que cumple quince años.
2. Dan una fiesta en honor de la muchacha que cumple dieciséis años.
3. La muchacha recibe regalos para su cumpleaños.
4. La fiesta es principalmente para los amigos jóvenes de la muchacha.
5. Toda la familia asiste a la fiesta—los abuelos, los tíos, los padrinos.

LAS MENINAS

Todos tenemos fotos de nuestra familia, ¿no? Muchos tenemos todo un álbum. No hay nada más adorable que la foto de un bebé—sobre todo (especialmente) si el bebé es un hijo, sobrino o nieto, ¿verdad?

Muchas familias tienen retratos[1] de su familia—sobre todo, las familias nobles. Aquí tenemos el famoso cuadro *Las Meninas*[2]. El cuadro *Las Meninas* es del famoso artista español del siglo XVII, el pintor Diego Velázquez.

En su cuadro, *Las Meninas,* vemos a la hija del Rey[3] con sus damas y su perro. Vemos al pintor mismo de pie delante de su caballete[4]. Y en el cuadro hay algo maravilloso. Más atrás en el espejo[5] vemos el reflejo del Rey y la Reina. En el cuadro vemos a toda la familia real[6]: al padre, el Rey; a la madre, la Reina; a la hija, la princesa.

[1]retratos *portraits*
[2]Las Meninas
 The ladies-in-waiting
[3]Rey *King*
[4]caballete *easel*
[5]espejo *mirror*
[6]real *royal*

«Las Meninas» de Diego Velázquez

 Después de leer

A **Una familia real** Contesten. *(Answer.)*

1. ¿Qué tienen muchas familias?
2. ¿Qué es una colección de fotos?
3. ¿Son adorables las fotos de un bebé?
4. ¿Tienen muchas familias retratos familiares también?
5. ¿Quién es el pintor de *Las Meninas*?
6. ¿Es español o latinoamericano Velázquez?
7. La muchacha en el cuadro, ¿es hija de quién?
8. ¿Dónde está el pintor en el cuadro?
9. ¿De quiénes hay un reflejo en el espejo?
10. ¿A quiénes vemos en el cuadro?

B **Las Meninas** Busquen a las personas en el cuadro. *(Find the following people in the painting.)*

1. el artista
2. la hija del Rey
3. las meninas o damas de la princesa
4. el Rey
5. el perro de la princesa
6. la madre de la princesa, la Reina

Conexiones

LAS BELLAS ARTES

EL ARTE

One may know a great deal or just a little about art. But almost everyone has at least some interest in art.

How often have we heard, "I may not know anything about art, but I certainly know what I like"?

There is no doubt that many of the world's great artists have come from Spain and Latin America. Do you recognize any of the following names?

El Greco, Velázquez, Murillo, Goya, Zurbarán, Sorolla, Picasso, Dalí, Miró, Rivera, Orozco, Siquieros, Kahlo, Tamayo, Botero.

Let's first read some information about art and then enjoy some famous works of Spanish and Latin American artists.

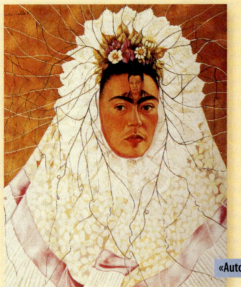

«Autorretrato» de Frida Kahlo

el lienzo

la materia

el pincel

la pintora

la espátula

el caballete

La pintura

El pintor

Antes de pintar, el pintor o artista tiene que preparar su lienzo. Tiene que colocar el lienzo en el caballete. El pintor escoge o selecciona el medio en que va a pintar. Los medios más populares son la acuarela[1], el óleo y el acrílico. El artista aplica los colores al lienzo con un pincel o una espátula.

El motivo o tema

Para el observador, el individuo que mira el cuadro, el motivo o tema de una obra de arte es el principal elemento de interés. Es la materia que pinta el artista—una persona, un santo, una escena, una batalla, un paisaje[2].

El estilo

El estilo es el modo de expresión del artista. En términos generales, clasificamos el estilo en figurativo o abstracto. Una obra figurativa presenta una interpretación literal o realista de la materia. El observador sabe[3] enseguida lo que ve en el cuadro.

Una obra de arte abstracto enfatiza o da énfasis al diseño más que a la materia. El artista no pinta la escena misma. Pinta algo que representa la escena o materia. Aquí vemos unas obras famosas de algunos maestros de España y Latinoamérica.

«El dos de mayo» de Francisco de Goya

«Zapatistas» de José Clemente Orozco

«El entierro del Conde de Orgaz» de El Greco

[1]acuarela *watercolor*
[2]paisaje *landscape*
[3]sabe *knows*

Después de leer

A **Tu pintura favorita**   Identifiquen el favorito. *(Identify your favorite.)*

Look at the paintings and tell which one is your favorite. Explain why it's your favorite. Do you think you prefer realistic art or abstract art?

Culminación

Actividades orales

A **Fotos de la familia** Look at Anita Sepulveda's family photo album. Describe someone in the photos to a classmate. He or she will identify which person you're describing. Take turns.

B **Apartamentos** With a classmate, look at this plan of the fourth floor of an apartment building. A different family lives in each apartment. Give each family a name. Then say as much as you can about each family and their activities. Don't forget to describe their apartment. Give as many details as possible.

la recámara
el cuarto de baño
el comedor
la sala
la cocina

la cocina
el comedor
la sala
la recámara
la recámara
la recámara
el cuarto de baño
el cuarto de baño

⟡ Actividades escritas ⟡

A **Mi familia y yo**   You plan to spend next year as an exchange student in Argentina. You have to write a letter about yourself and your family to the agency in your community that selects the exchange students. Make your description as complete as possible.

B **Una fiesta**   Look at the illustration of a birthday party. Write a paragraph about the party based on what you see.

C **La quinceañera**   Your best friend Anita will soon be fifteen years old. Write out an invitation to her birthday party.

Writing Strategy

Ordering details

*T*here are several ways to order details when writing. The one you choose depends on your purpose for writing. When describing a physical place, sometimes it is best to use spatial ordering. This means describing things as they actually appear—from left to right, from back to front, from top to bottom, or any other combination of logical order that works.

La casa de mis sueños

Write a description of your dream house. Be as complete as you can.

La Granja de San Ildefonso, Segovia

Vocabulario

IDENTIFYING FAMILY MEMBERS

la familia	el/la nieto(a)
los parientes	el/la tío(a)
el padre	el/la sobrino(a)
la madre	el/la primo(a)
el esposo, el marido	el gato
la esposa, la mujer	el perro
el/la hijo(a)	joven
el/la hermano(a)	viejo(a), anciano(a)
el/la abuelo(a)	

TALKING ABOUT FAMILY AFFAIRS OR EVENTS

el cumpleaños	tener
el regalo	cumplir... años
la celebración	invitar

IDENTIFYING ROOMS OF THE HOUSE

la sala
el comedor
la cocina
el cuarto, el dormitorio, la recámara
el cuarto de baño

TALKING ABOUT A HOME

la casa	el piso
el apartamento,	el ascensor
el departamento	la escalera
la calle	privado(a), particular
el jardín	alrededor de
el garaje	cerca de
el carro	subir
la planta baja	

DISCUSSING SOME HOME ACTIVITIES

el periódico	la emisión deportiva
la revista	las noticias
el libro	ver la televisión
la película	escribir una carta

TECNOTUR

¡Buen viaje!

EPISODIO 6 ▶ La familia y su casa

Juan Ramón visita a la familia de Teresa.

Juan Ramón habla de las fotos de su familia que vive en Puerto Rico.

CD-ROM

Expansión cultural

La familia real de España

interNET
CONNECTION

In this video episode Teresa's family welcomes Juan Ramón to their home in Madrid. To "rent" or "buy" your own house or apartment in a Spanish-speaking country, go to the **Capítulo 6** Internet activity at the **Glencoe Foreign Language** Web site:

http://www.glencoe.com/sec/fl

CAPÍTULO 7

Deportes de equipo

Objetivos

In this chapter you will learn to do the following:

- talk about team sports and other physical activities
- tell what you want to, begin to, and prefer to do
- talk about people's activities
- express what interests, bores, or pleases you
- discuss the role of sports in the Hispanic world

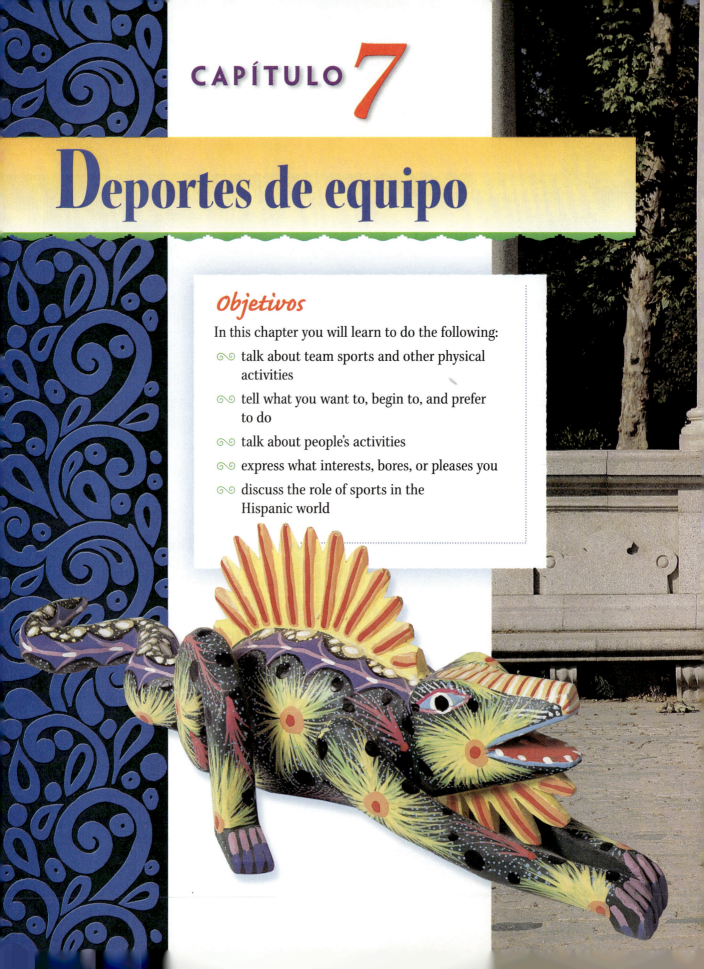

Vocabulario

El fútbol

la cabeza

el estadio

el espectador, la espectadora

la jugadora

el balón

el brazo

el campo de fútbol

la mano derecha

la mano izquierda

el portero, la portera

la portería

la pierna

la rodilla

el pie

el equipo

19 noviembre

Real Madrid vs Barcelona

Hay un partido hoy.
Hay un partido entre el Real Madrid
    y el Barcelona.
El Real Madrid juega contra el Barcelona.

el tablero indicador   el tanto

Los jugadores juegan (al) fútbol.
Un jugador lanza el balón.
Tira el balón con el pie.
El portero guarda la portería.

El segundo tiempo empieza.
Los dos equipos vuelven al campo.
El tanto queda empatado en cero.

El portero no puede bloquear (parar)
    el balón.
El balón entra en la portería.
González mete un gol.
Él marca un tanto.

El Real Madrid gana el partido.
El Barcelona pierde.
Pero el Barcelona no pierde siempre.
A veces gana.

Práctica

 A HISTORIETA Un partido de fútbol

Contesten. *(Answer.)*

1. ¿Cuántos equipos de fútbol hay en el campo de fútbol?
2. ¿Cuántos jugadores hay en cada equipo?
3. ¿Qué tiempo empieza, el primero o el segundo?
4. ¿Vuelven los jugadores al campo cuando empieza el segundo tiempo?
5. ¿Tiene un jugador el balón?
6. ¿Lanza el balón con el pie o con la mano?
7. ¿Para el balón el portero o entra el balón en la portería?
8. ¿Mete el jugador un gol?
9. ¿Marca un tanto?
10. ¿Queda empatado el tanto?
11. ¿Quién gana, el Real Madrid o el Barcelona?
12. ¿Qué equipo pierde?
13. ¿Siempre pierde?

El estadio Atahualpa, Quito, Ecuador

B HISTORIETA El fútbol

Contesten según se indica. *(Answer according to the cues.)*

1. ¿Cuántos jugadores hay en el equipo de fútbol? (once)
2. ¿Cuántos tiempos hay en un partido de fútbol? (dos)
3. ¿Quién guarda la portería? (el portero)
4. ¿Cuándo mete un gol el jugador? (cuando el balón entra en la portería)
5. ¿Qué marca un jugador cuando el balón entra en la portería? (un tanto)
6. En el estadio, ¿qué indica el tablero? (el tanto)
7. ¿Cuándo queda empatado el tanto? (cuando los dos equipos tienen el mismo tanto)

El equipo de Chile, La Copa mundial

❧ Actividad comunicativa ❧

A **Un partido de fútbol**   Work with a classmate. Take turns asking and answering each other's questions about the illustration below.

Vocabulario

El béisbol

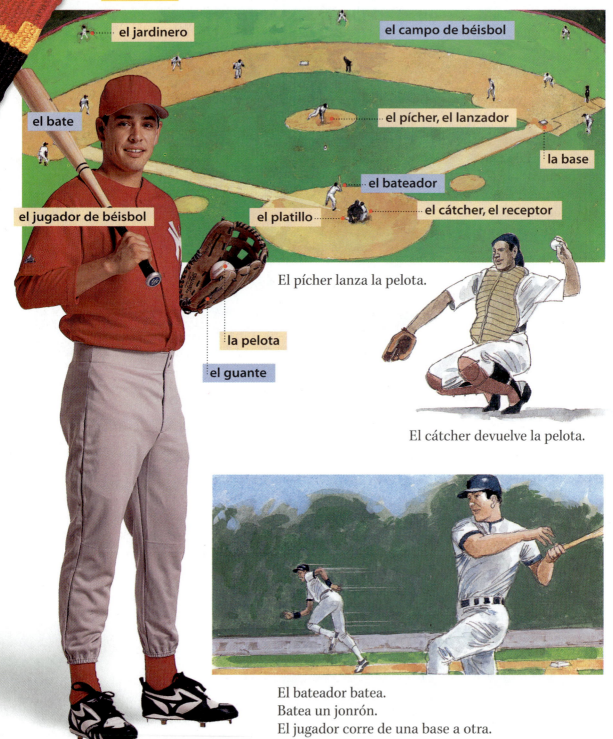

el jardinero

el campo de béisbol

el bate

el pícher, el lanzador

la base

el bateador

el jugador de béisbol

el platillo

el cátcher, el receptor

El pícher lanza la pelota.

la pelota

el guante

El cátcher devuelve la pelota.

El bateador batea.
Batea un jonrón.
El jugador corre de una base a otra.

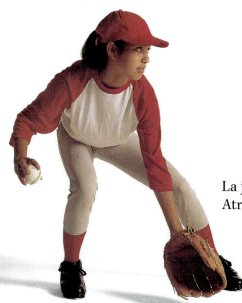

	1 2 3 4 5 6 7 8 9 0
MARLINS	0 0 2 0 0 0 0 0 0
GIANTS	0 0 0 0 0 3 0 0 0

En un juego de béisbol hay nueve entradas.
Si después de la novena entrada el tanto queda
empatado, el partido continúa.

La jugadora atrapa la pelota.
Atrapa la pelota con el guante.

El básquetbol, El baloncesto

el cesto, la canasta

encestar

el balón

driblar con
el balón

la cancha de
básquetbol

meter el balón
en el cesto

tirar el balón

pasar el balón

Práctica

A HISTORIETA El béisbol

Escojan la respuesta correcta.
(Choose the correct answer.)

1. Juegan al béisbol en _____ de béisbol.
   a. un campo   **b.** una pelota
   c. una base

2. El pícher _____ la pelota.
   a. lanza   **b.** encesta   **c.** batea

3. El receptor atrapa la pelota en _____.
   a. una portería   **b.** un cesto
   c. un guante

4. El jugador _____ de una base a otra.
   a. tira   **b.** devuelve   **c.** corre

5. En un partido de béisbol hay _____ entradas.
   a. dos   **b.** nueve   **c.** once

Monterrey, México

San Juan, Puerto Rico

B HISTORIETA El baloncesto

Contesten. *(Answer.)*

1. ¿Es el baloncesto un deporte de equipo o un deporte individual?

2. ¿Hay cinco o nueve jugadores en un equipo de baloncesto?

3. Durante un partido de baloncesto, ¿los jugadores driblan con el balón o lanzan el balón con el pie?

4. ¿El jugador tira el balón en el cesto o en la portería?

5. ¿El encestado (canasto) vale dos puntos o seis puntos?

C **¿Qué deporte es?** Escojan. *(Choose.)*

el béisbol

el baloncesto

el fútbol

1. El jugador lanza el balón con el pie.
2. Hay cinco jugadores en el equipo.
3. Hay nueve entradas en el partido.
4. El jugador corre de una base a otra.
5. El portero para o bloquea el balón.
6. El jugador tira el balón y encesta.

Actividad comunicativa

JUEGO **¿Qué deporte es?** Work with a classmate. Give him or her some information about a sport. He or she has to guess what sport you're talking about. Take turns.

Estructura

Telling what you want or prefer
Verbos de cambio radical e → ie en el presente

1. There are certain groups of verbs in Spanish that have a stem change in the present tense. The verbs **empezar** *(to begin)*, **comenzar** *(to begin)*, **querer** *(to want)*, **perder** *(to lose)*, and **preferir** *(to prefer)* are stem-changing verbs. The **e** of the stem changes to **ie** in all forms except **nosotros** and **vosotros.** The endings are the same as those of regular verbs. Study the following forms.

INFINITIVE	empezar	querer	preferir
yo	empiezo	quiero	prefiero
tú	empiezas	quieres	prefieres
él, ella, Ud.	empieza	quiere	prefiere
nosotros(as)	empezamos	queremos	preferimos
vosotros(as)	*empezáis*	*queréis*	*preferís*
ellos, ellas, Uds.	empiezan	quieren	prefieren

2. The verbs **empezar, comenzar, querer,** and **preferir** are often followed by an infinitive.

> **Ellos quieren ir al gimnasio.**
> **¿Por qué prefieres jugar al fútbol?**

¿Lo sabes?

Before an infinitive, **empezar** and **comenzar** require the preposition **a.** **Ellos empiezan (comienzan) a jugar.**

Lima, Perú

Práctica

A HISTORIETA Queremos ganar.

Contesten. *(Answer.)*

1. ¿Empiezan Uds. a jugar?
2. ¿Empiezan Uds. a jugar a las tres?
3. ¿Quieren Uds. ganar el partido?
4. ¿Quieren Uds. marcar un tanto?
5. ¿Pierden Uds. a veces o ganan siempre?
6. ¿Prefieren Uds. jugar en el parque o en la calle?

Buenos Aires, Argentina

B HISTORIETA El partido continúa.

Formen oraciones según el modelo.
(Form sentences according to the model.)

el segundo tiempo / empezar
El segundo tiempo empieza.

1. los jugadores / empezar a jugar
2. los dos equipos / querer ganar
3. ellos / preferir marcar muchos tantos
4. Sánchez / querer meter un gol
5. el portero / querer parar el balón
6. el equipo de Sánchez / no perder

C HISTORIETA ¿Un(a) aficionado(a) a los deportes?

Contesten personalmente.
(Answer these questions about yourself.)

1. ¿Prefieres jugar al béisbol o al fútbol?
2. ¿Prefieres jugar con un grupo de amigos o con un equipo formal?
3. ¿Prefieres jugar en el partido o prefieres mirar el partido?
4. ¿Prefieres ser jugador(a) o espectador(a)?
5. ¿Siempre quieres ganar?
6. ¿Pierdes a veces?

D. HISTORIETA ¿Baloncesto o béisbol?

Completen. *(Complete.)*

Rosita ____ (querer) jugar al baloncesto. Yo ____ (querer) jugar al
 1 2
béisbol. Y tú, ¿____ (preferir) jugar al baloncesto o ____ (preferir)
 3 4
jugar al béisbol? Si tú ____ (querer) jugar al béisbol, tú y yo ____
 5 6
(ganar) y Rosita ____ (perder). Pero si tú ____ (querer) jugar al
 7 8
baloncesto, entonces tú y Rosita ____ (ganar) y yo ____ (perder).
 9 10

❧ Actividad comunicativa ❧

A. ¿Qué prefieres?

With a partner, look at the illustrations below.
They each depict two activities. Find out from your partner which
activity he or she prefers to do and which one he or she doesn't want
to do. Take turns.

1.
2.
3.
4.
5.

Describing more activities
Verbos de cambio radical o → ue en el presente

1. The verbs **volver** *(to return to a place)*, **devolver** *(to return a thing)*, **poder** *(to be able)*, and **dormir** *(to sleep)* are also stem-changing verbs. The **o** of the stem changes to **ue** in all forms except **nosotros** and **vosotros.** The endings are the same as those of regular verbs. Study the following forms.

INFINITIVE	volver	poder	dormir
yo	vuelvo	puedo	duermo
tú	vuelves	puedes	duermes
él, ella, Ud.	vuelve	puede	duerme
nosotros(as)	volvemos	podemos	dormimos
vosotros(as)	volvéis	podéis	dormís
ellos, ellas, Uds.	vuelven	pueden	duermen

2. The **u** in the verb **jugar** changes to **ue** in all forms except **nosotros** and **vosotros.**

jugar   **juego, juegas, juega, jugamos,** *jugáis,* **juegan**

¿Lo sabes?

Jugar is sometimes followed by **a** when a sport is mentioned. Both of the following are acceptable.
Juegan al fútbol.
Juegan fútbol.

Práctica

A **HISTORIETA** Un partido de béisbol

Contesten. *(Answer.)*

1. ¿Juegan Uds. al béisbol?
2. ¿Juegan Uds. con unos amigos o con el equipo de la escuela?
3. ¿Vuelven Uds. al campo después de cada entrada?
4. ¿Pueden Uds. continuar el partido si el tanto queda empatado después de la novena entrada?
5. ¿Duermen Uds. bien después de un buen partido de béisbol?

La Liga mexicana

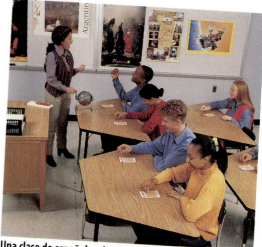

B HISTORIETA En la clase de español

Contesten. *(Answer.)*

1. ¿Juegas al Bingo en la clase de español?
2. ¿Juegas al Loto en la clase de español?
3. ¿Puedes hablar inglés en la clase de español?
4. ¿Qué lengua puedes o tienes que hablar en la clase de español?
5. ¿Duermes en la clase de español?
6. ¿Devuelve el/la profesor(a) los exámenes pronto?

Una clase de español en los Estados Unidos

C HISTORIETA Sí, pero ahora no puede.

Completen. *(Complete.)*

Yo _____ (jugar) mucho al fútbol y Diana _____ (jugar) mucho
　　　1　　　　　　　　　　　　　　　　　　　2

también, pero ahora ella no _____ (poder).
　　　　　　　　　　　　　3

—Diana, ¿por qué no _____ (poder) jugar ahora?
　　　　　　　　　　　4

—No _____ (poder) porque _____ (querer) ir a casa.
　　　5　　　　　　　　　6

San Juan, Puerto Rico

Sí, Diana _____ (querer) ir a casa
　　　　　7
porque ella _____ (tener) un amigo
　　　　　　8
que _____ (volver) hoy de Puerto
　　　9
Rico y ella _____ (querer) estar en
　　　　　　10
casa. Pero mañana todos nosotros
_____ (ir) a jugar. Y el amigo
　11
puertorriqueño de Diana _____
　　　　　　　　　　　　　12
(poder) jugar también. Su amigo
_____ (jugar) muy bien.
　13

Actividad comunicativa

A **Quiero pero no puedo.** A classmate will ask you if you want to do
something or go somewhere. Tell him or her that you want to but you
can't because you have to do something else. Tell what it is you have to
do. Take turns asking and answering the questions.

Expressing what interests, bores, or pleases you
Interesar, aburrir y gustar

1. The verbs **interesar** and **aburrir** function the same in Spanish and English. Study the following examples.

¿Te aburre el arte?	*Does art bore you?*
No, el arte me interesa.	*No, art interests me.*
¿Te aburren los deportes?	*Do sports bore you?*
No, los deportes me interesan.	*No, sports interest me.*

2. The verb **gustar** in Spanish functions the same as **interesar** and **aburrir**. **Gustar** conveys the meaning "to like," but its true meaning is "to please." The Spanish equivalent of "I like baseball" is "Baseball pleases me." Study the following examples.

¿Te gusta el béisbol? Ah, sí, me gusta mucho.
¿Te gustan los deportes? Sí, me gustan mucho.

3. The verb **gustar** is often used with an infinitive to tell what you like to do.

¿Te gusta jugar fútbol? Sí, me gusta jugar.
¿Te gusta comer? Sí, me gusta comer.

Práctica

 A **¿Qué cursos te interesan y qué cursos te aburren?**
Contesten. *(Answer.)*

1. ¿Te interesa la historia?
2. ¿Te interesa la geografía?
3. ¿Te interesa la biología?
4. ¿Te interesa la educación física?
5. ¿Te interesan las matemáticas?
6. ¿Te interesan las ciencias?
7. ¿Te interesan las lenguas?

Colegio San José, Málaga, España

B **¿Te interesa o te aburre?** Sigan el modelo. *(Follow the model.)*

> **la biología**
> **La biología me interesa. No me aburre.**

1. el álgebra
2. la geometría
3. la historia
4. el español
5. la geografía

C **¿Te interesan o te aburren?**
Sigan el modelo. *(Follow the model.)*

> **las películas**
> **¿Te interesan las películas**
> **o te aburren?**
> **Las películas me interesan.**
> **No me aburren.**

1. los partidos de fútbol
2. las películas románticas
3. las emisiones deportivas
4. las noticias

D **Los deportes** Contesten. *(Answer.)*

1. ¿Te gusta el fútbol?
2. ¿Te gusta el béisbol?
3. ¿Te gusta el voleibol?
4. ¿Te gusta más el béisbol o el fútbol?
5. ¿Te gusta más el voleibol o el básquetbol?

Un flan

E **Los alimentos** Contesten. *(Answer.)*

1. ¿Te gusta la ensalada?
2. ¿Te gusta un sándwich de jamón y queso?
3. ¿Te gusta la sopa?
4. ¿Te gusta la carne?
5. ¿Te gustan las tortillas?
6. ¿Te gustan las enchiladas?
7. ¿Te gustan los frijoles?
8. ¿Te gustan los tomates?

F ¿Te gusta la ropa? Sigan el modelo. *(Follow the model.)*

¿Te gusta la gorra?
Sí, a mí me gusta.

1.
2.
3.
4.
5.
6.

G ¿Qué te gusta hacer? Contesten. *(Answer.)*

1. ¿Te gusta cantar?
2. ¿Te gusta bailar?
3. ¿Te gusta comer?
4. ¿Te gusta leer?
5. ¿Te gusta más hablar o escuchar?
6. ¿Te gusta más jugar o ser espectador(a)?

Actividades comunicativas

A ¿Qué te interesa? Work with a classmate. Take turns telling those things that interest you and those that bore you. Decide which interests you have in common.

B Gustos Get together with a classmate. Tell one another some things you like and don't like. The following are some categories you may want to explore. Decide whether you and your classmates have any of the same likes and dislikes.

comida   ropa   cursos   deportes   actividades

Conversación

¿Quieres jugar?

ANITA: Tomás, ¿prefieres el béisbol o el fútbol?

TOMÁS: ¿Yo? Yo prefiero el fútbol. Me gusta más que el béisbol.

ANITA: ¿Juegas fútbol?

TOMÁS: Sí, juego. Pero la verdad es que me gusta más ser espectador que jugador.

ANITA: ¿Es bueno el equipo de tu escuela?

TOMÁS: Sí, tenemos un equipo estupendo.

ANITA: ¿Son campeones?

TOMÁS: No, pero van a ganar el campeonato.

Después de conversar

Contesten. *(Answer.)*

1. ¿Prefiere Tomás el béisbol o el fútbol?
2. ¿Juega mucho al fútbol?
3. ¿Qué prefiere ser?
4. ¿Es bueno el equipo de su escuela?
5. ¿Qué va a ganar el equipo?

Actividades comunicativas

A **No soy muy aficionado(a) a...** Work with a classmate. Tell him or her what sport you don't want to play because you don't like it. Tell what you prefer to play. Then ask your classmate questions to find out what sports he or she likes.

B **Un partido de fútbol** You are at a soccer match with a friend (your classmate). He or she has never been to a soccer match before and doesn't understand the game. Your friend has a lot of questions. Answer the questions and explain the game. You may want to use some of the following words.

jugar · volver · marcar · meter · lanzar · empezar · ganar · tirar · perder

PRONUNCIACIÓN

Las consonantes s, c, z

The consonant **s** is pronounced the same as the *s* in *sing*. Repeat the following.

sa	se	si	so	su
sala	base	sí	peso	su
pasa	serio	simpático	sopa	Susana
saca	seis	siete	sobrino	

The consonant **c** in combination with **e** or **i** (**ce, ci**) is pronounced the same as an **s** in all areas of Latin America. In many parts of Spain, **ce** and **ci** are pronounced like the *th* in English. Likewise, the pronunciation of **z** in combination with **a, o, u** (**za, zo, zu**) is the same as an **s** throughout Latin America and as a **th** in most areas of Spain. Repeat the following.

za	ce	ci	zo	zu
cabeza	cero	cinco	zona	zumo
empieza	encesta	ciudad	almuerzo	Zúñiga

Repeat the following sentences.

González enseña en la sala de clase.
El sobrino de Susana es serio y sincero.
La ciudad tiene cinco zonas.
Toma el almuerzo a las doce y diez en la cocina.

Lecturas CULTURALES

Reading Strategy

Scanning for specific information

Scanning for specific information means reading to find out certain details without concerning yourself with the other information in the passage. Some examples of scanning are looking up words in a dictionary or searching a television listing to find out when certain programs are on. Another example of scanning is reading articles to find out something specific, such as sports results.

EL FÚTBOL

La Liga española

Estamos en el estadio Santiago Bernabéu en Madrid. ¡Qué emoción! El Real Madrid juega contra el Atlético de Madrid. Quedan[1] dos minutos en el segundo tiempo. El partido está empatado en cero. ¿Qué va a pasar[2]? Da Silva pasa el balón a Casero. Casero lanza el balón con el pie izquierdo. El balón vuela[3]. El portero quiere parar el balón. ¿Puede o no? No, no puede. El balón entra en la portería. Casero mete un gol y marca un tanto. En los últimos dos minutos del partido, el equipo de Casero y da Silva gana. El Real Madrid derrota[4] al Atlético de Madrid uno a cero. El Real Madrid es triunfante, victorioso. Casero y da Silva son sus héroes.

La Copa mundial

Casero y da Silva son jugadores muy buenos y van a jugar en la Copa mundial. Pero da Silva no va a jugar con el mismo equipo que Casero. ¿Por qué? Porque da Silva no es español. Es del Brasil y en la Copa él va a jugar con el equipo del Brasil. Casero va a jugar con el equipo de España porque es español.

Cada cuatro años las estrellas[5] de cada país forman parte de un equipo nacional. Hay treinta y dos equipos nacionales que juegan en la Copa mundial. Los equipos de los treinta y dos países de todas partes del mundo compiten[6] para ganar la Copa y ser el campeón del mundo.

[1]Quedan *Remain* [4]derrota *defeats*
[2]pasar *happen* [5]estrellas *stars*
[3]vuela *flies* [6]compiten *compete*

El estadio Santiago Bernabéu

Después de leer

A Lo mismo   Escojan la palabra equivalente.
(Choose the equivalent term.)

1. la mayoría
2. el vocabulario
3. lanzar
4. el campeón
5. triunfante
6. el jugador
7. parar

a. victorioso
b. tirar
c. el o la que gana
d. la mayor parte
e. no permitir pasar, bloquear
f. las palabras
g. el miembro del equipo

B Lo contrario   Escojan lo contrario. *(Choose the opposite.)*

1. el/la jugador(a)
2. últimos
3. izquierdo
4. gana
5. entra

a. primeros
b. derecho
c. el/la espectador(a)
d. pierde
e. sale

C HISTORIETA   El partido de fútbol

Contesten. *(Answer.)*

1. ¿A qué juegan los dos equipos?
2. ¿Cuántos minutos quedan en el segundo tiempo?
3. ¿Quién pasa el balón?
4. ¿Quién lanza el balón?
5. ¿Cómo lanza el balón?
6. ¿Puede parar el balón el portero?
7. ¿Qué mete Casero?
8. ¿Qué marca?
9. ¿Qué equipo es victorioso?
10. ¿Quiénes son los héroes?

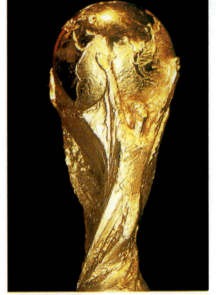

La Copa de la FIFA

D La Copa mundial   Digan que sí o que no.

1. Los equipos juegan en la Copa mundial cada año.
2. Todos los jugadores de un equipo son de la misma nacionalidad.
3. Cada equipo que juega en la Copa representa un país.
4. Los equipos de veintidós naciones juegan en la Copa mundial.
5. Todos los equipos son de Europa.

La Argentina vs. Croatia

La Liga mexicana

DEPORTES POPULARES

El fútbol

El fútbol es un deporte muy popular en todos los países hispanos. Los equipos nacionales tienen millones de aficionados. Cuando el equipo de un país juega contra el equipo de otro país, el estadio está lleno[1] de espectadores.

El béisbol

El béisbol no es un deporte popular en todos los países hispanos. Es popular en sólo algunos. El béisbol tiene o goza de popularidad en Cuba, Puerto Rico, la República Dominicana, Venezuela, Nicaragua, México y Panamá. Como el béisbol es esencialmente un deporte norteamericano, la mayoría del vocabulario del béisbol es inglés: las bases, el pícher, el out, el jonrón.

Muchos jugadores de béisbol de las Grandes Ligas son hispanos. Entre 1919 y hoy más de cien jugadores latinos juegan en la Serie Mundial.

[1]lleno *full*

Después de leer

A ¿Es la verdad o no?   Contesten con **sí** o **no.** (*Answer with* sí *or* no.)

1. El fútbol es un deporte popular en todas partes de Latinoamérica.
2. Casi todos los países tienen su equipo nacional de fútbol.
3. Cuando un equipo nacional juega contra otro equipo nacional—un equipo de otro país—hay muy poca gente en el estadio; hay muy pocos espectadores.
4. El béisbol es también un deporte popular en todos los países hispanos.
5. El béisbol es muy popular en los países del Caribe.
6. Muchos beisbolistas famosos de las Grandes Ligas de los Estados Unidos son de origen hispano o latino.

B Las nacionalidades   Completen. (*Complete.*)

1. Un puertorriqueño es de _____.
2. Un cubano es de _____.
3. Un panameño es de _____ y un nicaragüense es de _____.
4. Un mexicano es de _____ y un dominicano es de la _____.

EL «JAI ALAI» O LA PELOTA VASCA

Jai alai es una palabra vasca. El país vasco es una región del norte de España y del sudoeste de Francia. El jai alai tiene otro nombre—la pelota vasca. El jai alai es un juego vasco popular.

Juegan al jai alai o pelota vasca en una cancha. Los jugadores son «pelotaris». Llevan un pantalón blanco, una camisa blanca, una faja roja y alpargatas. Tienen una cesta. Usan la cesta para lanzar y recibir la pelota.

En la cancha de jai alai hay tres paredes[1]. El frontón es la pared delantera[2]. «Frontón» es también el nombre de toda la cancha. El jugador lanza la pelota con la cesta contra la pared. Cuando la pelota pega[3] contra el frontón y rebota[4] hacia el jugador, el «pelotari» tiene que devolver la pelota. ¡Y la pelota viaja[5] a unas ciento cincuenta millas por hora!

[1]paredes *walls*
[2]delantera *front*
[3]pega *hits*
[4]rebota *rebounds*
[5]viaja *travels*

El país vasco, España

Miami, Florida

Después de leer

A **Jai alai** Completen. *(Complete.)*

1. El jai alai o la _____ es un juego popular vasco.
2. Los pelotaris son _____ de jai alai.
3. Llevan un pantalón _____, una camisa _____ y una faja _____.
4. Los pelotaris no llevan zapatos cuando juegan. Llevan _____
5. Los pelotaris usan una _____ para lanzar y recibir la pelota.
6. El _____ es la cancha de jai alai.
7. En una cancha de jai alai hay tres _____.
8. El jugador tiene que _____ la pelota cuando pega contra el frontón.
9. En un juego de jai alai la pelota viaja a _____ millas por hora.

Conexiones

LAS CIENCIAS SOCIALES

LA ARQUEOLOGÍA

Archeology is a fascinating field. Archeologists travel to every corner of the globe searching for places to excavate and study the ruins of ancient civilizations. There have been interesting archeological discoveries in Latin America where many pre-Colombian civilizations existed long before the arrival of the Spaniards. Let's read about some of these archeological sites. A few famous ones revealed some interesting information about sports and games in pre-Colombian cultures.

La arqueología

La arqueología es el estudio de los monumentos y artefactos de la antigüedad. Los arqueólogos excavan y estudian los objetos antiguos hechos o producidos por seres humanos. En Latinoamérica hay muchos sitios arqueológicos famosos. Algunos tienen canchas de pelota que datan del siglo VIII.

Honduras y México

En Copán en Honduras y en Chichen Itzá en México hay ruinas de varias canchas de pelota. La cancha en Copán data de 775 después de Cristo. Es interesante notar que los juegos de los mayas de Copán y los juegos de los mayas de Chichen Itzá son bastante similares. Los indios usan una pelota grande de goma[1] y no pueden tocar[2]

Copán, Honduras

Chichen Itzá, México

[1]goma *rubber*
[2]tocar *touch*

la pelota con las manos. El juego es una diversión[3] pero en Chichen Itzá tiene también sentido religioso. Después del juego sacrifican a los jugadores que pierden.

Chichen Itzá, México

Puerto Rico

Recientemente hay una excavación arqueológica cerca de Ponce en Puerto Rico. ¿Y qué descubren? Descubren una cancha de pelota. Y el juego que juegan los indios taínos de Puerto Rico es parecido o similar al juego de los mayas de Centroamérica. El juego de los taínos es el batú. El batú es un juego de diversión pero tiene también sentido religioso. En el juego hay dos bandos o equipos. Juegan con una pelota de goma. Uno de los bandos lanza la pelota al otro bando. El otro bando tiene que devolver la pelota. Y no pueden usar las manos. Tienen que lanzar la pelota con la pierna, la rodilla o el brazo pero no pueden tocar la pelota con la mano. El equipo que deja rodar[4] la pelota por el suelo[5] el mayor número de veces[6] pierde el juego.

[3]diversión *amusement*
[4]deja rodar *lets roll*
[5]suelo *ground*
[6]mayor número de veces
 greatest number of times

Ponce, Puerto Rico

~Después de leer~

A **¡A discutir!** Discutan. *(Discuss with your classmates.)*

There are many interesting and unbelievable things in this reading selection. This is particularly true when one realizes that the games took place centuries ago and that there is quite a distance between these areas of Central America and Puerto Rico. Discuss some of these interesting facts. You can have your discussion in English.

Culminación

Actividades orales

A **Soy muy aficionado(a) a...** Name a sport that you really like. Then give a description of that sport.

B **Entrevista con el capitán** You are to interview the captain of one of the school's sports teams (your classmate) for the local Spanish language television station. Try to find out as much information as possible. Then change roles.

C **Los deportes** Pick your favorite sport. Get together with a class-mate who likes the same sport as you. Take turns describing the sport you like best.

JUEGO **¡Adivina quién es!** Think of your favorite sports hero. Tell a classmate something about him or her. Your classmate will ask you three questions about your hero before guessing who it is. Then reverse roles and you guess who your classmate's hero is.

En corto

La figura de la semana

DON BALON LA REVISTA NÚMERO 1 DEL FÚTBOL

⮞ Actividades escritas ⮜

A. **Un reportaje**   Work in groups of three. One of you is the captain of one of the school's teams. The other two are sports reporters for a Spanish newspaper. The two reporters will prepare an interview with the captain about the team's last game. The reporters will edit the information they get from the interview and write their report for tomorrow's paper. The report can be in the present tense.

B. **Horario deportivo**   There are several exchange students from Latin America at your school. Prepare for them your school's schedule of sporting events for the coming month. Prepare the chart in Spanish so they can refer to it easily.

DEPORTES

FÚTBOL

Los siguientes partidos de FÚTBOL corresponden a la Liga Nacional de Primera División.
Se recomienda consulten fechas por posibles cambios de fechas. / Please check dates for any changes.

• ESTADIO SANTIAGO BERNABÉU
P.º DE LA CASTELLANA, 104.
TEL.: 91 344 00 52. (METRO: SANTIAGO BERNABÉU).

4 Oct.
Real Madrid - Tenerife.

25 Oct.
Real Madrid - Racing.

• ESTADIO VICENTE CALDERÓN
VIRGEN DEL PUERTO, 67.
TEL.: 91 366 47 07. (METRO: PIRÁMIDES Y MARQUÉS DE VADILLO).

18 Oct.
Atlético de Madrid - Tenerife.

Writing Strategy

Gathering information

If your writing project deals with a topic you are not familiar with, you may need to gather information before you begin to write. Some of your best sources are the library, the Internet, and people who know something about the topic. Even if you plan to interview people about the topic, it may be necessary to do some research in the library or on the Internet to acquire enough knowledge to prepare good interview questions.

La Copa mundial

Many of you already know that the World Cup is a soccer championship. Try to give a description of the World Cup as best you can in Spanish. If you are not familiar with it, you will need to do some research. It might be interesting to take what you know or find out about the World Cup and compare it to the World Series in baseball. Gather information about both these championships and write a report.

CULMINACIÓN

Vocabulario

IDENTIFYING SPORTS

el fútbol	el básquetbol,
el béisbol	el baloncesto

DESCRIBING A SPORTS EVENT IN GENERAL

el estadio	el equipo	lanzar
el/la espectador(a)	el tablero indicador	perder
el campo	el tanto	ganar
la cancha	empatado(a)	entre
el partido	empezar, comenzar	contra
el/la jugador(a)	tirar	

DESCRIBING A FOOTBALL GAME

el fútbol	la portería	parar
el balón	jugar	marcar un tanto
el tiempo	bloquear	meter un gol
el/la portero(a)		

DESCRIBING A BASEBALL GAME

el béisbol	el platillo	el bate
el/la bateador(a)	el jonrón	batear
el pícher, el lanzador	la base	correr
el cátcher, el receptor	la entrada	atrapar
el jardinero	la pelota	devolver
el guante		

DESCRIBING A BASKETBALL GAME

el básquetbol,	driblar	encestar
el baloncesto	pasar	meter
el cesto, la canasta		

EXPRESSING LIKES AND INTERESTS

gustar	interesar	aburrir

IDENTIFYING SOME PARTS OF THE BODY

el pie	la rodilla	el brazo
la pierna	la mano	la cabeza

OTHER USEFUL EXPRESSIONS

poder	preferir	izquierdo(a)
querer	a veces	derecho(a)
volver	siempre	

TECNOTUR

VIDEO

¡Buen viaje!

EPISODIO 7 ▶ Deportes de equipo

Luis y Cristina visitan la pintoresca comunidad de Coyoacán, México.

También juegan al fútbol con unos amigos.

CD-ROM

Expansión cultural

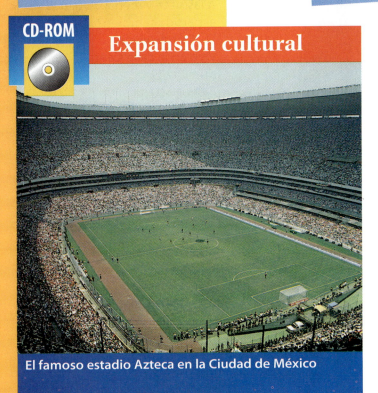

El famoso estadio Azteca en la Ciudad de México

inter NET CONNECTION

In this video episode Luis and Cristina talk about sports—which ones they like to play and which ones are popular in their countries. To find out more about sports in the Spanish-speaking world, go to the **Capítulo 7** Internet activity at the **Glencoe Foreign Language** Web site:

http://www.glencoe.com/sec/fl

Repaso CAPÍTULOS 5–7

Conversación

Un partido importante

JULIO: Alberto, Carlos y yo vamos al Café Miramar. ¿Quieres ir con nosotros?

ALBERTO: No, Julio, no puedo porque quiero ver el partido.

JULIO: ¿De qué partido hablas?

ALBERTO: Los Osos juegan contra los Tigres y mi equipo favorito son los Osos.

JULIO: ¿Vas al estadio a ver el partido?

ALBERTO: No. Las entradas (los boletos) cuestan mucho. Voy a ver el partido en la televisión.

JULIO: ¿A qué hora empieza?

ALBERTO: A las siete y media. ¿Quieres ver el partido también?

JULIO: Sí. ¿Dónde vives?

ALBERTO: Vivo en la calle Central, número 32.

JULIO: Bien. ¡Hasta pronto!

Después de conversar

 Los tres amigos Contesten. (*Answer.*)

1. ¿Adónde quieren ir los dos muchachos?
2. ¿Invitan a Alberto?
3. ¿Puede ir Alberto?
4. ¿Por qué no?
5. ¿Por qué no va al estadio?
6. ¿Dónde va a ver el partido?
7. ¿A qué hora empieza?
8. ¿Van los muchachos a casa de Alberto?

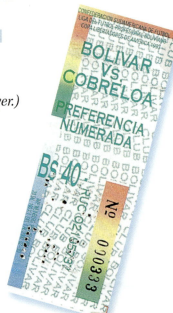

Estructura

Verbos en -er, -ir

Review the forms of regular **-er** and **-ir** verbs.

COMER	como	comes	come	comemos	*coméis*	comen
VIVIR	vivo	vives	vive	vivimos	*vivís*	viven

Práctica

A **Tú y tus amigos**   Contesten. *(Answer.)*

1. ¿Qué comes cuando vas a un café?
2. ¿Qué bebes cuando estás en un café?
3. ¿Qué aprenden tú y tus amigos en la escuela?
4. ¿Qué leen Uds. en la clase de inglés?
5. ¿Qué escriben Uds.?
6. ¿Comprenden los alumnos cuando el profesor de español habla?
7. ¿Reciben Uds. notas buenas en todas las asignaturas?

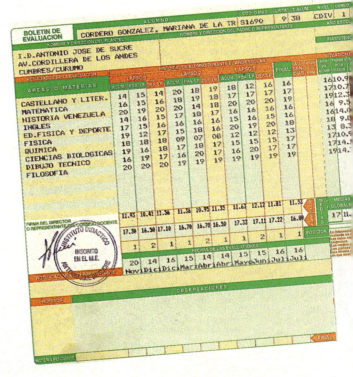

Verbos de cambio radical

1. Review the forms of stem-changing verbs.

e → ie

EMPEZAR	empiezo	empiezas	empieza	empezamos	*empezáis*	empiezan
PERDER	pierdo	pierdes	pierde	perdemos	*perdéis*	pierden

o → ue

VOLVER	vuelvo	vuelves	vuelve	volvemos	*volvéis*	vuelven
PODER	puedo	puedes	puede	podemos	*podéis*	pueden

2. Review the forms of the verb **tener.** Note that this verb also has a change in the stem.

TENER	tengo	tienes	tiene	tenemos	*tenéis*	tienen

Práctica

B HISTORIETA **Un juego de béisbol**

Completen. *(Complete.)*

El juego de béisbol _____ (empezar) a las tres y media. Habla Teresa:
—Hoy yo _____ (querer) ser la pícher.
La verdad es que Teresa _____ (ser) una pícher muy buena. Ella
_____ (jugar) muy bien. Nosotros _____ (tener) un equipo bueno. Todos
nosotros _____ (jugar) bien. Nuestro equipo no _____ (perder) mucho.
Hoy yo _____ (tener) que jugar muy bien porque nuestro equipo no
_____ (poder) perder. _____ (Tener) que ganar.

C **Entrevista** Contesten personalmente. *(Answer.)*

1. ¿Cuántos años tienes?   **3.** ¿Cuántos años tienen ellos?
2. ¿Cuántos hermanos tienes?   **4.** ¿Tienen Uds. un perro o un gato?

Adjetivos posesivos

Review the forms of possessive adjectives

mi, mis   **nuestro, nuestra, nuestros, nuestras**
tu, tus
su, sus   **su, sus**

Práctica

D HISTORIETA **Nuestra casa**

Completen. *(Complete.)*

Vivo en _____. _____ casa está
en la calle _____. _____ padres

La Ciudad de México

tienen un carro. Y yo tengo una bicicleta. _____ carro está en el garaje
y _____ bicicleta está en el garaje también. Nosotros tenemos un perro.
_____ perro está en el jardín. El jardín alrededor de _____ casa es
bonito. Mi hermano y _____ amigos siempre juegan en el jardín.

Verbos como **interesar, aburrir, gustar**

Review the construction for verbs such as **gustar, interesar,** and **aburrir.**

¿Te gusta el arte?
{
Sí, me gusta el arte.
El arte me interesa mucho.
No me aburre nada.
}

¿Te gustan los deportes?
{
Los deportes, sí, me gustan mucho.
Los deportes me interesan.
No me aburren nada.
}

Práctica

E **Información** Den cuantas respuestas posibles.
(Give as many answers as possible.)

1. ¿Qué te gusta?   3. ¿Qué te aburre?
2. ¿Qué te interesa?

Actividad comunicativa

A **Una fiesta familiar** With a classmate, look at the illustration. Take turns describing the illustration, giving as much detail as you can.

1

1. Plaza Mayor, Salamanca
2. Casares, Pueblo blanco, Andalucía
3. Romería, Sevilla
4. Arcos de la mezquita de Córdoba
5. El Alcázar de Segovia
6. Escuela andaluza del arte ecuestre, Jerez

2

3

6

222

NATIONAL GEOGRAPHIC

VISTAS
DE ESPAÑA

4

5

1

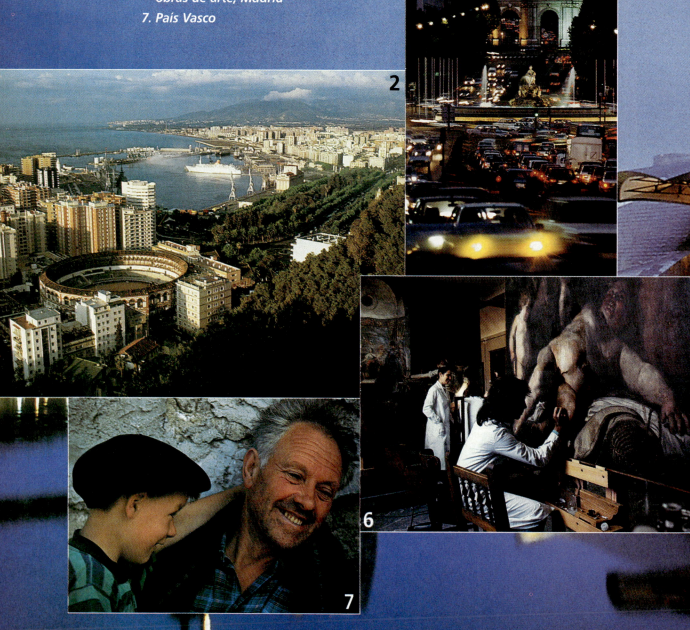

224

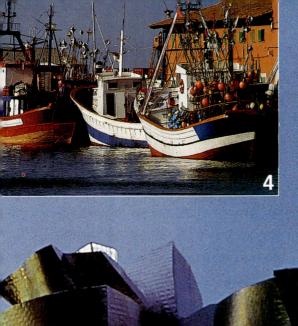

4

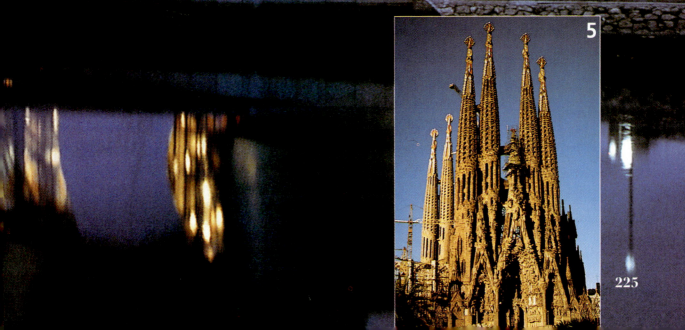

5

CAPÍTULO 8

La salud y el médico

Objetivos

In this chapter you will learn to do the following:

- explain a minor illness to a doctor
- describe some feelings
- have a prescription filled at a pharmacy
- describe characteristics and conditions
- tell where things are and where they're from
- tell where someone or something is now
- tell what happens to you or someone else

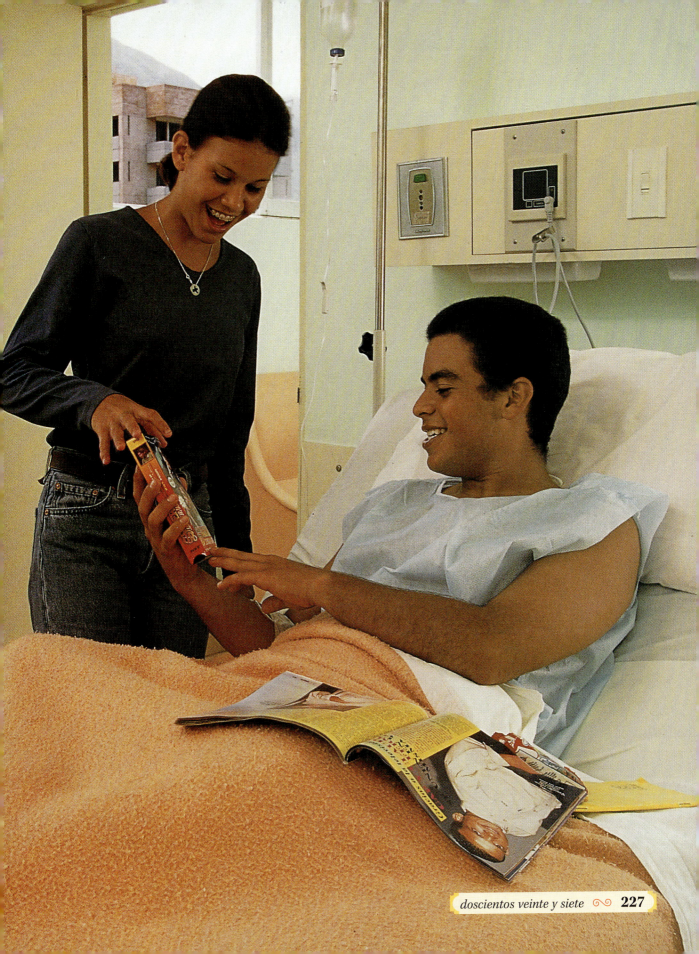

Vocabulario

¿Cómo está?

enfermo

cansada

contento

triste

nervioso

El pobre muchacho está enfermo.
Tiene fiebre.
Tiene la gripe.

la cama

la fiebre

La muchacha tiene catarro.
Está resfriada.

estornudar

El muchacho tiene tos.
Tiene dolor de garganta.

la garganta

toser

el estómago

El muchacho tiene dolor de estómago.

La muchacha tiene dolor de cabeza.

El enfermo tiene que guardar cama.
Tiene escalofríos porque tiene fibre.
Él está de mal humor.
No está de buen humor.

los escalofríos

Práctica

A HISTORIETA El pobre joven está enfermo.

Contesten.

1. ¿Está enfermo el pobre muchacho?
2. ¿Tiene la gripe?
3. ¿Tiene tos?
4. ¿Tiene dolor de garganta?
5. ¿Tiene fiebre?
6. ¿Tiene escalofríos?
7. ¿Tiene dolor de cabeza?
8. ¿Está siempre cansado?

Estepona, España

B HISTORIETA La pobre muchacha

Contesten.

San Miguel de Allende, México

1. ¿Está enferma la muchacha?
2. ¿Tiene tos?
3. ¿Estornuda mucho?
4. ¿Tiene dolor de cabeza?
5. ¿Está resfriada?
6. ¿Está en cama?
7. ¿Tiene que guardar cama?
8. ¿Qué opinión tienes? ¿Qué crees?
   ¿Está la muchacha de buen humor
   o de mal humor?

¿Cómo está?   Contesten según las fotos.

1. ¿Cómo está el joven?
¿Está triste o contento?

2. Y la joven, ¿cómo está?
¿Está triste o contenta?

3. El señor, ¿está bien o
está enfermo?

4. Y la señora, ¿está nerviosa
o está tranquila?

D **¿Cómo estás tú?**   Contesten personalmente.

1. ¿Cómo estás hoy?
2. Cuando estás enfermo(a), ¿estás de buen humor o estás
   de mal humor?
3. Cuando tienes dolor de cabeza, ¿estás contento(a) o triste?
4. Cuando tienes catarro, ¿siempre estás cansado(a) o no?
5. Cuando tienes catarro, ¿tienes fiebre y escalofríos?
6. Cuando tienes la gripe, ¿tienes fiebre y escalofríos?
7. ¿Tienes que guardar cama cuando tienes catarro?
8. ¿Tienes que guardar cama cuando tienes fiebre?

Actividad comunicativa

A **¿Qué te pasa?**   Work with a classmate. Ask your partner what's
the matter—**¿Qué te pasa?** He or she will tell you. Then suggest
something he or she can do to feel better. **¿Por qué no...?** Take turns.

Vocabulario

En la consulta del médico

la consulta del médico, el consultorio

el médico

los ojos

la boca

la médica

Jaime está en el consultorio.
La médica examina a Jaime.
Examina sus ojos.
Después Jaime abre la boca.
La médica cree que Jaime
tiene la gripe.

Me duele la cabeza.

Me duele la garganta.

Me duele el estómago.

En la farmacia

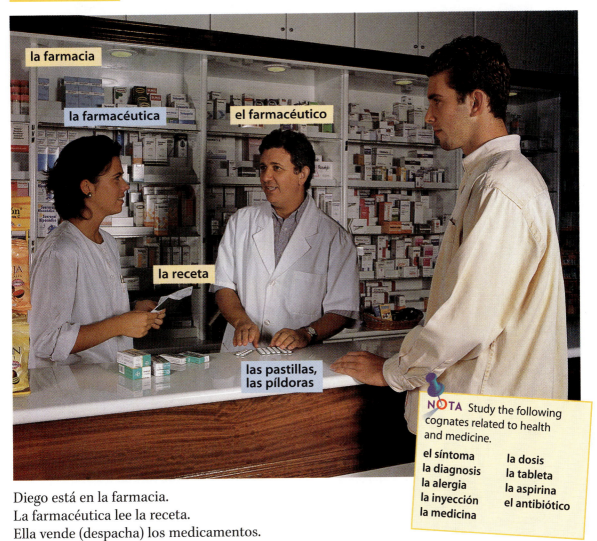

la farmacia

la farmacéutica

el farmacéutico

la receta

las pastillas, las píldoras

NOTA Study the following cognates related to health and medicine.

el síntoma	la dosis
la diagnosis	la tableta
la alergia	la aspirina
la inyección	el antibiótico
la medicina	

Diego está en la farmacia.
La farmacéutica lee la receta.
Ella vende (despacha) los medicamentos.

❧Práctica❧

A **¿Qué te pasa?** Preparen una conversación según el modelo.

> Me duele la garganta.

—¿Qué te pasa? ¿Tienes dolor de garganta?
—Sí, me duele mucho. ¡Qué enfermo(a) estoy!

> Me duele el estómago.

> Me duele la cabeza.

1.

2.

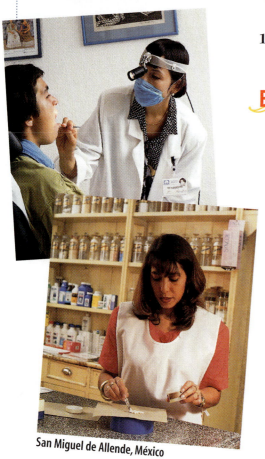
San Miguel de Allende, México

B **HISTORIETA** **En el consultorio**

Contesten.

1. ¿Dónde está Alberto? ¿En la consulta de la médica o en el hospital?
2. ¿Quién está enfermo? ¿Alberto o la médica?
3. ¿Quién examina a Alberto? ¿La médica o la farmacéutica?
4. ¿Qué examina la médica? ¿La cabeza o la garganta?
5. ¿Qué tiene que tomar Alberto? ¿Una inyección o una pastilla?
6. ¿Quién receta los antibióticos? ¿La médica o la farmacéutica?
7. ¿Adónde va Alberto con la receta? ¿A la clínica o a la farmacia?
8. ¿Qué despacha la farmacéutica? ¿Los medicamentos o las recetas?

C HISTORIETA Alberto está enfermo, el pobre.

Corrijan las oraciones.

1. Alberto está muy bien.
2. Alberto está en el hospital.
3. Alberto examina a la médica.
4. Alberto abre la boca y la médica examina los ojos.
5. La médica habla con Alberto de sus síntomas.
6. La farmacéutica receta unos antibióticos.
7. La médica despacha los medicamentos.
8. Alberto va al consultorio con la receta.

❧ Actividades comunicativas ❧

A **Buenos días, doctor.**   Look at the illustration. Pretend you're the patient. Tell the doctor how you're feeling.

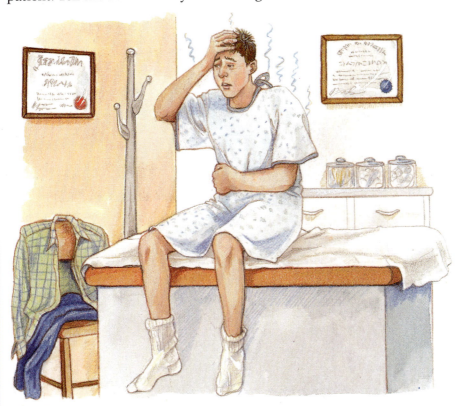

B **En la consulta del médico**   Work with a classmate. You're sick with a cold or the flu. The doctor (your partner) will ask you questions about your symptoms. Answer the doctor's questions as completely as you can. Then change roles.

Estructura

Characteristics and conditions
Ser y estar

1. In Spanish there are two verbs that mean "to be." They are **ser** and **estar.** These verbs have very distinct uses. They are not interchangeable. **Ser** is used to express a trait or characteristic that does not change.

>**Ella es muy sincera.**
>**La casa de apartamentos es muy alta.**

2. **Estar** is used to express a temporary condition or state.

>**Eugenio está enfermo.**
>**Está cansado y nervioso.**

La familia está contenta,
San Miguel de Allende

Práctica

A **Al contrario** Sigan el modelo.

 Roberto es rubio.

  Al contrario. No es rubio. Roberto es moreno.

1. Teresa es morena.
2. Justo es alto.
3. Héctor es feo.
4. Catalina es muy seria.
5. La clase de biología es aburrida.
6. Los cursos son fáciles.
7. Nuestro equipo de fútbol es malo.
8. Su familia es grande.

B Tu escuela y tus clases Contesten.

1. ¿Cómo es tu escuela?
2. ¿Quién en la clase de español es rubio?
3. ¿Quién es moreno?
4. ¿Cuál es un curso interesante?
5. ¿Cuál es una clase aburrida?
6. ¿El equipo de qué deporte es muy bueno?

C ¿Cómo está o cómo es? Describan a la persona en cada dibujo.

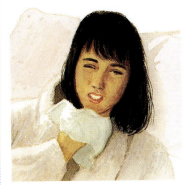

1. Antonia

2. Jorge

3. Beatriz

4. Teresa

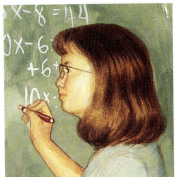

5. Susana

D ¿Cómo eres? Den una descripción personal.

INFOR-MED

La Medicina cada día avanza más en el desarrollo de nuevas formas de proteger la salud del ser humano. ¡Manténgase informado al respecto!

E HISTORIETA Están enfermos.

Completen con la forma correcta de **ser** o **estar.**

Rubén y Marisol ____ enfermos.
$\overline{}$
Rubén no tiene energía. ____ muy
$\overline{}$
cansado. ____ triste. Y Marisol tiene
$\overline{}$
tos. Su garganta ____ muy roja. La
$\overline{}$
mamá de Rubén y Marisol ____ muy
$\overline{}$
nerviosa. Su papá ____ nervioso
$\overline{}$
también porque sus dos hijos ____
$\overline{}$
enfermos. Pero su médico ____ muy
$\overline{}$
bueno. El doctor Rodríguez ____
$\overline{}$
muy inteligente. Su consultorio ____
$\overline{}$
muy moderno. El doctor Rodríguez

examina a Rubén y a Marisol. El
médico habla:

—Uds. no ____ muy enfermos.
$\overline{}$
Tienen la gripe. Aquí tienen unos
antibióticos. Los antibióticos ____ muy buenos.
$\overline{}$

Ahora todos ____ muy contentos y los padres no ____ nerviosos.
$\overline{}$ $\overline{}$
No ____ nerviosos porque Rubén no ____ muy enfermo y Marisol no
$\overline{}$ $\overline{}$
____ muy enferma. Dentro de poco, sus hijos van a ____ muy bien.
$\overline{}$ $\overline{}$

✦ Actividades comunicativas ✦

A **¿Por qué?** There is usually a reason for everything. Talk to a classmate. He or she will ask you how you're feeling. Answer and explain why you are feeling as you are. Some of the following words may be helpful to you.

contento
de buen humor
cansado
melancólico
triste
nervioso
de mal humor

B **Virtudes y defectos**   Work in small groups. Make a list of characteristics and personality traits. Divide them into two groups—**características positivas (virtudes)** and **características negativas (defectos).** Then have some fun. Make up a description of a person with many virtues. Make up another description of a person with many defects or faults. Be as creative as possible.

Origin and location
Ser y estar

1. The verb **ser** is used to express where someone or something is from.

> **La muchacha es de Cuba.**
> **El café es de Colombia.**

2. **Estar** is used to express where someone or something is located.

> **Los alumnos están
> en la escuela.
> Los libros están en
> el salón de clase.**

Santafé de Bogotá, Colombia

A **¿De dónde es?**   Contesten según el modelo.

¿Es cubano el muchacho?

Sí, creo que es de Cuba.

1. ¿Es colombiana la muchacha?
2. ¿Es guatemalteco el muchacho?
3. ¿Es puertorriqueña la joven?
4. ¿Es española la profesora?

5. ¿Es peruano el médico?
6. ¿Son venezolanos los amigos?
7. ¿Son chilenas las amigas?
8. ¿Son costarricenses los jugadores?

HISTORIETA Una carta a un amigo

Completen la carta.

Caracas, Venezuela

Hola David,

¿Qué tal? ¿Cómo ___1___? Yo ___2___ muy bien. Yo ___3___ Alejandro Salas. ___4___ de Venezuela. Mi casa ___5___ en Caracas, la capital. ___6___ en la calle Rómulo Gallegos. Nuestro apartamento ___7___ moderno. Y ___8___ bastante grande. ___9___ en el quinto piso del edificio. El edificio ___10___ muy alto. Tiene muchos pisos. Me gusta nuestro apartamento.

David, ¿cómo ___11___ tu casa? ¿ ___12___ muy grande y moderna? Y tu familia, ¿ ___13___ grande o pequeña?

C **¿De dónde es y dónde está ahora?** Contesten.

1. Bernardo es de México pero ahora está en Venezuela.
   ¿De dónde es Bernardo?
   ¿Dónde está ahora?
   ¿De dónde es y dónde está?

2. Linda es de los Estados Unidos pero ahora está en Colombia.
   ¿De dónde es Linda?
   ¿Dónde está ahora?
   ¿De dónde es y dónde está?

3. La señora Martín es de Cuba pero ahora está en Puerto Rico.
   ¿De dónde es la señora Martín?
   ¿Dónde está ella ahora?
   ¿De dónde es y dónde está?

Entrevista   Contesten personalmente.

1. ¿Estás en la escuela ahora?
2. ¿Dónde está la escuela?
3. ¿En qué clase estás?
4. ¿En qué piso está la sala de clase?
5. ¿Está el/la profesor(a) en la clase también?
6. ¿De dónde es él/ella?
7. ¿Y de dónde eres tú?
8. ¿Cómo estás hoy?
9. Y el/la profesor(a), ¿cómo está?
10. ¿Y cómo es?

E   **HISTORIETA** **Un amigo, Ángel**

Completen con **ser** o **estar**.

Ángel ____ un amigo muy bueno. ____ muy atlético y ____ muy
          1   2   3
inteligente. Además ____ sincero y simpático. Casi siempre ____ de
                        4   5
buen humor. Pero hoy no. Al contrario, ____ de mal humor. ____ muy
                                           6   7
cansado y tiene dolor de cabeza. ____ enfermo. Tiene la gripe. ____
                                     8   9
en casa. ____ en cama.
            10

La casa de Ángel ____ en la calle 60. La calle 60 ____ en West
                     11   12
New York. West New York no ____ en Nueva York. ____ en Nueva
                               13   14
Jersey. Pero la familia de Ángel no ____
                                        15
de West New York. Sus padres ____ de
                                 16
Cuba y sus abuelos ____ de España.
                       17
Ellos ____ de Galicia, una región en el
          18
noroeste de España. Galicia ____ en la
                                19
costa del Atlántico y del mar Cantábrico.
Ángel tiene una familia internacional.

Pero ahora todos ____ en West New
                      20
York y ____ contentos. Muchas familias
          21
en West New York ____ de ascendencia
                      22
cubana. El apartamento de la familia de
Ángel ____ muy bonito. ____ en el
          23   24
tercer piso y tiene una vista magnífica de
la ciudad de Nueva York.

West New York, New Jersey

Telling what happens to whom
Me, te, nos

Me, te, and nos are object pronouns. Note that the pronoun is placed right before the verb.

¿Te ve el médico?
Sí, el médico me ve. Me examina.
¿Te da una receta?
Sí, me da una receta.
Cuando tenemos la gripe, el médico nos receta antibióticos.

 Práctica

A **HISTORIETA En el consultorio**

Contesten.

1. ¿Estás enfermo(a)?
2. ¿Vas a la consulta del médico?
3. ¿Te ve el médico?
4. ¿Te examina?
5. ¿Te habla el médico?
6. ¿Te da una diagnosis?
7. ¿Te receta unas pastillas?
8. ¿Te despacha los medicamentos la farmacéutica?

B **Una invitación** Completen.

—Aquí tienes una carta.

¿Quién ___₁___ escribe?

—Carlos ___₂___ escribe.

—¿Ah, sí?

—Sí, ___₃___ invita a una fiesta.

—¿___₄___ invita a una fiesta?

—Sí, Carlos siempre ___₅___ invita cuando tiene una fiesta.

A **Preguntas y más preguntas** Work with a partner. Have some fun making up silly questions and giving answers. For example, **¿Te da una receta tu amigo cuando es tu cumpleaños?** Use as many of the following words as possible. Be original!

me   da   tu amigo(a)   tu profesor(a)   te   invita

tu mamá   nos   habla   tu abuelo(a)   enseña

el/la médico(a)   comprende   compra   el/la farmacéutico(a)

tu papá   el/la mesero(a)

La Facultad de Medicina, Universidad de Madrid

Conversación

ALEJANDRO: Buenos días, doctor López.

DOCTOR: Buenos días, Alejandro. ¿Qué te pasa? ¿Qué tienes?

ALEJANDRO: Doctor López, ¡qué enfermo estoy!

DOCTOR: ¿Me puedes explicar tus síntomas?

ALEJANDRO: Pues, tengo fiebre. Y tengo escalofríos.

DOCTOR: ¿Te duele la garganta?

ALEJANDRO: ¿La garganta? Me duele todo—la garganta, la cabeza.

DOCTOR: Bien, Alejandro. ¿Puedes abrir la boca? (Después de mirar) Ya veo. Tienes la garganta muy roja.

ALEJANDRO: ¿Qué tengo, doctor?

DOCTOR: No es nada serio. Tienes la gripe. Te voy a recetar unos antibióticos. Dentro de dos días vas a estar muy bien.

Después de conversar

Contesten.

1. ¿Dónde está Alejandro?
2. ¿Con quién habla?
3. ¿Cómo está Alejandro?
4. ¿Qué tiene?
5. ¿Tiene dolor de garganta?
6. ¿Tiene dolor de cabeza?
7. ¿Abre la boca Alejandro?
8. ¿Qué examina el médico?
9. ¿Cómo está la garganta?
10. ¿Qué cree el médico que Alejandro tiene?

Actividades comunicativas

A **¿Debes o no debes ser médico(a)?** Work with a classmate. Interview one another and decide who would be a good doctor. Make a list of questions for your interview. One question you may want to ask is: **¿Tienes mucha o poca paciencia?**

JUEGO **¿Quién es?** Play a guessing game with a classmate. Give some features and characteristics of someone in the class. Then tell how the person appears to be today. Your partner will guess who it is you are talking about. Then your partner will describe someone and it will be your turn to guess.

ALUMNO 1: **Es morena y alta. Está contenta hoy.**
ALUMNO 2: **¡Es Alicia!**
ALUMNO 1: **Sí, es ella.**

PRONUNCIACIÓN

La consonante c

You have already learned that **c** in combination with **e** or **i** (**ce, ci**) is pronounced like an **s**. The consonant **c** in combination with **a, o, u** (**ca, co, cu**) has a hard **k** sound. Since **ce, ci** have the soft **s** sound, **c** changes to **qu** when it combines with **e** or **i** (**que, qui**) in order to maintain the hard **k** sound. Repeat the following.

ca	que	qui	co	cu
cama	que	equipo	como	cubano
casa	queso	aquí	médico	
catarro	parque	química	cocina	
cansado	pequeño	tranquilo		
cabeza				
boca				

Repeat the following sentences.

El médico cubano está en la consulta pequeña.
El queso está en la cocina de la casa.
El cubano come el queso aquí en el parque pequeño.

Lecturas CULTURALES

Reading Strategy

Visualizing

As you are reading, try to visualize (or make a mental picture) of exactly what it is you are reading. Allow your mind to freely develop an image. This will help you to remember what you read. It may also help you identify with the subject you are reading about.

UNA JOVEN NERVIOSA

La pobre Patricia está muy enferma hoy. No tiene energía. Está cansada. Tiene dolor de garganta y tiene tos. Está de muy mal humor porque mañana tiene que jugar en un partido importante de fútbol. No quiere perder[1] el partido pero no puede jugar si está tan enferma y débil[2].

Pues, no hay más remedio para Patricia. Tiene que ir a ver al médico. Llega al consultorio.

[1]perder *to miss*
[2]débil *weak*

Madrid, España

Tegretol® 400 mg
Carbamazepina
Liberación **C**ontrolada
Grageas

 NOVARTIS

7 702635 185291

10 grageas
S.N.M. 65.18

CLINICA NUESTRA SEÑORA DE AMERICA

NO VALIDO PARA FACTURA

En el consultorio Patricia habla con el médico. Explica que tiene un partido importante que no quiere perder. El médico examina a Patricia. Ella abre la boca y el médico examina la garganta. Sí, está un poco roja pero no es nada serio. Su condición no es grave.

Habla Patricia:

—Doctor, no puedo guardar cama. Tengo que jugar fútbol mañana.

—Patricia, estás muy nerviosa. Tienes que estar tranquila. No hay problema. Aquí tienes una receta. Vas a tomar una pastilla tres veces al día—una pastilla con cada comida. Mañana vas a estar mucho mejor[3] y no vas a perder tu partido. Y, ¡buena suerte[4]!

[3]mucho mejor *much better*
[4]buena suerte *good luck*

Madrid, España

espués de leer

A Pobre Patricia Contesten.

1. ¿Quién está enferma?
2. ¿Cuáles son sus síntomas?
3. ¿Está de buen humor o de mal humor?
4. ¿Por qué está nerviosa?
5. ¿Cuál es el único remedio para Patricia?
6. ¿Con quién habla Patricia en el consultorio?
7. ¿Qué examina el médico?
8. ¿Cómo está la garganta?
9. ¿Cómo es su condición?
10. ¿Tiene que guardar cama Patricia?
11. ¿Qué tiene que tomar?
12. ¿Cuándo tiene que tomar las pastillas?
13. ¿Cómo va a estar mañana?

LA FARMACIA

En los Estados Unidos si uno quiere o necesita antibióticos, es necesario tener una receta. Es necesario visitar al médico para un examen. El médico receta los medicamentos y el paciente lleva la receta a la farmacia. El farmacéutico no puede despachar medicamentos sin la receta de un médico.

En muchos países hispanos no es necesario tener una receta para comprar antibióticos. Uno puede explicar sus síntomas al farmacéutico y él o ella puede despachar los medicamentos. Pero hay una excepción. Los farmacéuticos no pueden despachar medicamentos que contienen sustancias controladas como un narcótico o un medicamento con alcohol.

Y hay otra cosa importante. El precio[1] de las medicinas en los países hispanos es mucho más bajo que el precio de las mismas medicinas en los Estados Unidos.

[1]precio *price*

Buenos Aires, Argentina

Después de leer

 ¿Sí o no? Digan que sí o que no.

1. El farmacéutico en los Estados Unidos no puede despachar medicamentos si el cliente no tiene una receta de su médico.
2. En Latinoamérica el médico despacha los medicamentos.
3. En Latinoamérica es necesario ir a una clínica por los antibióticos.
4. El farmacéutico en Latinoamérica puede despachar antibióticos sin una receta del médico.
5. El farmacéutico en Latinoamérica no puede vender medicamentos que contienen o llevan una droga o alcohol sin una receta.
6. Los medicamentos cuestan más en los países hispanos que en los Estados Unidos.

LECTURA OPCIONAL 2

UNA BIOGRAFÍA—EL DOCTOR ANTONIO GASSETT

El doctor Antonio Gassett es de La Habana, Cuba. Recibe su bachillerato en ciencias en la Universidad de Belén, en Cuba. Más tarde estudia en la Facultad de Medicina de la Universidad de La Habana. Poco después, sale de[1] Cuba por motivos políticos. Va a Boston donde trabaja de técnico de laboratorio en la Fundación de Retina de Boston.

Le interesa mucho el trabajo con los ojos y decide estudiar oftalmología. Estudia en Harvard y en la Universidad de la Florida.

Hoy el doctor Gassett es una persona famosa. Descubre un método para tratar la córnea. Con el tratamiento del doctor Gassett muchas personas ciegas—que no pueder ver—recobran la vista[2]. El doctor recibe muchos premios[3] por sus investigaciones y descubrimientos[4].

La Habana, Cuba

[1]sale de *he leaves*
[2]recobran la vista *regain sight*
[3]premios *prizes, awards*
[4]descubrimientos *discoveries*

Después de leer

A **Estudio de palabras**   Contesten.

1. The word **investigar** is a cognate of *investigate*. What does "to investigate" mean? In Spanish, **investigar** can mean both "to investigate" and "to do research." Related words are: **las investigaciones, el investigador.** Use these words in a sentence.
2. In the reading, find a word related to each of the following: **tratar, descubrir.**

B **Palabras sinónimas**   Busquen una expresión equivalente.

1. obtiene su bachillerato
2. por razones políticas
3. le fascina el trabajo
4. es una persona célebre, renombrada

Conexiones

LAS CIENCIAS NATURALES

LA NUTRICIÓN

Good nutrition is very important. What we eat can determine if we will enjoy good health or poor health. For this reason, it is most important to have a balanced diet and avoid the temptation to eat "junk food."

Read the following information about nutrition in Spanish. Before reading this selection, however, look at the following groups of related words. Often if you know the meaning of one word you can guess the meaning of several other words related to it.

**varía, la variedad, la variación
activo, la actividad
los adolescentes, la adolescencia
proveen, la provisión, el proveedor
el consumo, consumir, el consumidor
elevar, la elevación, elevado**

Comer bien

Es muy importante comer bien para mantener la salud. Cada día debemos[1] comer una variedad de vegetales, frutas, granos y cereales y carnes o pescado.

Calorías

El número de calorías que necesita o requiere una persona depende de su metabolismo, de su tamaño y de su nivel[2] de actividad física. Los adolescentes necesitan más calorías que los ancianos o viejos. Requieren más calorías porque son muy activos y están creciendo[3]. Una persona anciana de tamaño pequeño con un nivel bajo de actividad física requiere menos calorías.

---

[1]debemos *we should*   [3]creciendo *growing*
[2]nivel *level*

Proteínas

Las proteínas son especialmente importantes durante los períodos de crecimiento. Los adolescentes, por ejemplo, deben comer comestibles o alimentos ricos[4] en proteínas porque están creciendo.

Carbohidratos

Los carbohidratos son alimentos como los espaguetis, las papas y el arroz. Los carbohidratos proveen mucha energía.

Grasas

Las grasas o lípidos son otra fuente[5] importante de energía. Algunas carnes contienen mucha grasa. Pero es necesario controlar el consumo de lípidos o grasa porque en muchos individuos elevan el nivel de colesterol.

Vitaminas

Las vitaminas son indispensables para el funcionamiento del organismo o cuerpo. ¿Cuáles son algunas fuentes de las vitaminas que necesita el cuerpo humano?

VITAMINA	FUENTE
A	vegetales, leche, algunas frutas
B	carne, huevos, leche, cereales, vegetales verdes
C	frutas cítricas, tomates, lechuga
D	leche, huevos, pescado
E	aceites[6], vegetales, huevos, cereales

[4]ricos *rich*   [5]fuente *source*   [6]aceites *oils*

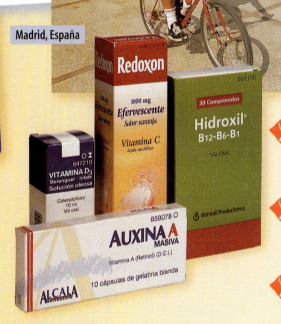

Madrid, España

Después de leer

A **La nutrición**   Contesten.

1. ¿Qué debemos comer cada día?
2. ¿De qué depende el número de calorías que requiere una persona?
3. ¿Quiénes requieren más calorías? ¿Por qué?
4. ¿Por qué necesitan los adolescentes alimentos ricos en proteínas?
5. ¿Qué proveen los carbohidratos?
6. ¿Por qué es necesario controlar el consumo de grasas o lípidos?

Culminación

A. **Todos están enfermos.** Work with a classmate. Choose one of the unfortunate people in the illustrations. Describe him or her. Your partner will guess which person you're describing and say what the matter is with that person. Take turns.

Paco

Gloria

Ana

David

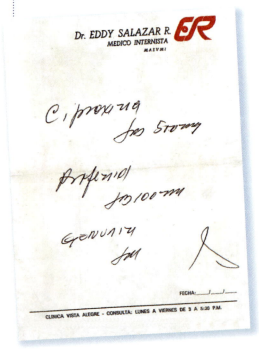

B. **Aquí tengo una receta.** You are in a pharmacy in Panama. Your classmate will be the pharmacist. Make up a conversation about your prescription and why you need it. Take turns.

C. **¡Qué enfermo(a) estoy!** With a partner, prepare a skit about a nervous person in a doctor's office. If you want, you can prepare the skit based on the story about **Una joven nerviosa.** Your skit can be about Patricia and her doctor.

JUEGO **Estoy muy mal hoy.** Work with a partner. Make gestures to indicate how you're feeling today. Your partner will ask you why you feel that way. Tell him or her. Be as creative and humorous as possible.

Actividad escrita

A. ¡Necesito un doctor! Andrés is a Bolivian exchange student staying with you. He passes you the following note in class. You sense that he is a bit of a "worry wart." Send a note back to him. Let him know you can take him to your doctor after class. Reassure him that it's not so bad. Tell him something about a visit to your doctor.

> ¡Ay! ¡Qué enfermo estoy! Me duele todo —la cabeza, la garganta, el estómago. ¿Qué tengo? ¿Qué me pasa? Quiero hablar ahora con mis padres. Pero no puedo. Están en Bolivia. Tengo que ir al médico. ¡Ay, hombre!

Writing Strategy

Writing a personal essay

In writing a personal essay, a writer has several options: to tell a story, describe something, or encourage someone to think a certain way or to do something. Whatever its purpose, a personal essay allows a writer to express a viewpoint about a subject he or she has experienced. Your essay will be much livelier if you allow your enthusiasm to be obvious; do so by choosing interesting details and vivid words to relay your message.

El servicio en la comunidad

Your Spanish Club has a community service requirement. You have decided to work in the emergency room (**la sala de emergencia**) at your local hospital. You serve as a translator or interpreter for patients who speak only Spanish. Write a flyer for your Spanish Club. Tell about your experience with one or more patients. Give your feelings about the work you do and try to encourage other club members to volunteer their services, too.

Vocabulario

DESCRIBING MINOR HEALTH PROBLEMS

la salud	el dolor
la fiebre	enfermo(a)
los escalofríos	cansado(a)
la gripe	estornudar
el catarro	estar resfriado(a)
la tos	toser
la energía	

SPEAKING WITH THE DOCTOR

¿Qué te pasa?	Me duele...
la consulta, el consultorio	Tengo dolor de...
el/la médico(a)	creer
el hospital	examinar
el síntoma	abrir la boca
la diagnosis	guardar cama
la alergia	recetar
la inyección	

DESCRIBING SOME EMOTIONS

contento(a)	nervioso(a)
triste	tranquilo(a)
de buen humor, de mal humor	

IDENTIFYING MORE PARTS OF THE BODY

la garganta
los ojos
la boca
el estómago

SPEAKING WITH A PHARMACIST

la farmacia
el/la farmacéutico(a)
la receta
el medicamento, la medicina
la aspirina
el antibiótico
las pastillas, las píldoras, la tableta
la dosis
despachar, vender

TECNOTUR

VIDEO

¡Buen viaje!

EPISODIO 8 ▶ La salud y el médico

Juan Ramón y Teresa hacen planes para ir a Segovia.

¿Es verdad que Pilar está enferma?

CD-ROM

Expansión cultural

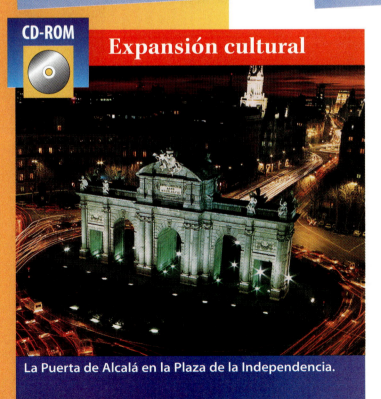

La Puerta de Alcalá en la Plaza de la Independencia.

interNET CONNECTION

In this video episode Pilar seems to have the symptoms of a terrible illness until she hears what the pharmacist has to say! To find out whether or not you have a healthy lifestyle, go to the **Capítulo 8** Internet activity at the **Glencoe Foreign Language Web** site:

http://www.glencoe.com/sec/fl

CAPÍTULO **9**

El verano y el invierno

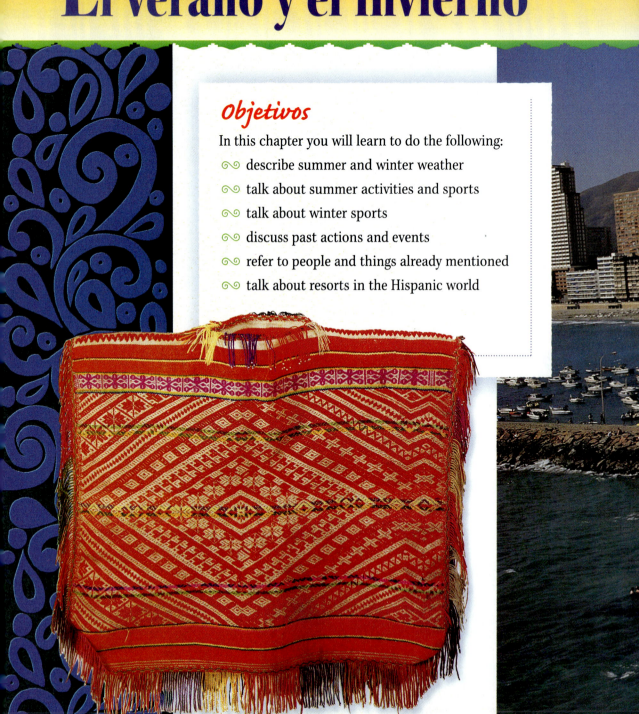

Objetivos

In this chapter you will learn to do the following:

- describe summer and winter weather
- talk about summer activities and sports
- talk about winter sports
- discuss past actions and events
- refer to people and things already mentioned
- talk about resorts in the Hispanic world

Vocabulario

El balneario

la plancha de vela

En el verano hace calor.
Hace buen tiempo.
Hace (Hay) sol.
El sol brilla en el cielo.

Hace mal tiempo.
A veces hay nubes.
A veces llueve.

el buceo

el mar

la ola

la playa

la toalla playera

el traje de baño,
el bañador

los anteojos de sol,
las gafas de sol

la loción bronceadora,
la crema protectora

la arena

el esquí acuático

la tabla hawaiana

Claudia esquió en el agua.

Adriana y sus amigos fueron
a la playa el viernes.
Ellos pasaron el fin de semana
en la playa.
Pedro practicó la plancha de vela.
Diego buceó.
Carlos tomó el sol.

Alejandro practicó el surfing.

La natación

nadar

la piscina, la alberca

Sandra fue a la piscina.
Ella nadó en la piscina.

El tenis

la raqueta

la pelota

la red

la cancha de tenis

el juego de tenis

Los amigos jugaron (al) tenis.
Jugaron tenis en una cancha al aire libre.
No jugaron en una cancha cubierta.
Jugaron singles, no dobles.
Un jugador golpeó la pelota.
La pelota pasó por encima de la red.

Práctica

A HISTORIETA ¡A la playa!

San Juan, Puerto Rico

Contesten con **sí.**

1. ¿Fue Isabel a la playa?
2. ¿Pasó el fin de semana allí?
3. ¿Nadó en el mar?
4. ¿Esquió en el agua?
5. ¿Buceó?
6. ¿Tomó el sol?
7. ¿Usó una crema protectora?

Acapulco, México

B HISTORIETA El tiempo

Completen.

En el verano ____ calor. Hay ____. El sol
     1   2
brilla en el ____. Pero no hace buen tiempo
          3
siempre. A veces hay ____. Cuando hay ____,
                    4   5
el cielo está nublado. No me gusta cuando

____ cuando estoy en la playa.
 6

C **¿Qué compró Claudia?** Contesten según los dibujos.

Claudia fue a la tienda. ¿Qué compró?

1.

2.

3.

4.

Cancún, México

 D **HISTORIETA** El balneario

Completen.

1. Un balneario tiene ____.
2. El Mediterráneo es un ____ y el Caribe es un ____.
3. En un mar o en un océano hay ____.
4. En la playa la gente ____ y ____ el sol.
5. ____ da protección contra el sol.
6. Una persona lleva ____ y ____ cuando va a la playa.
7. Me gusta mucho ir a la playa en el ____ cuando hace ____ y hay mucho ____.
8. Si uno no vive cerca de la costa y no puede ir a la playa, puede nadar en ____.

E **HISTORIETA** Un juego de tenis

Contesten.

1. ¿Dónde jugaron los tenistas al tenis?
2. ¿Jugaron singles o dobles?
3. ¿Cuántas personas hay en la cancha cuando juegan dobles?
4. ¿Golpearon los tenistas la pelota?
5. ¿La pelota tiene que pasar por encima de la red?

Estepona, España

Actividades comunicativas

A **Vamos a la playa.**   Work with a classmate. You are going to spend a day or two at the beach. Go to the store to buy some things you need for your beach trip. One of you will be the clerk and the other will be the shopper. Take turns.

B **¿Dónde vamos a jugar tenis?**   Call some friends (your classmates) to try to arrange a game of doubles. Decide where you're going to play, when, and with whom.

Vocabulario

El invierno

la esquiadora

el esquí

los guantes

el anorak

el bastón

el bastón

la bota

El tiempo en el invierno

En el invierno hace frío.
Nieva.
Hay mucha nieve.
La temperatura baja a cinco grados bajo cero.

La estación de esquí

el boleto, el ticket

la ventanilla, la boletería

el telesquí, el telesilla

Los esquiadores compraron los boletos en la ventanilla.

Ellos tomaron el telesilla para subir la montaña.

la pista

NOTA You may be familiar with the following expressions to talk about things that happen in the present. Look also at time expressions you use to talk about things that happened in the past.

EL PRESENTE	EL PASADO
hoy	ayer
esta noche	anoche
esta tarde	ayer por la tarde
esta mañana	ayer por la mañana
este año	el año pasado
esta semana	la semana pasada

Bajaron la pista.
Esquiaron muy bien.
Bajaron la pista para expertos, no la pista para principiantes.

Parque Nacional de Puyehue, Chile

A **¿Qué tiempo hace?**
Describan el tiempo en la foto.

Villarrica, Chile

B **HISTORIETA** En una estación de esquí

Contesten según se indica.

1. ¿Cuándo son populares las estaciones de esquí? (en el invierno)
2. ¿Qué tipo de pistas hay en una estación de esquí? (para expertos y para principiantes)
3. ¿Dónde compraron los esquiadores los tickets para el telesquí? (en la ventanilla)
4. ¿Qué tomaron los esquiadores para subir la montaña? (el telesilla)
5. ¿Qué bajaron los esquiadores? (la pista)

C **Me gusta esquiar.** Completen.

En el ___1___ hace frío. A veces nieva. Cuando hay mucha ___2___ me gusta ir a una ___3___ de esquí. Llevo mis ___4___, mis botas y los ___5___ y voy a las montañas. Tomo el ___6___ para subir la montaña. No soy un esquiador muy bueno. Siempre bajo una ___7___ para principiantes.

Actividades comunicativas

A **¡A esquiar!** You're at a ski resort in Chile and have to rent **(alquilar)** some equipment for a day on the slopes. Tell the clerk (your partner) what you need. Find out whether he or she has what you need and how much it all costs.

B **En una estación de esquí** Have a conversation with a classmate. Tell as much as you can about what people do at a ski resort. Find out which one of you knows more about skiing. If skiing is a sport that is new to you, tell whether you think it would interest you.

C **¿A qué ciudad?** With a classmate, look at the following weather map that appeared in a Spanish newspaper. You are in Madrid and want to take a side trip. Since you both have definite preferences regarding weather, use the map to help you make a decision. After you choose a city to go to, tell what you are going to do there.

Estructura

Describing past actions
Pretérito de los verbos en -ar

1. You use the preterite to express actions that began and ended at a definite time in the past.

> **Ayer María pasó el día en la playa.**
> **Yo, no. Pasé el día en la escuela.**

2. The preterite of regular **-ar** verbs is formed by dropping the infinitive ending **-ar** and adding the appropriate endings to the stem. Study the following forms.

INFINITIVE	hablar	tomar	nadar	
STEM	habl-	tom-	nad-	ENDINGS
yo	hablé	tomé	nadé	-é
tú	hablaste	tomaste	nadaste	-aste
él, ella, Ud.	habló	tomó	nadó	-ó
nosotros(as)	hablamos	tomamos	nadamos	-amos
vosotros(as)	hablasteis	tomasteis	nadasteis	-asteis
ellos, ellas, Uds.	hablaron	tomaron	nadaron	-aron

3. Note that verbs that end in **-car, -gar,** and **-zar** have a spelling change in the **yo** form.

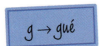 c → qué   g → gué   z → cé

¿Marcaste un tanto?   Sí, marqué un tanto.
¿Llegaste a tiempo?   Sí, llegué a tiempo.
¿Jugaste (al) baloncesto?   Sí, jugué (al) baloncesto.
¿Empezaste a jugar?   Sí, empecé a jugar.

DEPORTES
* Basquet
* VoleyFutbol
* Handball
* Raquetball
* Pelota a mano
* Gimnasia deportiva

Práctica

 A HISTORIETA **Una tarde en la playa**

Contesten.

1. Ayer, ¿pasó Rubén la tarde en la playa?
2. ¿Tomó él mucho sol?
3. ¿Usó crema protectora?
4. ¿Nadó en el mar?
5. ¿Buceó?
6. ¿Esquió en el agua?

B HISTORIETA **Un partido de tenis**

Contesten según se indica.

1. ¿Qué compraron los amigos? (una raqueta)
2. ¿A qué jugaron los jóvenes? (tenis)
3. ¿Jugaron en una cancha cubierta? (no, al aire libre)
4. ¿Golpearon la pelota? (sí)
5. ¿Jugaron singles o dobles? (dobles)
6. ¿Quiénes marcaron el primer tanto? (Alicia y José)
7. ¿Quienes ganaron el partido? (ellos)

San Juan, Puerto Rico

MERIDIANO TELEVISIÓN

MAÑANA
06:00 Golf Boomme Valley Classic 2 Ronda
07:30 Formula 1 Gran Premio de Luxemburgo (En Vivo)
10:00 Máxima Velocidad
11:00 Mundo Marcial
11:30 Basket Nacional: Cocodrilos vs Tanqueros (En Vivo)

TARDE
01:30 Formula 1 Gran Premio de Luxemburgo
04:00 Fútbol Nacional: Caracas F.C. vs Minerven (En Vivo)
06:00 Supergolazo
06:30 Revista Semanal

NOCHE
07:00 Tenis Copa Davis USA vs Italia
09:00 Retrospectiva de Golf
09:30 Revista Semanal
10:00 Tercer Tiempo
10:30 Noticiero Meridiano
11:30 Wheelies

NOTA: Esta programación puede estar sujeta a cambios por motivos de fuerza mayor.

C HISTORIETA **En casa**

Contesten personalmente.

1. Anoche, ¿a qué hora llegaste a casa?
2. ¿Preparaste la comida?
3. ¿Estudiaste?
4. ¿Miraste la televisión?
5. ¿Escuchaste discos compactos?
6. ¿Hablaste por teléfono?
7. ¿Con quién hablaste?

 D HISTORIETA **Yo llegué al estadio.**

Cambien **nosotros** en **yo.**

Ayer nosotros llegamos al estadio y empezamos a jugar fútbol. Jugamos muy bien. No tocamos el balón con las manos. Lo lanzamos con el pie o con la cabeza. Marcamos tres tantos.

E El baloncesto   Formen preguntas según el modelo.

Sigan el modelo.

¿Jugó Pablo?
A ver. Pablo, ¿jugaste?

1. ¿Jugó Pablo al baloncesto?
2. ¿Dribló con el balón?
3. ¿Pasó el balón a un amigo?
4. ¿Tiró el balón?
5. ¿Encestó?
6. ¿Marcó un tanto?

F HISTORIETA Una fiesta

Sigan el modelo.

hablar
Mis amigos y yo hablamos
durante la fiesta.

1. bailar
2. cantar
3. tomar un refresco
4. tomar fotos
5. escuchar música

Málaga, España

Valdesquí, España

G HISTORIETA En una estación de esquí

Completen.

El fin de semana pasado José, algunos
amigos y yo ____1____ (esquiar). ____2____ (Llegar)
a la estación de esquí el viernes por la noche.
Luego nosotros ____3____ (pasar) dos días en
las pistas.

José ____4____ (comprar) un pase para el
telesquí. Todos nosotros ____5____ (tomar) el
telesquí para subir la montaña. Pero todos
nosotros ____6____ (bajar) una pista diferente.
José ____7____ (bajar) la pista para expertos
porque él esquía muy bien. Pero yo, no. Yo
____8____ (tomar) la pista para principiantes.
Y yo ____9____ (bajar) con mucho cuidado.

Actividades comunicativas

A **Pasaron el fin de semana en la playa.** Look at the illustration. Work with a classmate, asking and answering questions about what these Spanish friends did at the beach in Torremolinos.

B **Pasé un día en una estación de esquí.** You went on a skiing trip in the Sierra Nevada, Granada, Spain. You had a great time. Call your friend (a classmate) to tell him or her about your trip. Your friend has never been skiing so he or she will have a few questions for you.

Referring to items already mentioned
Pronombres—lo, la, los, las

1. The following sentences each have a direct object. The direct object is the word in the sentence that receives the action of the verb. The direct object can be either a noun or a pronoun.

Ella compró el bañador.   **Ella lo compró.**

Compró los anteojos de sol.   **Los compró en la misma tienda.**

¿Compró loción bronceadora?   **Sí, la compró.**

¿Compró las toallas en   **No, no las compró en**
   la misma tienda?   **la misma tienda.**

¿Invitaste a Juan a la fiesta?   **Sí, lo invité.**

¿Invitaste a Elena?   **Sí, la invité.**

2. Note that **lo, los, la,** and **las** are direct object pronouns. They must agree with the noun they replace. They can replace either a person or a thing. The direct object pronoun comes right before the verb.

Ella compró el regalo.   **Ella lo compró.**

Invitó a Juan.   **Lo invitó.**

No miré la fotografía.   **No la miré.**

No miré a Julia.   **No la miré.**

 ¿Dónde está?   Sigan el modelo.

¿El bañador?   Aquí lo tienes.

1. ¿El traje de baño?   **6.** ¿Los boletos?
2. ¿El tubo de crema?   **7.** ¿Los esquís acuáticos?
3. ¿La pelota?   **8.** ¿Las toallas playeras?
4. ¿La crema protectora?   **9.** ¿Las raquetas?
5. ¿Los anteojos de sol?   **10.** ¿Las tablas hawaianas?

B **De compras** Sigan el modelo.

—¿Cuándo compraste los bastones?
—Los compré ayer.
—¿Dónde los compraste?
—Los compré en la tienda Padín.
—¿Cuánto te costaron?
—Me costaron ciento cinco pesos.

1.
2.
3.
4.
5.
6.
7.
8.

C **HISTORIETA** Un regalo que le gustó

Completen.

Yo compré un regalo para Teresa. ____ compré en la tienda de departamentos Cortefiel. Compré unos anteojos de sol. A Teresa le gustaron mucho. Ella ____ llevó el otro día cuando fue a la piscina. Ella tiene algunas fotografías con sus anteojos de sol. Su amigo Miguel ____ tomó.

Madrid, España

HISTORIETA Una fiesta

Contesten.

1. ¿Invitaste a Juan a la fiesta?
2. ¿Invitaste a Alejandra?
3. ¿Compraste los refrescos?
4. ¿Preparaste la ensalada?
5. ¿Tomó Pepe las fotografías de la fiesta?

Invitación

Ocasión: Cumpleaños
Fecha: 8 de febrero   Hora: 5 de la tarde
Lugar: Av. San Felipe 618
        Jesús María, Lima
Ofrecida por: Helena Martínez Navarro

Teléfono: 4535934

Describing past actions
Ir y ser en el pretérito

1. The verbs **ir** and **ser** are irregular in the preterite tense. Note that they have identical forms.

INFINITIVE	ir	ser
yo	fui	fui
tú	fuiste	fuiste
él, ella, Ud.	fue	fue
nosotros(as)	fuimos	fuimos
vosotros(as)	fuisteis	fuisteis
ellos, ellas, Uds.	fueron	fueron

2. The context in which each verb is used in the sentence will clarify the meaning. The verb **ser** is not used very often in the preterite.

El Sr. Martínez fue profesor de español.
Él fue a España.
Mi abuela fue médica.
Mi abuela fue al consultorio de la médica.

100 AÑOS
1.898 - 1.998
Ilustre Colegio Oficial
de Médicos de Madrid

ESPAÑA correos

Dr. Jiménez Díaz

35

ℝ F.N.M.T. 1998

CENTENARIO DEL ILUSTRE COLEGIO DE MÉDICOS DE MADRID

Práctica

A **¿Y tú?** Contesten personalmente.

1. Ayer, ¿fuiste a la escuela?
2. ¿Fuiste a la playa?
3. ¿Fuiste a la piscina?
4. ¿Fuiste al campo de fútbol?
5. ¿Fuiste a la cancha de tenis?
6. ¿Fuiste a las montañas?
7. ¿Fuiste a casa?
8. ¿Fuiste a la tienda?

B **¿Quién fue y cómo?** Contesten personalmente.

1. ¿Fuiste a la escuela ayer?
2. ¿Fue tu amigo también?
3. ¿Fueron juntos?
4. ¿Fueron en carro?
5. ¿Fue también la hermana de tu amigo?
6. ¿Fue ella en carro o a pie?

Actividad comunicativa

A **Anteayer** Work with a classmate. Ask whether he or she went to one of the places below the day before yesterday **(anteayer)**. Your partner will respond. Take turns asking and answering the questions.

1.
2.
3.
4.
5.

Conversación

GLORIA: ¿Adónde fuiste ayer?

PAULA: Pues, fui a la playa. Y no puedes imaginar lo que me pasó.

GLORIA: ¿Qué te pasó?

PAULA: Llegué a la playa sin mi traje de baño.

GLORIA: ¿Sin tu traje de baño?

PAULA: Sí, ¡sin mi traje de baño! Lo dejé en casa.

GLORIA: ¡Fuiste a la playa y dejaste tu traje de baño en casa! ¡Muy inteligente, Paula!

PAULA: Ah, pero lo pasé muy bien. Fui a nadar.

GLORIA: ¿Nadaste? ¿Sin traje de baño?

PAULA: Querer es poder. Fui al agua en mi blue jean.

Después de conversar

Contesten.

1. ¿Adónde fue Paula ayer?
2. ¿Llegó a la playa con su traje de baño?
3. ¿Dónde dejó su traje de baño?
4. Pero, ¿lo pasó bien en la playa?
5. ¿Nadó?
6. ¿Qué llevó cuando fue al agua?

❧ Actividades comunicativas ❧

A **¿Qué tiempo hace?** Work with a classmate. One of you lives in tropical San Juan, Puerto Rico. The other lives in Buffalo, New York. Describe the winter weather where you live.

B **Fuimos de vacaciones.** Work with a classmate. Take turns telling one another what you did last summer. You may wish to use the following words.

jugar

nadar

tomar

hablar

bailar

ir

esquiar

mirar

comprar

estudiar

invitar

Pronunciación

La consonante g

The consonant **g** has two sounds, hard and soft. You will study the soft sound in Chapter 10. **G** in combination with **a, o, u, (ga, go, gu)** is pronounced somewhat like the *g* in the English word *go*. To maintain this hard **g** sound with **e** or **i**, a **u** is placed after the **g: gue, gui.** Repeat the following.

ga	gue	gui	go	gu
gafa	Rodríguez	guitarra	goma	agua
amiga	guerrilla	guía	estómago	guante
garganta			tengo	
paga			juego	
gato				

Repeat the following sentences.

El gato no juega en el agua.
Juego béisbol con el guante de mi amigo
 Rodríguez.
No tengo la guitarra de Gómez.

Lecturas CULTURALES

Reading Strategy

Summarizing

When reading an informative passage, we try to remember what we read. Summarizing helps us to do this. The easiest way to summarize is to begin to read for the general sense and take notes on what you are reading. It is best to write a summarizing statement for each paragraph and then one for the entire passage.

PARAÍSOS DEL MUNDO HISPANO

¿Viajar[1] por el mundo hispano y no pasar unos días en un balneario? ¡Qué lástima[2]! En los países de habla española hay playas fantásticas. España, Puerto Rico, Cuba, México, Uruguay— todos son países famosos por sus playas.

En el verano cuando hace calor y un sol bonito brilla en el cielo, ¡qué estupendo es pasar un día en la playa! Y en lugares (sitios) como México, Puerto Rico y Venezuela, el verano es eterno. Podemos ir a la playa durante todos los meses del año.

Muchas personas toman sus vacaciones en una playa donde pueden disfrutar de[3] su tiempo libre. En la playa nadan o toman el sol. Vuelven a casa muy tostaditos o bronceados. Pero, ¡cuidado! Es necesario usar una crema protectora porque el sol es muy fuerte[4] en las playas tropicales.

[1]Viajar *To travel* [3]disfrutar de *enjoy*
[2]lástima *pity* [4]fuerte *strong*

Nerja, España

Acapulco, México

San Juan, Puerto Rico

La playa de Varadero, Cuba

Punta del Este, Uruguay

 Después de leer

 A **La palabra, por favor.**   Den la palabra apropiada.

1. un lugar que tiene playas donde la gente puede nadar
2. una cosa triste y desagradable
3. maravillosas, estupendas
4. célebres
5. lindo, hermoso
6. de y para siempre
7. regresan a casa

B **En la playa**   Contesten.

1. ¿Qué hay en los países de habla española?
2. ¿Cuándo es estupendo pasar un día en la playa?
3. ¿Cómo disfruta de su tiempo la gente que va a la playa?
4. ¿Cómo es el sol en las playas tropicales?

LECTURA OPCIONAL 1

ESTACIONES INVERSAS

Los Andes, Chile

Es el mes de julio. En España es el verano y la gente va a la playa a nadar. Y en la Argentina y Chile la gente va a las montañas a esquiar. ¿Cómo es que esquían en julio? Pues, el mes de julio es invierno. En el hemisferio sur las estaciones son inversas de las estaciones del hemisferio norte.

 Después de leer

 A **¿A esquiar o a nadar?**
Contesten.
1. ¿Qué mes es?
2. ¿Qué estación es en España?
3. ¿Adónde va la gente?
4. ¿Qué estación es en la Argentina y Chile?
5. ¿Adónde va la gente?
6. En julio, ¿dónde nada la gente?
7. En julio, ¿dónde esquía la gente?

B **¿Qué estación es?**
Explica por qué es invierno en julio en Chile y la Argentina.

La Costa del Sol, España

EL «SNOWBOARDING»

¿Qué es el «snowboarding» o «el surf de nieve»? Es un deporte relativamente joven y nuevo. Es como el surfing—pero no sobre el agua. Practican el «snowboarding» sobre la nieve. Hay dos tipos o modalidades de surf de nieve—las carreras[1] y las exhibiciones.

Para practicar el «snowboarding», necesitas una tabla, un casco[2], guantes y rodilleras[3].

Sobre el skiboard—que es un tipo de tabla— el aficionado[4] hace unas piruetas y movimientos difíciles. El «snowboarding» es un deporte nuevo, pero ya hay competencias de «snowboarding» en los Juegos Olímpicos.

[1]carreras *races*
[2]casco *helmet*
[3]rodilleras *kneepads*
[4]aficionado *fan*

«Snowboarding» en Chile

Después de leer

A **¿Sí o no?**   Digan que sí o que no.

1. El «snowboarding» es un deporte antiguo.
2. El «snowboarding» es como el surfing sobre el agua, pero los aficionados lo practican en la nieve.
3. Hay solamente un tipo de surf de nieve.
4. El skiboard es un tipo de tabla, similar a una tabla hawaiana.
5. El aficionado de «snowboarding» hace unas piruetas en el aire.

Conexiones

LAS CIENCIAS SOCIALES

EL CLIMA

We often talk about the weather, especially when on vacation. When planning a vacation trip, it's a good idea to take into account the climate of the area we are going to visit. When we talk about weather or climate, we must remember, however, that there is a difference between the two. Weather is the condition of the atmosphere for a short period of time. Climate is the term used for the weather that prevails in a region over a long period of time.

Let's read about weather and climate throughout the vast area of the Spanish-speaking world.

El Parque Nacional de los Glaciares, Argentina

El clima y el tiempo

El clima y el tiempo son dos cosas muy diferentes. El tiempo es la condición de la atmósfera durante un período breve o corto. El tiempo puede cambiar[1] frecuentemente. Puede cambiar varias veces en un solo día.

El clima es el término que usamos para el tiempo que prevalece[2] en una zona por un período largo. El clima es el tiempo que hace cada año en el mismo lugar.

Zonas climáticas
En el mundo de habla española hay muchas zonas climáticas. Mucha gente cree que toda la America Latina tiene un clima tropical, pero es erróneo. El clima de Latinoamérica varía de una región a otra.

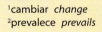

La vegetación tropical, Ecuador

[1]cambiar *change*
[2]prevalece *prevails*

El Amazonas

Toda la zona o cuenca amazónica es una región tropical. Hace mucho calor y llueve mucho durante todo el año.

Los Andes

En los Andes, aún en las regiones cerca de la línea ecuatorial, el clima no es tropical. En las zonas montañosas el clima depende de la elevación. En los picos andinos, por ejemplo, hace frío.

El río Santiago Cayapas, Ecuador

Los picos andinos cerca de Cuzco, Perú

Una aldea en las montañas, Urubamba, Perú

Clima templado

Algunas partes de la Argentina, Uruguay y Chile tienen un clima templado. España también tiene un clima templado. En una región de clima templado hay cuatro estaciones: el verano, el otoño, el invierno y la primavera. Y el tiempo cambia con cada estación. ¡Y una cosa importante! Las estaciones en la América del Sur son inversas de las de la América del Norte.

~ Después de leer ~

 A **¿Sabes?**   Contesten en inglés.

1. What's the difference between weather and climate?
2. What is an erroneous idea that many people have about Latin America?
3. How can it be cold in some areas that are actually on the equator?
4. What is a characteristic of a tropical area?
5. What is a characteristic of a region with a temperate climate?

Culminación

✿ Actividades orales ✿

A **¿Qué tipo de vacación prefieres?**   Work with a classmate. Tell him or her where you like to go on vacation. Tell what you do there and some of the reasons why you enjoy it so much. Take turns.

B **Unas vacaciones maravillosas**   Work with a classmate. Pretend you each have a million dollars. Take turns describing your millionaire's dream vacation.

C **El norte y el sur**   Work with a classmate. One of you is from Santo Domingo in the Dominican Republic. The other is from Santiago, Chile. In as much detail as possible tell what each of you did in July in your area.

D **El esquí**   You are at a café near the slopes of Bariloche in Argentina. You meet an Argentine skier (your partner). Find out as much as you can about each other's skiing habits and abilities.

San Carlos de Bariloche, Argentina

A **Una tarjeta postal** Look at these postcards. Choose one. Pretend you spent a week there. Write the postcard to a friend.

Cancún, México

Bariloche, Argentina

Writing Strategy

Comparing and contrasting

Before you begin to write a comparison of people, places, or things, you must be aware of how they are alike and different. When you compare, you are emphasizing similarities; when you contrast, you are emphasizing differences. Making a diagram or a list of similarities and differences is a good way to organize your details before you begin to write.

Irene y José Luis durante un día de julio

It's a typical July day. But Irene is in Santiago de Chile and José Luis is in Santiago de Compostela in Spain.

The days are quite different in these two places. Write a comparison between a July day in Santiago de Chile and in Santiago de Compostela. Explain why the days are so different.

Because of the type of weather, Irene's activities on this day are probably different from those of José Luis. Explain what each one is doing. Are they wearing the same clothing or not?

Not everything is different, however. What are Irene and José Luis doing on this July day in two different places in spite of the different weather?

Vocabulario

DESCRIBING THE BEACH

el balneario	la arena	el mar
la playa	la ola	la piscina, la alberca

DESCRIBING SUMMER WEATHER

el verano	el cielo	Hace buen (mal) tiempo.
la nube	Hace (Hay) sol.	Llueve.
estar nublado	Hace calor.	El sol brilla.

IDENTIFYING BEACH GEAR

el traje de baño, el bañador	los anteojos (las gafas) de sol	la plancha de vela
la loción bronceadora,	la toalla playera	la tabla hawaiana
la crema protectora	el esquí acuático	

DESCRIBING SUMMER AND BEACH ACTIVITIES

la natación	tomar el sol	pasar el fin de semana
el buceo	esquiar en el agua	practicar el surfing
nadar	bucear	

DESCRIBING A TENNIS GAME

el tenis	la raqueta	dobles
la cancha de tenis	la pelota	jugar (al) tenis
(al aire libre, cubierta)	la red	golpear la pelota
el/la tenista	singles	

DESCRIBING A SKI RESORT

la estación de esquí	el/la esquiador(a)	el telesquí, el telesilla
la ventanilla, la boletería	la montaña	el/la experto(a)
el ticket, el boleto	la pista	el/la principiante

IDENTIFYING SKI GEAR

el esquí	el bastón	el guante
la bota	el anorak	

DESCRIBING WINTER ACTIVITIES

esquiar	tomar (subir en) el telesilla	bajar la pista

DESCRIBING WINTER WEATHER

el invierno	el grado	Hace frío.
la nieve	bajo cero	Nieva.
la temperatura		

OTHER USEFUL EXPRESSIONS

ayer	por encima de	

TECNOTUR

¡Buen viaje!

EPISODIO 9 ▶ El verano y el invierno

Cristina está de vacaciones con Isabel y su familia en Puerto Vallarta, México.

Un juego de voleibol en la playa cerca del hotel

CD-ROM

Expansión cultural

Puerto Vallarta es un centro turístico importante en la costa del Pacífico de México.

interNET
CONNECTION

In this video episode Cristina and Isabel spend the afternoon at the beach in Puerto Vallarta. To find out today's weather in other Spanish-speaking cities, go to the **Capítulo 9 Internet activity at the Glencoe Foreign Language Web site:**

http://www.glencoe.com/sec/fl

CAPÍTULO 10

Diversiones culturales

Objetivos

In this chapter you will learn to do the following:

- ∞ discuss movies, museums, and theater
- ∞ discuss cultural events
- ∞ relate more past actions or events
- ∞ tell for whom something is done
- ∞ discuss some dating customs in the United States and compare them with those in Spanish-speaking countries
- ∞ talk about cultural activities that are popular in the Spanish-speaking world

Al cine

Hay una cola delante de la taquilla.
Los amigos van a ver una película
(un film).
Compran sus entradas (boletos).
Van a la sesión de las siete de
la tarde.

el cine

la taquilla,
la boletería

la cola, la fila

En el cine

el film, la película

la pantalla

Cine Apolo

LA CELESTINA
MENOR   2.73 CST
5:00PM   0.27 TAX
                3.00 TOT
004226   16 5

la entrada,
el boleto

la butaca

la fila

El joven vio una película.
Vio una película americana.
No la vio en versión original (en inglés).
La vio doblada al español.
Si la película no está doblada, lleva subtítulos.

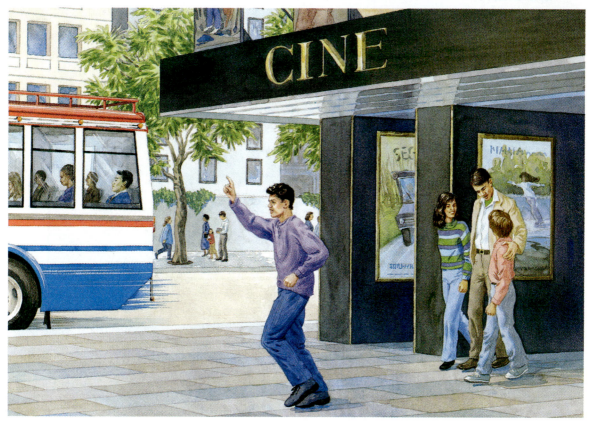

Luego salió del cine.
¡Ay¡ Perdió el autobús (la guagua, el camión).

Como perdió el autobús, el joven fue
   a la estación de metro.
Subió al metro en la estación
   Insurgentes.
Volvió a casa en el metro.

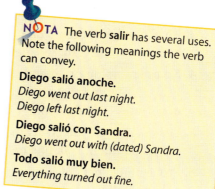

NOTA The verb **salir** has several uses.
Note the following meanings the verb
can convey.

Diego salió anoche.
Diego went out last night.
Diego left last night.

Diego salió con Sandra.
Diego went out with (dated) Sandra.

Todo salió muy bien.
Everything turned out fine.

Práctica

A HISTORIETA Al cine

Contesten.

1. ¿Fue Eduardo al cine?
2. ¿Compró su entrada en la taquilla?
3. ¿Fue a la sesión de las ocho de la tarde?
4. ¿Tomó una butaca en una fila cerca de la pantalla?
5. ¿Vio la película en versión original o doblada?
6. ¿A qué hora salió del cine?
7. ¿Perdió el autobús?
8. ¿Volvió a casa en el metro?

Málaga, España

B HISTORIETA En la taquilla

Escojan.

1. La gente hace cola delante de _____.
   a. la pantalla   **b.** la fila   **c.** la taquilla

2. Compran _____ en la taquilla.
   a. butacas   **b.** películas   **c.** entradas

3. En el cine presentan o dan _____ americana.
   a. una entrada   **b.** una película   **c.** una novela

4. No es la versión original de la película. Está _____ al español.
   a. entrada   **b.** doblada   **c.** en fila

5. Los clientes entran en el cine y toman _____.
   a. una pantalla   **b.** una entrada   **c.** una butaca

6. Proyectan la película en _____.
   a. la pantalla   **b.** la butaca   **c.** la taquilla

Lo mismo Den un sinónimo.

1. la película
2. el autobús
3. la boletería
4. la entrada

Actividades comunicativas

Vamos al cine. Work with a classmate. Pretend you and your partner are making plans to go out tonight to a Spanish-language movie. Discuss your plans together.

La estación de metro en la Puerta del Sol, Madrid

Una encuesta Work in groups of four. Conduct a survey. Find out the answers to the following:

▶ ¿Eres muy aficionado(a) al cine o no?

▶ ¿Cuántas películas ves en una semana?

▶ ¿Ves las películas en el cine o las alquilas (rentas) en una tienda de videos?

Compile the information and report the results of your survey to the class.

Vocabulario

En el museo

Los turistas fueron al museo.
Vieron una exposición de arte.

la estatua
la escultora
el mural
el cuadro
el artista

En el teatro

el teatro
el escenario
el actor
el telón
la escena
la actriz

El autor escribió la obra.
Escribió una obra teatral.
García Lorca escribió la obra
Bodas de Sangre.

Los actores dieron una representación
de *Bodas de Sangre*.
Los actores entraron en escena.
El público vio el espectáculo.
Les gustó mucho (el espectáculo).
Todos aplaudieron. Los actores
recibieron aplausos.

Después de la función, el público
salió del teatro.

Práctica

A **HISTORIETA** **En el museo**

Contesten según se indica.

1. ¿Adónde fueron los turistas? (al museo)
2. ¿Qué vieron? (una exposición de arte)
3. ¿Vieron unos cuadros de Botero, el artista colombiano? (sí)
4. ¿Qué más vieron de Botero? (unas estatuas en bronce)
5. ¿Les gustó la obra de Botero? (sí, mucho)

B **¿Qué es?** Identifiquen.

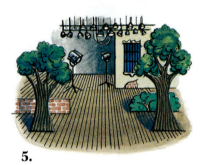

1.

2.

3.

4.

5.

6.

7.

8.

9.

HISTORIETA Una noche en Buenos Aires

Contesten según se indica.

1. ¿Quiénes salieron anoche? (Susana y sus amigos)
2. ¿Adónde fueron? (al teatro Colón)
3. ¿Qué vieron? (una obra de García Lorca)
4. ¿Quién escribió la obra? (García Lorca)
5. ¿Le gustó la representación al público? (sí, mucho)
6. ¿Quiénes recibieron aplausos? (los actores)
7. ¿A qué hora salieron del teatro Susana y sus amigos? (a eso de las diez y media)
8. ¿Cómo volvieron a casa? (en taxi)

El Teatro Colón, Buenos Aires

D La palabra, por favor.
Escojan.

1. El _____ escribió la obra.
   a. actor   **b.** autor   **c.** artista
2. Cuando empieza el espectáculo, levantan _____.
   a. la pantalla   **b.** el telón   **c.** el escenario
3. El _____ es magnífico y muy bonito. Es una obra de arte.
   a. autor   **b.** público   **c.** escenario
4. Los _____ actuaron muy bien.
   a. autores   **b.** actores   **c.** escenarios
5. Al público le gustó mucho la representación y todos _____.
   a. aplaudieron   **b.** salieron
   c. entraron en escena

Actividad comunicativa

Me gusta ir al museo. Work with a classmate. One of you likes to go to museums and the other one finds them boring but really likes the theater. Discuss the reasons for your preferences.

El interior del Teatro Colón, Buenos Aires

Estructura

Telling what people did
Pretérito de los verbos en -er e -ir

1. You have already learned the preterite forms of regular **-ar** verbs. Study the preterite forms of regular **-er** and **-ir** verbs. Note that they also form the preterite by dropping the infinitive ending and adding the appropriate endings to the stem. The preterite endings of regular **-er** and **-ir** verbs are the same.

INFINITIVE	comer	volver	vivir	subir	
STEM	com-	volv-	viv-	sub-	ENDINGS
yo	comí	volví	viví	subí	-í
tú	comiste	volviste	viviste	subiste	-iste
él, ella, Ud.	comió	volvió	vivió	subió	-ió
nosotros(as)	comimos	volvimos	vivimos	subimos	-imos
vosotros(as)	*comisteis*	*volvisteis*	*vivisteis*	*subisteis*	-isteis
ellos, ellas, Uds.	comieron	volvieron	vivieron	subieron	-ieron

2. The preterite forms of the verbs **dar** and **ver** are the same as those of regular **-er** and **-ir** verbs.

INFINITIVE	dar	ver
yo	di	vi
tú	diste	viste
él, ella, Ud.	dio	vio
nosotros(as)	dimos	vimos
vosotros(as)	*disteis*	*visteis*
ellos, ellas, Uds.	dieron	vieron

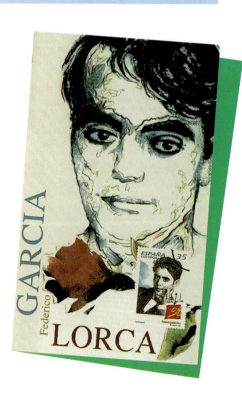

3. Remember that the preterite is used to tell about an event that happened at a specific time in the past.

> **Ellos salieron anoche.**
> **Ayer no comí en casa. Comí en el restaurante.**
> **¿Viste una película la semana pasada?**

Práctica

A HISTORIETA Una fiesta fabulosa

Contesten.

Málaga, España

1. ¿Dio Carlos una fiesta?
2. ¿Dio la fiesta para celebrar el cumpleaños de Teresa?
3. ¿Escribió Carlos las invitaciones?
4. ¿Recibieron las invitaciones los amigos de Teresa?
5. ¿Vio Teresa a todos sus amigos en la fiesta?
6. ¿Le dieron regalos a Teresa?
7. ¿Recibió Teresa muchos regalos?
8. Durante la fiesta, ¿comieron todos?
9. ¿A qué hora salieron de la fiesta?
10. ¿Volvieron a casa muy tarde?

B En la escuela Contesten personalmente.

1. ¿A qué hora saliste de casa esta mañana?
2. ¿Perdiste el bus escolar o no?
3. ¿Aprendiste algo nuevo en la clase de español?
4. ¿Escribiste una composición en la clase de inglés?
5. ¿Comprendiste la nueva ecuación en la clase de álgebra?
6. ¿Viste un video en la clase de español?
7. ¿A qué hora saliste de la escuela?
8. ¿A qué hora volviste a casa?

El Teatro Ayacucho, Caracas, Venezuela

C Al cine Sigan el modelo.

ir al cine
—¿Fuiste al cine?
—Sí, fui al cine.

1. ver una película en versión original
2. comprender la película en versión original
3. aplaudir
4. perder el autobús
5. volver a casa un poco tarde

D. HISTORIETA Al cine y al restaurante

Contesten.

1. ¿Salieron tú y tus amigos anoche?
2. ¿Vieron una película?
3. ¿Qué vieron?
4. ¿A qué hora salieron del cine?
5. ¿Fueron a un restaurante?
6. ¿Qué comiste?
7. Y tus amigos, ¿qué comieron?
8. ¿A qué hora volviste a casa?

E. HISTORIETA En la clase de español

Completen.

—Ayer en la clase de español,

¿___ (aprender) tú una palabra
  1

nueva?

—¿Una? ___ (Aprender) muchas.
         2

—¿Les ___ (dar) un examen el profesor?
       3

—Sí, nos ___ (dar) un examen.
          4

—¿___ (Salir) Uds. bien en el examen?
   5

—Pues, yo ___ (salir) bien pero otros no ___ (salir) muy bien.
          6   7

—Entonces tú ___ (recibir) una nota buena, ¿no?
             8

Caracas, Venezuela

Actividad comunicativa

A. Ayer

Work in groups of four. Find out what you all did yesterday.
Ask each other lots of questions and tabulate your answers. What did
most of you do? Use the following words.

salir   comer   ver   escribir   volver   ir

tomar   estudiar   mirar   nadar   comprar

Telling what you do for others
Complementos **le, les**

1. You have already learned the direct object pronouns **lo, la, los,** and **las.** Now you will learn the indirect object pronouns **le** and **les.** Observe the difference between a direct object and an indirect object in the following sentences.

Juan lanzó **la pelota.**

Juan ↗ **le** lanzó la pelota ↗ **a Carmen** .

In the preceding sentences, **la pelota** is the direct object because it is the direct receiver of the action of the verb **lanzó** *(threw).* **Carmen** is the indirect object because it indicates "to whom" the ball was thrown.

2. The indirect object pronoun **le** is both masculine and feminine. **Les** is used for both the feminine and masculine plural. **Le** and **les** are often used along with a noun phrase—**a Juan, a sus amigos.**

María le dio un regalo a Juan.
María les dio un regalo a sus amigos.

Juan le dio un regalo a María.
Juan les dio un regalo a sus amigas.

3. Since **le** and **les** can refer to more than one person, they are often clarified as follows:

Le hablé {
a él.
a ella.
a Ud.
}

Les hablé {
a ellos.
a ellas.
a Uds.
}

A **¿Qué o a quién?** Indiquen el complemento directo y el indirecto.

1. Carlos recibió la carta.
2. Les vendimos la casa a ellos.
3. Vimos a Isabel ayer.
4. Le hablamos a Tomás.
5. ¿Quién tiene el periódico? Tomás lo tiene.
6. El profesor nos explicó la lección.
7. Ella le dio los apuntes a su profesor.
8. Ellos vieron la película en el cine.

Plaza Callao, Madrid, España

B **HISTORIETA** Pobre Eugenio

Contesten según el dibujo.

1. ¿Qué le duele?
2. ¿Qué más le duele?
3. ¿Quién le examina la garganta?
4. ¿Quién le da la diagnosis?
5. ¿Qué le da la médica?
6. ¿Quién le da los medicamentos?

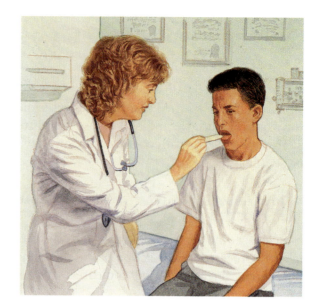

C **Sí que le hablé.** Contesten.

1. ¿Le hablaste a Rafael?
2. ¿Le hablaste por teléfono?
3. ¿Le diste las noticias?
4. ¿Y él les dio las noticias a sus padres?
5. ¿Les escribió a sus padres?
6. ¿Les escribió en inglés o en español?

D **HISTORIETA** Tiene que tener la dirección.

Completen.

—¿____ hablaste a Juan ayer?
     1

—Sí, ____ hablé por teléfono y ____ hablé a Sandra también. ____
     2   3   4
hablé a los dos.

—¿____ diste la dirección de Maricarmen?
     5

—No, porque Adriana ____ dio la dirección. Y ____ dio su número
                 6   7
de teléfono también.

El Museo del Prado, Madrid

E **HISTORIETA** Juan es aficionado al arte.

Contesten.

1. ¿A Juan le interesa el arte?
2. ¿Le gusta ir a los museos?
3. ¿Le encantan las exposiciones de arte?
4. ¿Le gusta mucho la obra de Velázquez?
5. ¿Le gustan también los cuadros de Goya?
6. A sus amigos, ¿les interesa también el arte?
7. ¿Les gustan las obras de los muralistas mexicanos?

«La fragua de Vulcano»
de Diego Velázquez

Actividad comunicativa

A **Regalos para todos** Work in pairs. Tell what each of the following people is like. Then tell what you buy or give to each one as a gift.

mi papá

mi mamá

mis abuelos

mi hermano

mi amigo(a)

mi profesor(a) de español

ESTRUCTURA

Conversación

PACO: Hola, Julia. Te llamé por teléfono anoche y no contestaste.

JULIA: ¿Ah, sí? ¿A qué hora me llamaste?

PACO: A las siete y pico.

JULIA: Ay, no volví a casa hasta las ocho y media.

PACO: ¿Adónde fuiste?

JULIA: Pues, fui al cine con Felipe.

PACO: ¿Uds. fueron al cine y tú volviste a casa a las ocho y media? ¿Cómo puede ser?

JULIA: Pues, fuimos a la sesión de las cinco. Y después del cine comimos en Pizza Perfecta.

Después de conversar

Contesten.

1. ¿A quién telefoneó Paco?
2. ¿Ella contestó?
3. ¿A qué hora la llamó Paco?
4. ¿A qué hora volvió Julia a casa?
5. ¿Adónde fue?
6. ¿Con quién fue?
7. ¿A qué sesión fueron?
8. ¿Dónde comieron?

Actividades comunicativas

A **El viernes pasado y el viernes que viene** Get together with a group of classmates. Tell one another what you did last Friday night. Then tell what you're going to do next Friday night.

B **Un viaje escolar** The Spanish Club is going on a field trip. It's just in the planning stages. You may go to a museum that's showing the works of a Spanish artist, a Spanish-language movie, a Spanish play, or a Mexican or Spanish restaurant. Your Spanish teacher wants some input from you. With your classmates, discuss where you want to go and why.

C **¿Por qué volviste tan tarde?** You got home really late last night. One of your parents (your partner) wants to know why. He or she will ask a lot of questions. You'd better have some good answers!

PRONUNCIACIÓN

Las consonantes j, g

The Spanish **j** sound does not exist in English. In Spain, the **j** sound is very guttural. It comes from the throat. In Latin America, the **j** sound is much softer. Repeat the following.

ja	je	ji	jo	ju
Jaime	Jesús	Jiménez	joven	jugar
hija	garaje	ají	viejo	junio
roja			trabajo	julio
			ojos	

G in combination with **e** or **i** (**ge, gi**) has the same sound as **j**. For this reason you must pay particular attention to the spelling of the words with **je, ji, ge,** and **gi**. Repeat the following.

ge	gi
general	biología
gente	alergia
generoso	original
Insurgentes	

Repeat the following sentences.

El hijo del viejo general José trabaja en junio en Gijón.
El jugador juega en el gimnasio.
El joven Jaime toma jugo de naranja.

Lecturas CULTURALES

Reading Strategy

Recognizing text organization

Before you read a passage, try to figure out how the text is organized. If you can follow the organization of a text, you will understand the main ideas more quickly and be able to look for certain ideas and information more easily.

DATING

Algunas diferencias culturales son muy interesantes. Y las diferencias culturales pueden tener una influencia en la lengua que hablamos. Por ejemplo, *dating*, *boyfriend* y *girlfriend* son palabras que usamos mucho en inglés, ¿no? Y son palabras que no tienen equivalente en español. ¿Cómo es posible? Pues, vamos a hablar con Verónica. Ella es del Perú.

—Verónica, ¿saliste anoche?

—Sí, salí con un grupo de amigos de la escuela.

—¿Adónde fueron?

—Fuimos al cine. Vimos una película muy buena. Fue una película americana. La vimos en versión original con subtítulos en español.

—Verónica, ¿no sales a veces sola con un muchacho, con un amigo de la escuela?

—Pues, no mucho. Generalmente salimos en grupo. Pero es algo que está cambiando[1]. Está cambiando poco a poco[2]. Hoy en día una pareja[3] joven puede salir a solas. Podemos ir a un café, por ejemplo, a tomar un refresco. A veces vamos al cine o sólo damos un paseo[4] por el parque. Pero, para nosotros, es algo bastante nuevo.

[1] cambiando *changing*
[2] poco a poco *little by little*
[3] pareja *couple*
[4] damos un paseo *take a walk*

Marbella, España

Dating en Buenos Aires, Argentina

Después de leer

 A *Dating* Contesten.

1. ¿En qué lengua usamos las palabras *dating, boyfriend* y *girlfriend?*
2. ¿Tienen equivalente en español?
3. ¿Hay mucho *dating* entre los jóvenes de Latinoamérica y España?
4. ¿Ahora empiezan a salir en parejas?
5. Por lo general, ¿cómo salen?
6. ¿Con quién salió Verónica?
7. ¿Adónde fueron?
8. ¿Qué vieron?

B **Aquí** Contesten personalmente.

1. Donde tú vives, ¿salen los jóvenes con más frecuencia en grupos o en parejas?
2. Y tú, ¿sales a veces con sólo un(a) muchacho(a)?
3. ¿Adónde van?
4. ¿Pueden salir durante la semana?
5. ¿Qué noche salen?
6. ¿A qué hora tienes que estar en casa?

El Teatro Nacional, San José, Costa Rica

LA ZARZUELA

Hay un género teatral exclusivamente español. Es la zarzuela. La zarzuela es una obra dramática muy ligera. No es profunda. Generalmente tiene un argumento[1] gracioso.

La zarzuela es un tipo de opereta. A veces, durante la presentación, los actores hablan y a veces cantan.

[1]argumento *plot*

Una zarzuela, Madrid, España

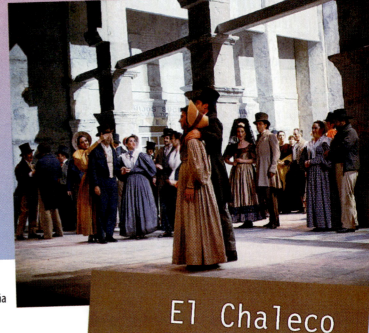

Después de leer

A **La zarzuela**   Digan que sí o que no.

1. La zarzuela es una novela española.
2. La zarzuela es un tipo de obra teatral.
3. En una zarzuela los actores no hablan, sólo bailan.
4. Una zarzuela es un tipo de opereta.
5. Los actores en una zarzuela hablan y cantan.
6. El tema o argumento de una zarzuela es siempre serio y profundo.

EL BAILE

El Ballet Folklórico de México goza de fama mundial. El espectáculo que presenta el Ballet Folklórico todos los domingos y miércoles en el Palacio de Bellas Artes es uno de los shows más populares de la Ciudad de México. La compañía baila una variedad de danzas regionales de México. A veces la

El Palacio de Bellas Artes, México

coreografía del Ballet Folklórico de México es muy graciosa y divertida.

Hay también el Ballet Folklórico Nacional de México. Esta compañía presenta un programa auténtico y clásico de danzas mexicanas regionales en el Teatro de la Ciudad.

El Ballet Folklórico, México

Después de leer

A **Una comparación** Expliquen la diferencia entre El Ballet Folklórico de México y El Ballet Folklórico Nacional de México.

Conexiones

LAS BELLAS ARTES

LA MÚSICA

Music does not attempt to reproduce what we see in the world in such a tangible way as do painting and literature. Music is, and has been, however, an integral part of the daily lives of people in even the most primitive cultures.

First let's take a look at the many cognates that exist in the language of music. Then let's read some general information about music. Finally, let's take a look at some special music of the Hispanic world.

la orquesta · la orquesta sinfónica · la danza · el coro · la ópera · la banda

In addition, many names of musical instruments are cognates: **el piano, el órgano, el violín, la viola, la guitarra, la trompeta, el clarinete, el saxofón, la flauta, el trombón.**

Música y músicos

Instrumentos musicales
Clasificamos los instrumentos musicales en cuatro grupos. Son los instrumentos de cuerda, los instrumentos de viento, los instrumentos de metal y los instrumentos de percusión. Dividimos la orquesta en secciones de cuerda, viento, metal y percusión.

Una orquesta y una banda
¿Cuál es la diferencia entre una orquesta y una banda? En una banda no hay instrumentos de cuerda. No hay violines ni violas, por ejemplo.

La ópera

La ópera es una obra teatral. Pero en una ópera los actores no hablan. Cantan al acompañamiento de una orquesta.

La música popular

Además de[1] la música clásica hay muchas variaciones de música popular. De influencia afroamericana hay jazz y «blues». Hay «reggae» de Jamaica.

De las islas hispanohablantes de las Antillas hay salsa y merengue. Hay una relación íntima entre el canto (la canción) y la danza (el baile) en la música latinoamericana. Por ejemplo, en la lengua quechua del área andina, una sola palabra—taqui—significa «canción y baile».

Ejemplos de la música típica de Latinoamérica

Un instrumento muy popular entre los indios andinos es la flauta. El yaraví es una canción muy popular. En quechua esta palabra significa

Guatemala

Cuzco, Perú

México

«lamento». Es una canción triste. A veces cantan un yaraví pero a veces sólo lo tocan en la flauta sin cantar.

Un instrumento popular de los indígenas de Guatemala es la marimba. Hay orquestas de marimba que van de un pueblo a otro para tocar en las fiestas locales.

La banda mariachi es un pequeño grupo de músicos ambulantes. Tocan guitarras, violines y trompetas. La música mariachi tiene su origen en Guadalajara, México, en el estado de Jalisco.

La salsa, el merengue y el mambo de Cuba, Puerto Rico y la República Dominicana son canciones y bailes.

El cante jondo es una canción triste y espontánea de los gitanos[2] andaluces. Es apasionada y emocional como lo es también el baile flamenco.

[1] Además de *In addition to*
[2] gitanos *gypsies*

Murcia, España

~ Después de leer ~

A **¿Cuáles son?** Identifiquen.

1. algunos instrumentos de cuerda
2. algunos instrumentos de viento
3. algunos instrumentos de metal

B **Distintos tipos de música**
Expliquen la diferencia entre una orquesta y una banda.

C **¿Sabes?** Contesten.

1. ¿Qué es una ópera?
2. ¿Cuáles son algunos tipos de música popular?
3. ¿Entre qué hay una relación íntima en la música latinoamericana?

Culminación

A **Diversiones**   Work with a classmate. Pretend you're on vacation in Cancún, México. You meet a Mexican teenager (your partner) who's interested in what you do for fun in your free time **(cuando tienes tiempo libre).** Tell him or her about your leisure activities, then your partner will tell you what he or she does.

B **Un día en el museo**   With a classmate, look at the illustrations below that tell a story about the day José and Ana spent at the museum last Saturday. Ask each other as many questions about each of the illustrations as you can. Then answer each other's questions.

C **¡Vamos al cine!**   With your classmates, see a Spanish film or play that is playing at a theater in your community. Afterwards, go out for a snack together and discuss the movie or play in Spanish. If there are no Spanish movies or plays in your community, try to rent a Spanish video that you can watch and discuss in class.

❧ Actividad escrita ❧

A Una obra teatral Prepare a poster in Spanish for your school play. Give all the necessary information to advertise **el espectáculo.**

Writing Strategy

Persuasive writing

Persuasive writing is writing that encourages a reader to do something or to accept an idea. Newspaper and magazine advertisements, as well as certain articles, are examples of persuasive writing. As you write, present a logical argument to encourage others to follow your line of thinking. Your writing should contain sufficient evidence to persuade readers to "buy into" what you are presenting. Explain how your evidence supports your argument; end by restating your argument.

Un reportaje

Your local newspaper has asked you to write an article to attract Spanish-speaking readers to a cultural event taking place in your hometown. You can write about a real or fictitious event. You have seen the event and you really liked it. Tell why as you try to convince or persuade your readers to go see it.

Vocabulario

DISCUSSING A MOVIE THEATER

el cine
la taquilla, la boletería
la entrada, el boleto
la sesión
la cola
la butaca

la fila
la pantalla
la película, el film
en versión original
con subtítulos
doblado(a)

DESCRIBING A MUSEUM VISIT

el museo
la exposición
el mural
el cuadro

la estatua
el/la artista
el/la escultor(a)

DESCRIBING A PLAY

el teatro
la escena
el escenario
el telón
el actor

la actriz
la representación
la obra teatral
el público

DESCRIBING CULTURAL EVENTS AND ACTIVITIES

una diversión cultural
ver una película (un espectáculo)
dar una representación
entrar en escena
aplaudir
salir del teatro

DISCUSSING TRANSPORTATION

perder el autobús (la guagua, el camión)
la estación de metro

OTHER USEFUL EXPRESSIONS

el/la joven
delante de
luego

TECNOTUR

EL VIDEO

¡Buen viaje!

EPISODIO 10 ▶ Diversiones culturales

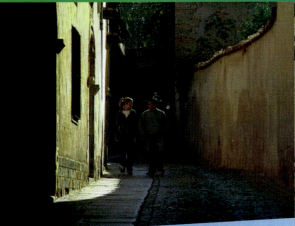

Juan Ramón y Teresa visitan la ciudad de Segovia.

Uno de los lugares interesantes que visitaron fue el famoso Alcázar de Segovia.

CD-ROM

Expansión cultural

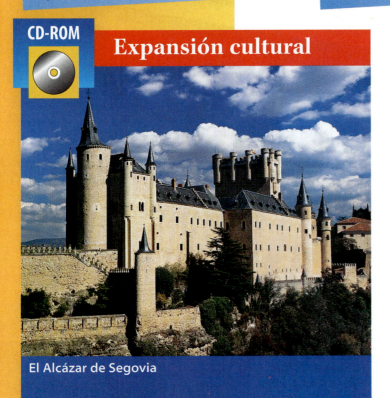

El Alcázar de Segovia

interNET CONNECTION

In this video episode Teresa and Juan Ramón discuss what cultural activities they enjoy and what they like to do on weekends when they go out with their friends. To find out what's playing at the movies tonight in a Spanish-speaking city, go to the Capítulo 10 Internet activity at the Glencoe Foreign Language Web site:

http://www.glencoe.com/sec/fl

CAPÍTULO 11

Un viaje en avión

Objetivos

In this chapter you will learn to do the following:

- ∾ check in for a flight
- ∾ talk about some services on board the plane
- ∾ get through the airport after deplaning
- ∾ tell what you or others are currently doing
- ∾ tell what you know and whom you know
- ∾ discuss the importance of air travel in South America

Vocabulario

Antes del vuelo

el aeropuerto

el taxi

el maletero, la maletera

la pantalla de salidas y llegadas

¿Me permite ver su pasaporte, por favor? ¿Y su boleto?

SALIDAS　　**LLEGADAS**

la agente

el pasaporte

el agente

el billete, el boleto

el mostrador

La agente revisa el pasaporte y el boleto.

la tarjeta de embarque

el destino

la sección de no fumar

el número del vuelo

la puerta de salida

el número del asiento

Los pasajeros están pasando por el control de seguridad.

el control de seguridad

el equipaje de mano

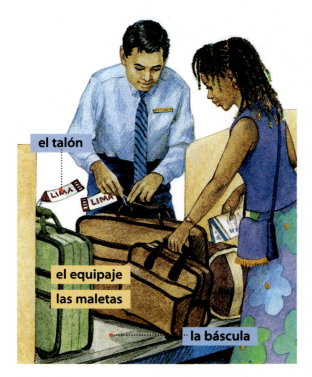

el talón

el equipaje

las maletas

la báscula

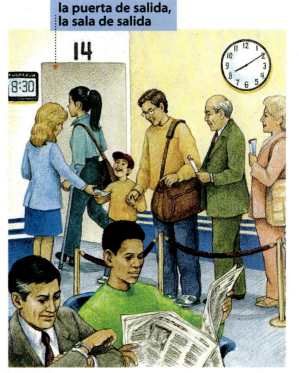

**la puerta de salida,
la sala de salida**

Clarita hace un viaje en avión.
Hace un viaje a la América del Sur.
Toma un vuelo a Lima.
Clarita está facturando su equipaje.
Pone sus maletas en la báscula.
El agente pone un talón en cada maleta.

Los pasajeros están esperando en la puerta
de salida.
El avión sale de la puerta número catorce.
El vuelo sale a tiempo.
No sale tarde. No sale con una demora.

Práctica

A HISTORIETA En el aeropuerto

Contesten.

1. ¿Hace Lupe un viaje a la América del Sur?
2. ¿Está en el aeropuerto?
3. ¿Está hablando con la agente de la línea aérea?
4. ¿Dónde pone sus maletas?
5. ¿Está facturando su equipaje a Bogotá?
6. ¿Pone la agente un talón en cada maleta?
7. ¿Revisa la agente su boleto?
8. ¿Tiene Lupe su tarjeta de embarque?
9. ¿De qué puerta va a salir su vuelo?

Málaga, España

B La tarjeta de embarque

Den la información siguiente.

1. el nombre de la línea aérea
2. el número del vuelo
3. el destino del vuelo
4. el aeropuerto de salida
5. la hora de embarque
6. la fecha del vuelo, el día que sale

C ¿Dónde está su asiento? Completen según la tarjeta de embarque.

1. ¿Cuál es la letra del asiento que tiene el pasajero?
2. ¿En qué fila está el asiento?
3. ¿De qué puerta sale el avión?
4. ¿Tiene que conservar el pasajero la tarjeta durante el vuelo?
5. ¿Está su asiento en la sección de fumar o de no fumar?

D. HISTORIETA Antes de la salida

Escojan.

1. _____ indica el asiento que tiene el pasajero a bordo del avión.
   a. El talón **b.** La tarjeta de embarque **c.** El boleto

2. Bogotá es _____ del vuelo.
   a. el número **b.** la ciudad **c.** el destino

3. Inspeccionan el equipaje de mano de los pasajeros en _____.
   a. el mostrador de la línea aérea **b.** el control de seguridad
   c. la puerta de salida

4. El vuelo para Bogotá sale _____ número cinco.
   a. del mostrador **b.** del control **c.** de la puerta

5. Los pasajeros están _____ por el control de seguridad.
   a. saliendo **b.** facturando **c.** pasando

ᛥActividades comunicativasᛥ

A. **En el aeropuerto** Work with a classmate. You're checking in at the airport for your flight to Quito, Ecuador. Have a conversation with the airline agent (your partner) at the ticket counter.

B. **Un vuelo** Work with a classmate. Look at the following photograph. You are a passenger on this flight. Tell as much as you can about your experience at the airport.

Vocabulario

Después del vuelo

EL CONTROL DE PASAPORTES

el control de pasaportes

el reclamo de equipaje

Los pasajeros están reclamando
(recogiendo) sus maletas.

Cuando los pasajeros desembarcan, tienen que
pasar por el control de pasaportes.
Tienen que pasar por el control de pasaportes
cuando llegan de un país extranjero.

la aduana

La agente de aduana está abriendo las maletas.
Está inspeccionando el equipaje.
Quiere saber lo que está en las maletas.

El vuelo

Un avión está despegando.

La tripulación

el comandante, el piloto

la copiloto

el asistente de vuelo

la asistente de vuelo

Otro avión está aterrizando.

La tripulación trabaja a bordo del avión. Los asistentes de vuelo les dan la bienvenida a los pasajeros.

Málaga, España

A HISTORIETA La llegada

Contesten.

1. Cuando el avión aterriza, ¿abordan o desembarcan los pasajeros?
2. ¿Tienen que pasar por el control de pasaportes cuando llegan a un país extranjero?
3. ¿Van los pasajeros al reclamo de equipaje?
4. ¿Reclaman su equipaje?
5. ¿Tienen que pasar por la aduana?
6. ¿Abre las maletas el agente?

B ¿Sí o no? Digan que sí o que no.

1. El avión aterriza cuando sale.
2. El avión despega cuando llega a su destino.
3. Un vuelo internacional es un vuelo que va a un país extranjero.
4. Los agentes de la línea aérea que trabajan en el mostrador en el aeropuerto son miembros de la tripulación.
5. La tripulación consiste en los empleados que trabajan a bordo del avión.

C Pareo Busquen una palabra relacionada.

1. asistir   a. la llegada
2. controlar   b. la salida
3. reclamar   c. el asistente, la asistenta
4. inspeccionar   d. el despegue
5. despegar   e. el aterrizaje
6. aterrizar   f. el control
7. salir   g. la inspección
8. llegar   h. el reclamo
9. embarcar   i. el vuelo
10. volar   j. el embarque

A **¿Qué tenemos que hacer?**   You're on a flight to Caracas. The person seated next to you (your partner) has never flown before. He or she is confused as to what you have to do when you get off the plane. Be as helpful as possible in answering his or her questions.

B **Un trabajo**   Work with a classmate. You got a part-time job working at the airport because you can speak Spanish. You are called upon to help the Spanish-speaking passengers. In just one hour, the following situations need your attention. Help each of the following passengers.

1. A person is leaving on flight 125 for Chicago. He doesn't know if it's leaving on time. Help him out.
2. Another passenger is confused. He doesn't know his flight number to New York. Let him know what it is. Be extra helpful and let him know what time his flight leaves.
3. Another passenger is in a real hurry. She's changing (**cambiar**) flights and wants to know what gate to go to for her flight to Los Angeles. Tell her.
4. A young woman missed her flight and has to change her ticket. Go with her to the airline counter and explain to her what the agent says she has to do.

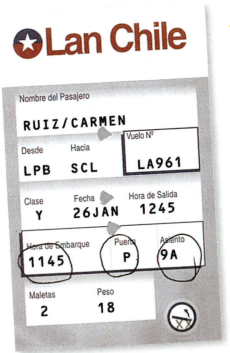

C **Una tarjeta de embarque**   This is a boarding card for a flight you are about to take. Tell a classmate (your partner) all you can about your flight based on the information on the card.

Estructura

Telling what people do
Hacer, poner, traer, salir en el presente

1. The verbs **hacer** *(to do, to make)*, **poner, traer** *(to bring),* and **salir** have an irregular **yo** form. The **yo** form has a **g.** All other forms are the same as those of a regular -**er** or -**ir** verb.

INFINITIVE	hacer	poner	traer	salir
yo	hago	pongo	traigo	salgo
tú	haces	pones	traes	sales
él, ella, Ud.	hace	pone	trae	sale
nosotros(as)	hacemos	ponemos	traemos	salimos
vosotros(as)	*hacéis*	*ponéis*	*traéis*	*salís*
ellos, ellas, Uds.	hacen	ponen	traen	salen

2. The verb **venir** *(to come)* also has an irregular **yo** form. Note that in addition it has a stem change **e → ie** in all forms except **nosotros** and **vosotros.**

> **VENIR**   **vengo**   **vienes**   **viene**   **venimos**   *venís*   **vienen**

¿Te acuerdas?

The verb tener also has a g in the yo form.

3. The verb **hacer** means "to do" or "to make." The question **¿Qué haces?** or **¿Qué hace Ud.?** means "What are you doing?" or "What do you do?" In Spanish, you will almost always answer these questions with a different verb.

> **¿Qué haces? Trabajo en el aeropuerto.**

4. The verb **hacer** is used in many idiomatic expressions. An idiomatic expression is one that does not translate directly from one language to another. The expression **hacer un viaje** *(to take a trip)* is an idiomatic expression because in Spanish the verb **hacer** is used whereas in English we use the verb *to take.* Another idiomatic expression is **hacer la maleta** which means "to pack a suitcase."

"Transportación Terrestre Aeropuerto",
S.A. de C.V.
R.F.C. TTA - 880304 - 4R9
Alameda de León 1-G   Tel. 4-43-50   Oaxaca,Oax.

Nº   15368   **CLIENTE**
Incluído Seguro
del Viajero

Viaje Especial N$ 90.00

Nombre _____
DEL
Domicilio _____

ZONA 2   Fecha_____

A HISTORIETA Un viaje en avión

Contesten.

1. ¿Haces un viaje?
2. ¿Haces un viaje a Europa?
3. ¿Haces un viaje a España?
4. ¿Sales para el aeropuerto?
5. ¿Sales en coche o en taxi?
6. ¿Traes equipaje?
7. ¿Pones el equipaje en la maletera del taxi?
8. En el aeropuerto, ¿pones el equipaje en la báscula?
9. ¿En qué vuelo sales?
10. ¿Sales de la puerta de salida número ocho?

Cádiz, España

B HISTORIETA Al aeropuerto

Sigan el modelo.

Ellos hacen un viaje…

Ellos hacen un viaje y nosotros también hacemos un viaje.

1. Ellos salen para el aeropuerto.
2. Ellos salen en taxi.
3. Ellos traen mucho equipaje.
4. Ellos ponen las maletas en la maletera.
5. Ellos salen a las seis.
6. Ellos vienen solos.

C HISTORIETA Un viaje a Marbella

Completen.

Yo ____ (hacer) un viaje a
₁
Marbella. Marbella ____ (estar)
₂
en la Costa del Sol en el sur de
España. Mi amiga Sandra ____
₃
(hacer) el viaje también. Nosotros

____ (hacer) el viaje en avión
₄

Marbella, España

hasta Málaga y luego ____ (ir) a tomar el autobús a Marbella.
₅

—¡Ay, ay, Sandra! Pero tú ____ (traer) mucho equipaje.
₆

—No, yo no ____ (traer) mucho. ____ (Tener) sólo dos maletas. Tú
₇ ₈
exageras. Tú también ____ (venir) con mucho equipaje.
₉

—¡Oye! ¿A qué hora ____ (salir) nuestro vuelo?
₁₀

—No ____ (salir) hasta las seis y media. Nosotros ____ (tener)
₁₁ ₁₂
mucho tiempo.

Actividades comunicativas

A **¿Adónde vas y qué haces?** Work with a classmate. Ask one
another about places you go to and what activities you do there. Below
are suggestions for places you may want to find out about.

la escuela
las montañas
el aeropuerto
el mercado
la playa
el café
la tienda
el supermercado
la piscina
el museo
una exposición de arte
el cine

B **¿Qué haces cuando... ?** Work with a classmate. Find out what he
or she does under the following weather conditions. Take turns asking
and answering questions.

hace frío
llueve
hace mal tiempo
hace buen tiempo
hace calor
hay mucho sol
nieva

Describing an action in progress
El presente progresivo

1. The present progressive is used in Spanish to express an action that is presently going on, an action in progress. The present progressive is formed by using the present tense of the verb **estar** and the present participle—*speaking, doing.* To form the present participle of most verbs in Spanish you drop the ending of the infinitive and add **-ando** to the stem of **-ar** verbs and **-iendo** to the stem of **-er** and **-ir** verbs. Study the following forms of the present participle.

INFINITIVE	hablar	llegar	comer	hacer	salir
STEM	habl-	lleg-	com-	hac-	sal-
PARTICIPLE	hablando	llegando	comiendo	haciendo	saliendo

2. Note that the verbs **leer** and **traer** have a **y** in the present participle.

  leyendo   trayendo

3. Study the following examples of the present progressive.

  ¿Qué está haciendo Isabel?
  Ahora está esperando el avión.
  Ella está mirando y leyendo su tarjeta de embarque.
  Y yo estoy buscando mi boleto.

Práctica

 A **HISTORIETA** En el aeropuerto

Contesten según se indica.

1. ¿Adónde están llegando los pasajeros? (al aeropuerto)
2. ¿Cómo están llegando? (en taxi)
3. ¿Adónde están viajando? (a Europa)
4. ¿Cómo están haciendo el viaje? (en avión)
5. ¿Dónde están facturando el equipaje? (en el mostrador de la línea aérea)
6. ¿Qué está mirando el agente? (los boletos y los pasaportes)
7. ¿De qué puerta están saliendo los pasajeros para Madrid? (número siete)
8. ¿Qué están abordando? (el avión)

Madrid, España

B **¿Qué estás haciendo?** Formen oraciones según el modelo.

Estoy viajando.
No estoy viajando.

viajar

1. comer
2. hablar
3. estudiar
4. bailar
5. escribir
6. aprender
7. trabajar
8. hacer un viaje
9. leer
10. salir para España

Telling what and whom you know
Saber y conocer en el presente

1. The verbs **saber** and **conocer** both mean "to know." Note that like many Spanish verbs they have an irregular **yo** form in the present tense. All other forms are regular.

INFINITIVE	saber	conocer
yo	sé	conozco
tú	sabes	conoces
él, ella, Ud.	sabe	conoce
nosotros(as)	sabemos	conocemos
vosotros(as)	*sabéis*	*conocéis*
ellos, ellas, Uds.	saben	conocen

¿Lo sabes?

You always use lo when saber stands alone.
Lo sé *but* **No sé** or **No lo sé.**

2. The verb **saber** means "to know a fact" or "to have information about something." It also means "to know how to do something."

Yo sé el número de nuestro vuelo.
Pero no sabemos a qué hora sale.
Yo sé esquiar y jugar tenis.

3. The verb **conocer** means "to know" in the sense of "to be acquainted with." It is used to talk about people and complex or abstract concepts rather than simple facts.

Yo conozco a Luis.
Teodoro conoce muy bien la literatura mexicana.

Práctica

A **Mi vuelo** Contesten.

1. ¿Sabes el número de tu vuelo?
2. ¿Sabes a qué hora sale?
3. ¿Sabes de qué puerta va a salir?
4. ¿Sabes la hora de tu llegada a Cancún?
5. ¿Conoces al comandante del vuelo?
6. ¿Conoces a mucha gente en Cancún?

B **HISTORIETA** Adela Del Olmo

Completen con **saber** o **conocer.**

La Bahía de Panamá

PEPITA: Sandra, ¿_____ tú a Adela Del Olmo?
                    1

SANDRA: Claro que _____ a Adela. Ella y yo
                         2
somos muy buenas amigas.

PEPITA: ¿_____ tú que ella va a Panamá?
              3

SANDRA: ¿Ella va a Panamá? No, yo no _____
                                          4
nada de su viaje. ¿Cuándo va a salir?

PEPITA: Pues, ella no _____ exactamente
                           5
qué día va a salir. Pero _____ que va
                              6
a salir en junio. Ella va a hacer su
reservación mañana. Yo _____ que
                            7
ella quiere tomar un vuelo directo.

SANDRA: ¿Adela _____ Panamá?
                    8

PEPITA: Creo que sí. Pero yo no _____ definitivamente. Pero yo _____
                                    9   10
que ella _____ a mucha gente en Panamá.
             11

SANDRA: ¿Cómo es que ella _____ a mucha gente allí?
                               12

PEPITA: Pues, tú _____ que ella tiene parientes en Panamá, ¿no?
                     13

SANDRA: Ay, sí, es verdad. Yo _____ que tiene familia en Panamá porque
                                  14
yo _____ a su tía Lola. Y _____ que ella es de Panamá.
    15   16

Actividad comunicativa

Lo/La conozco muy bien. Work with a classmate. Think
of someone in the class whom you know quite well. Tell your partner
some things you know about this person. Don't say who it is. Your
partner will guess. Take turns.

Conversación

Está saliendo nuestro vuelo.

Señores pasajeros. Su atención, por favor. La compañía de aviación anuncia la salida de su vuelo ciento seis con destino a Santafé de Bogotá. Embarque inmediato por la puerta de salida número seis.

ANTONIO: ¡Chist, Luisa! Están anunciando la salida de nuestro vuelo.

LUISA: Sí, lo sé. ¡Y Dios mío! ¿Antonio, sabes dónde está Fernando?

ANTONIO: Sí, tú conoces a Fernando. Llegó tarde otra vez. Todavía está facturando su equipaje.

LUISA: Hablando de equipaje, ¿tienes los talones para nuestras maletas?

ANTONIO: Sí, aquí están. Los tengo con los boletos.

LUISA: ¿De qué puerta sale nuestro vuelo?

ANTONIO: De la puerta número seis. Primero tenemos que pasar por el control de seguridad.

LUISA: ¡Vamos ya! No vamos a esperar a Fernando. Él puede perder el vuelo si quiere. Pero yo, no.

Después de conversar

Contesten.

1. ¿Está Fernando con Antonio y Luisa?
2. ¿Sabe Antonio dónde está Fernando?
3. ¿Qué está haciendo Fernando?
4. ¿Siempre llega tarde?
5. ¿Qué va a perder?

Actividades comunicativas

A **Un billete para Madrid**   Work with a classmate. You want to fly from Mexico City to Madrid. Call the airline to get a reservation. Your partner will be the reservation agent. Before you call, think about all the information you will need to give or get from the agent: date of departure, departure time, arrival time in Madrid, flight number, price.

B **Antonio, Antonio**   Work with a classmate. You both know Antonio. He's a great guy, but he'll never get to the airport on time. He's always late. Have a conversation about Antonio. Tell some things you know about him that always make him late.

PRONUNCIACIÓN

La consonante r

When a word begins with an **r** (initial position), the **r** is trilled in Spanish. Within a word, **rr** is also trilled. The Spanish trilled **r** sound does not exist in English. Repeat the following.

ra	re	ri	ro	ru
rápido	reclama	Ricardo	Roberto	Rubén
raqueta	recoger	rico	rojo	rubio
párrafo	corre	perrito	perro	
		aterrizar	catarro	

The sound for a single **r** within a word (medial position) does not exist in English either. It is trilled less than the initial **r** or **rr.** Repeat the following.

ra	re	ri	ro	ru
demora	arena	Clarita	maletero	Perú
verano		consultorio	número	Aruba
para			miro	

Repeat the following sentences.

El mesero recoge los refrescos.
El perrito de Rubén corre en la arena.
El maletero corre rápido por el aeropuerto.
El avión para Puerto Rico aterriza con una demora de una hora.
El rico tiene una raqueta en el carro.

CONVERSACIÓN

Lecturas CULTURALES

Reading Strategy

Identifying the main idea

When reading, it is important to identify the main idea the author is expressing. Each paragraph usually discusses a different idea. The main idea is often found in the first or second sentence of a paragraph. Go through the reading quickly to find the main idea in each paragraph. Do not read every word. Once you know the main idea of the passage, go back and read it again more carefully.

EL AVIÓN EN LA AMÉRICA DEL SUR

El avión es un medio de transporte muy importante en la América del Sur. ¿Por qué? Pues, vamos a mirar un mapa del continente sudamericano. Van a ver que es un continente inmenso. Por consiguiente[1], toma mucho tiempo viajar de una ciudad a otra, sobre todo por tierra.

En la mayoría de los casos es imposible viajar de un lugar a otro por tierra. ¿Por qué? Porque es imposible cruzar[2] los picos de los Andes o la selva (jungla) tropical del río Amazonas. Por eso, a todas horas del día y de la noche, los aviones de muchas líneas aéreas están sobrevolando[3] el continente. Hay vuelos nacionales que enlazan[4] una ciudad con otra en el mismo país. Y hay vuelos internacionales que enlazan un país con otro.

[1]Por consiguiente *Consequently*
[2]cruzar *to cross*
[3]sobrevolando *flying over*
[4]enlazan *connect*

El río Amazonas

Los Andes, Patagonia

Después de leer

A **¿Sí o no?** Digan que sí o que no.

1. El continente sudamericano es muy pequeño.
2. El tren es un medio de transporte importante en la América del Sur.
3. En muchas partes de la América del Sur, es difícil viajar por tierra.
4. Los picos andinos son muy altos.
5. Las selvas tropicales están en los picos andinos.

B **Análisis** Contesten.

1. ¿Por qué es el avión un medio de transporte importante en la América del Sur?
2. ¿Por qué es imposible viajar por tierra de una ciudad a otra en muchas partes de la América del Sur?
3. ¿Cuál es la diferencia entre un vuelo nacional y un vuelo internacional?
4. ¿Cuál es la idea principal de esta lectura?

La selva amazónica cerca de Iquitos, Perú

El aeropuerto JFK en Nueva York

DISTANCIAS Y TIEMPO DE VUELO

Nueva York a Madrid

Los vuelos entre los Estados Unidos y Europa son muy largos, ¿no? El Atlántico es un océano grande. Para cruzar el océano Atlántico toma mucho tiempo. Pero los vuelos dentro de la América del Sur pueden ser muy largos también. Vamos a hacer algunas comparaciones.

Susana Rogers está abordando un jet en el aeropuerto internacional de John F. Kennedy en Nueva York. Va a ir a Madrid. Es un vuelo sin escala[1] y después de unas siete horas, el avión va a aterrizar en el aeropuerto de Barajas en Madrid.

Caracas a Buenos Aires

A la misma hora que Susana está abordando el vuelo para Madrid, José Dávila está saliendo de Caracas, Venezuela. Él va a Buenos Aires, Argentina. Su vuelo es también un vuelo sin escala. ¿Sabe Ud. cuánto tiempo va a tomar? José va a llegar a Ezeiza, el aeropuerto de Buenos Aires, después de un vuelo de unas siete horas. Como ven Uds., hay muy poca diferencia entre el vuelo que cruza el océano de Nueva York a Madrid y el vuelo de Caracas a Buenos Aires.

[1]sin escala *nonstop*

El aeropuerto en Caracas, Venezuela

 espués de leer

A **¿Lo sabes?** Busquen la siguiente información.

1. el nombre de un océano
2. el nombre de un país
3. el nombre de una ciudad norteamericana
4. el nombre de una ciudad sudamericana
5. la duración del vuelo entre Nueva York y Madrid
6. la duración del vuelo entre Caracas y Buenos Aires

LAS LÍNEAS DE NAZCA

Un vuelo muy interesante es el vuelo en una avioneta de un solo motor sobre las figuras o líneas de Nazca. ¿Qué son las figuras de Nazca? En el desierto entre Nazca y Palpa en el Perú, hay toda una serie de figuras o dibujos misteriosos en la arena. Hay figuras de aves[1], peces[2] y otros animales. Hay también figuras geométricas— rectángulos, triángulos y líneas paralelas.

El origen de las figuras de Nazca es un misterio. No sabemos de dónde vienen. Pero sabemos que tienen unos tres o cuatro mil años de edad. Y son tan[3] grandes y cubren[4] un área tan grande que para ver las figuras bien es necesario tomar un avión. La avioneta para Nazca sale todos los días de Jorge Chávez, el aeropuerto internacional de Lima.

[1]aves *birds*
[2]peces *fish*
[3]tan *so*
[4]cubren *cover*

Después de leer

A **Nazca** Contesten.

1. ¿Sobre qué vuela la avioneta?
2. ¿Cuántos motores tiene la avioneta?
3. ¿Dónde están las figuras o líneas de Nazca?
4. ¿Están en un desierto las figuras?
5. ¿Es un misterio el origen de las figuras o sabemos de dónde vienen?
6. ¿Qué tipo de figuras o líneas hay?
7. ¿Cuántos años tienen?
8. ¿Cubren un área muy grande las líneas?
9. ¿De dónde salen los aviones para ver las líneas?

LECTURAS OPCIONALES   *trescientos treinta y cinco*   **335**

Conexiones

LAS MATEMÁTICAS

LAS FINANZAS

When we travel we have to take into account how much the trip will cost. A wise traveler has some idea of an affordable travel budget. Can the budget afford a luxury hotel or is it better to stay in an inexpensive hostel? Some travel ads, like this one below, suggest that people can travel now and pay later. Before making a decision, one must consider the financial impact. When are the payments due? What is the interest rate?

Here is some important information about everyday finances that may come in handy when traveling to a Spanish-speaking country.

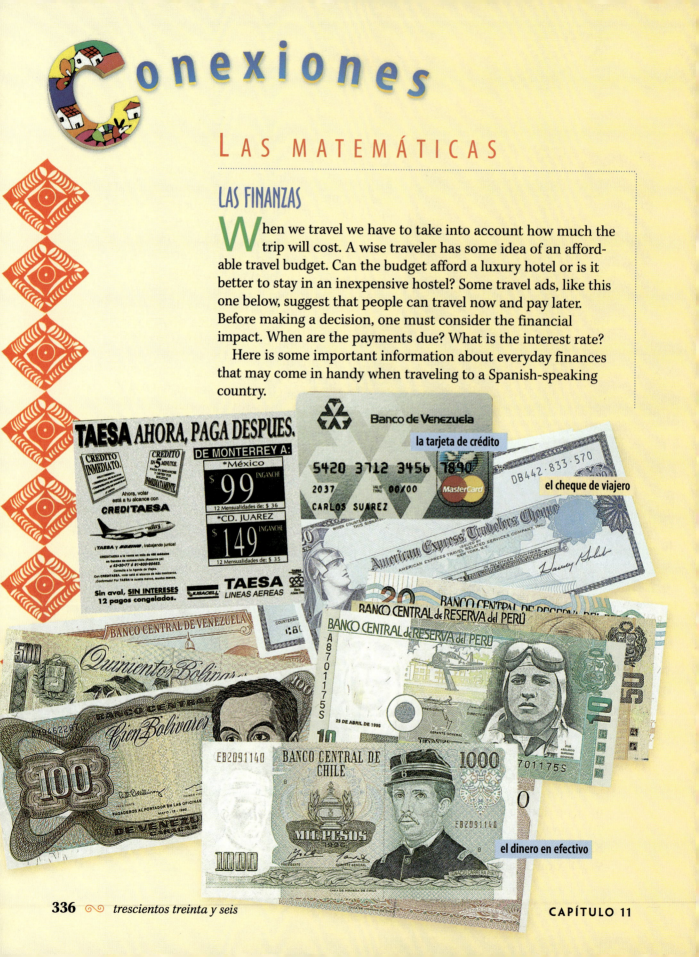

la tarjeta de crédito

el cheque de viajero

el dinero en efectivo

Las finanzas

Si vamos a hacer un viaje, es necesario saber cuánto va a costar. Es una buena idea preparar un presupuesto[1]. El presupuesto nos permite saber cuánto dinero tenemos y cuánto podemos gastar[2]. El presupuesto tiene que incluir los siguientes gastos[3]:

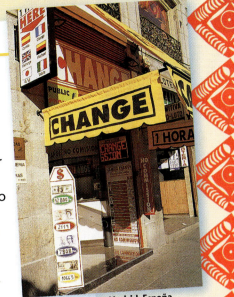

precio del vuelo
transporte local
hotel
comidas y refrescos
entradas
— museos, teatros

Cuando viajamos, podemos pagar nuestras cuentas o facturas con una tarjeta de crédito, cheques de viajero o (dinero) en efectivo.

En un país extranjero no vamos a pagar con dólares. Vamos a usar la moneda nacional—pesos o soles, por ejemplo. Tenemos que cambiar dinero. En México es necesario cambiar dólares en pesos. Antes de cambiar dinero, es importante saber el tipo de cambio[4].

Madrid, España

Si decidimos pagar a plazos[5], es necesario pagar un pronto[6] (un pie, un enganche). Luego hay que hacer un pago cada mes—una mensualidad. Antes de decidir pagar algo a plazos, es necesario saber la tasa de interés[7] que tenemos que pagar. Todos debemos ser consumidores inteligentes porque la tasa de interés puede ser muy alta.

[1]presupuesto *budget*
[2]gastar *to spend*
[3]gastos *expenses*
[4]tipo de cambio *exchange rate*
[5]pagar a plazos *to pay in installments*
[6]pronto *down payment*
[7]tasa de interés *interest rate*

Después de leer

A **La palabra, por favor.** Completen.

1. El _____ nos indica cuánto dinero tenemos y cuánto podemos gastar en varias categorías.
2. El dinero que tenemos que pagar es un _____.
3. Los _____ no pueden exceder la cantidad de dinero que tenemos.
4. *VISA* es una _____.
5. Podemos pagar nuestras _____ con una tarjeta de crédito, _____ o _____.
6. En México tenemos que _____ dólares en pesos mexicanos. En España tenemos que _____ dólares en pesetas españolas.
7. Antes de cambiar dinero es necesario saber el _____.
8. Si uno decide comprar algo a plazos, es necesario pagar un _____ al principio.
9. Un pago mensual es una _____.
10. Si vamos a comprar algo a plazos, es siempre necesario saber la _____ que puede ser bastante alta.

Culminación

❧ Actividades orales ❧

A. **Un semestre en España** Work with a classmate. The two of you are leaving soon to spend a semester studying at a school in Seville, Spain. Discuss all the things you have to do to prepare for your upcoming experience—things you have to buy, travel arrangements you have to make, etc.

B. **¿Adónde vas?** You just got to the airport and unexpectedly ran into a friend (your partner). Exchange information about the trip and flight each of you is about to take.

C. **¡A planear un viaje!** Go to a travel agency in your community. Get some travel brochures and plan a trip. Tell all about your trip. Be sure to include how you will get from one place to another.

A. **Un viaje en avión**   You have a Venezuelan pen pal who is going to visit you this winter. This will be his or her first flight. Write your pen pal a letter and explain all the things he or she is going to experience before, during, and after the flight.

Writing Strategy

Answering an essay question

When writing an answer to an essay question, first read the question carefully to look for clues to determine how your answer should be structured. Then begin by restating the essay question in a single statement in your introduction. Next, support the statement in the body of the answer with facts, details, and reasons. Finally, close with a conclusion that summarizes your answer.

Un concurso

In order to win an all-expense-paid trip to the Spanish-speaking country of your choice, you have to write an essay in Spanish and send it to the company sponsoring the trip. Read the following essay questions and then write your answers. You really want to go, so be sure to plan your answers carefully and check your work.

¿A qué país quiere Ud. viajar? ¿Cómo quiere Ud. viajar? ¿Por qué quiere Ud. ir allí? ¿Qué quiere Ud. hacer allí? ¿Qué quiere aprender?

Vocabulario

GETTING AROUND AN AIRPORT—DEPARTURE

el aeropuerto
el taxi
la línea aérea
el avión
el mostrador
el/la agente
el billete, el boleto
el pasaporte
la pantalla de salidas y
   llegadas
la tarjeta de embarque
el número del asiento

el número del vuelo
el destino
la puerta de salida,
   la sala de salida
la sección de no fumar
la báscula
el talón
la maleta
el/la maletero(a)
el/la pasajero(a)
el equipaje (de mano)
el control de seguridad

GETTING AROUND AN AIRPORT—ARRIVAL

el control de pasaportes
la aduana
el reclamo de equipaje

IDENTIFYING AIRLINE PERSONNEL

el/la agente
la tripulación
el/la comandante,
   el/la piloto

el/la copiloto
el asistente de vuelo
la asistente de vuelo

DESCRIBING AIRPORT ACTIVITIES

hacer un viaje
dar la bienvenida
salir a tiempo
   tarde
   con una demora
revisar el boleto
pasar por el control
   de seguridad
tomar un vuelo

facturar el equipaje
abrir las maletas
inspeccionar
abordar
desembarcar
despegar
aterrizar
reclamar (recoger) el equipaje

OTHER USEFUL EXPRESSIONS

el país
extranjero(a)
permitir
venir

poner
saber
conocer

TECNOTUR

VIDEO

¡Buen viaje!

EPISODIO 11 ▶ Un viaje en avión

Luis tiene que volver a la Ciudad de México,…

…pero parece que hay un problema.

CD-ROM

Expansión cultural

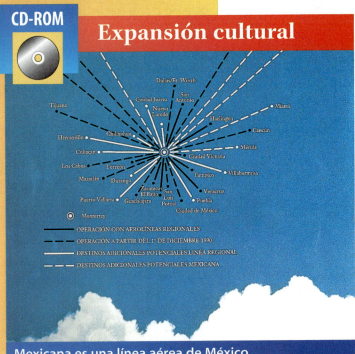

Dallas/Ft. Worth
Ciudad Juárez
San Antonio
Tijuana
Nuevo Laredo
Miami
Harlingen
Chihuahua
Cancún
Hermosillo
Culiacán
Mérida
Los Cabos
Torreón
Ciudad Victoria
Mazatlán
Durango
Tampico
Villahermosa
Zacatecas
El Bajío
San Luis Potosí
Veracruz
Puerto Vallarta
Guadalajara
Puebla
Ciudad de México
Monterrey

OPERACIÓN CON AEROLÍNEAS REGIONALES
OPERACIÓN A PARTIR DEL 1º DE DICIEMBRE 1990
DESTINOS ADICIONALES POTENCIALES LÍNEA REGIONAL
DESTINOS ADICIONALES POTENCIALES MEXICANA

Mexicana es una línea aérea de México.

interNET CONNECTION

In this video episode Luis misses his flight to Mexico City because of bad weather. To familiarize yourself with airports in the Spanish-speaking world, go to the **Capítulo 11 Internet activity at the Glencoe Foreign Language Web site:**

http://www.glencoe.com/sec/fl

Repaso CAPÍTULOS 8–11

Conversación

El pobre Juanito

ANITA: Juanito fue a Navacerrada a esquiar.

ANTONIO: Ah, sí. ¿Qué tal lo pasó?

ANITA: Muy bien. Pasó un fin de semana estupendo. Pero, ¿sabes dónde está ahora?

ANTONIO: No sé. No tengo idea.

ANITA: Pues, está en la consulta del médico.

ANTONIO: ¿Qué tiene? ¿Qué le pasó?

ANITA: No sé. Le duele mucho el estómago y no sabe si tiene fiebre.

ANTONIO: Pues, tú conoces a Juanito. Siempre está haciendo cosas que no debe hacer. ¿Qué comió?

CLINICA MEDICA ARABIAL

HOMEOPATIA — OXIGENOTERAPIA
— HOMOTOXICOLOGIA
TERAPIAS BIOLOGICAS — HOMEOSINIATRIA
— MESOTERAPIA
— ACUPUNTURA
— NEURALTERAPIA
— MEDICINA ESTETICA
— FITOTERAPIA

C/. Arabial, 118 - 1.º D
Teléfono 42 13 57

GRANADA

RECUERDE:

«PORQUE HAY OTROS CAMINOS PARA SU CURACION, NO DEJE DE CONSULTARNOS CUALQUIERA QUE SEA SU PROBLEMA».

CLINICA MEDICA ARABIAL

SE RUEGA PEDIR CITA AL TELEFONO 42 13 57

Después de conversar

A **El pobre Juanito** Contesten.

1. ¿Adónde fue Juanito?
2. ¿Por qué fue a Navacerrada?
3. ¿Qué tal fue el fin de semana?
4. ¿Dónde está Juanito ahora?
5. ¿Por qué? ¿Qué tiene?
6. ¿Qué está haciendo siempre Juanito?
7. ¿Comió algo malo Juanito?

Estructura

Ser y estar

1. The verbs **ser** and **estar** both mean "to be." **Ser** is used to tell where someone or something is from. It is also used to describe an inherent trait or characteristic.

> **Roberto es de Los Ángeles.**
> **Roberto es inteligente y guapo.**

2. **Estar** is used to tell where someone or something is located. It is also used to describe a temporary condition or state.

> **Ahora Roberto está en Madrid.**
> **Madrid está en España.**
> **Roberto está muy contento en Madrid.**

3. **Estar** is used with a present participle to form the progressive tense.

> **Estamos estudiando y aprendiendo mucho.**

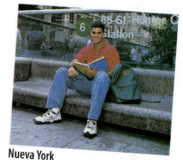
Nueva York

A HISTORIETA Roberto

Completen con la forma apropiada de **ser** o **estar.**

Roberto ____ de Caracas. Él ____ muy simpático. ____ muy gracioso
     1   2   3
también. Ahora él ____ en Nueva York. ____ estudiando en la universidad.
                   4   5
Roberto ____ muy contento en Nueva York.
         6

Nueva York ____ en el noreste de los Estados Unidos. Nueva York ____
            7   8
muy grande. ____ muy interesante también. A Roberto le gusta mucho.
             9

Hoy Roberto ____ de mal humor. No ____ muy contento. La nota que
             10   11
recibió en un curso no ____ muy buena y Roberto ____ muy inteligente.
                        12   13

Verbos irregulares en el presente

The following verbs all have an irregular **yo** form in the present tense.
All other forms are regular.

HACER	**yo hago**	TRAER	**yo traigo**	SABER	**yo sé**
PONER	**yo pongo**	SALIR	**yo salgo**	CONOCER	**yo conozco**

Práctica

B **Entrevista** Contesten personalmente.

1. ¿Haces un viaje a Madrid?
2. ¿A qué hora sales para el aeropuerto?
3. ¿Pones las maletas en la maletera del carro?
4. ¿Traes mucho equipaje?

5. ¿Sabes a qué hora sale tu vuelo?
6. ¿Sabes el número del vuelo?
7. ¿Conoces Madrid?
8. ¿Sabes hablar español?

Los pronombres de complemento

1. The object pronouns **me, te,** and **nos** can function as either direct or indirect object pronouns. Note that the object pronouns in Spanish precede the conjugated verb.

> ¿*Te* vio Juan?   Sí, Juan *me* vio y *me* dio el libro.

2. **Lo, los, la,** and **las** function as direct object pronouns only. They can replace persons or things.

Pablo compró *el boleto*.	**Pablo *lo* compró.**
Pablo compró *los boletos*.	**Pablo *los* compró.**
Elena compró *la raqueta*.	**Elena *la* compró.**
Elena compró *las raquetas*.	**Elena *las* compró.**
Yo vi a *los muchachos*.	**Yo *los* vi.**

3. **Le** and **les** function as indirect object pronouns only.

> **Yo *le* escribí una carta (a él, a ella, a Ud.).**
> **Yo *les* escribí una carta (a ellos, a ellas, a Uds.).**

Práctica

C **¡A esquiar!** Cambien los sustantivos en pronombres.

1. Llevo *los esquís* a la cancha.
2. También llevo *las botas*.
3. Compro *el boleto* en la taquilla.
4. Veo *a mi hermana* en el telesquí.
5. Doy *el boleto* a mi hermana.
6. Ella da *los esquís* a los muchachos.

Chacaltaya, una estación de esquí en Bolivia

El pretérito

1. The preterite is used to express an event that started and ended in the past. Review the forms of the preterite of regular verbs.

INFINITIVE	mirar	comer	vivir
yo	miré	comí	viví
tú	miraste	comiste	viviste
él, ella, Ud.	miró	comió	vivió
nosotros(as)	miramos	comimos	vivimos
vosotros(as)	*mirasteis*	*comisteis*	*vivisteis*
ellos, ellas, Uds.	miraron	comieron	vivieron

2. The forms of **ir** and **ser** in the preterite are identical. The meaning is made clear by the context of the sentence.

   fui fuiste fue fuimos *fuisteis* **fueron**

Práctica

D **¿Qué hicieron todos?**   Contesten.

1. ¿Fuiste al museo ayer?
   ¿Viste una exposición de arte?
   ¿Tomaste un refresco en la cafetería del museo?

2. ¿Salieron Uds. anoche?
   ¿Fueron al cine?
   ¿Tomaron el metro?

3. ¿Esquió Roberto?
   ¿Subió la pista en el telesilla?
   ¿Bajó la pista para expertos?

4. ¿Pasaron tus amigos el fin de semana en la playa?
   ¿Te escribieron una tarjeta postal?
   ¿Nadaron y tomaron el sol en la playa?

Actividades comunicativas

A **Deportes**   The Latin American exchange student (your partner) at your school asks you what sports you played last year. Tell him or her and say which one you liked most and why. Then ask the exchange student the same questions.

B **Diversiones**   Work with a classmate. Discuss what you each do when you have free time. Do you like to do the same activities?

1. Paseo de la Princesa, Viejo San Juan
2. Plaza de Armas, Viejo San Juan
3. Zona residencial, Viejo San Juan
4. Baile folklórico, Viejo San Juan
5. Coquí, Luquillo
6. Frutero, Viejo San Juan
7. Desfile de los Reyes Magos,
   Viejo San Juan

4

NATIONAL GEOGRAPHIC

VISTAS
DE PUERTO RICO

5

1. *Vegetación tropical, Sierra de Cayey*
2. *Radiotelescopio, Arecibo*
3. *Laguna del Condado, San Juan*
4. *Museo de arte, Ponce*
5. *Cosecha de piñas, Manatí*
6. *Atleta puertorriqueña, San Juan*
7. *Catedral de Nuestra Señora de Guadalupe, Ponce*

NATIONAL GEOGRAPHIC

VISTAS
DE PUERTO RICO

3

4

CAPÍTULO **12**

Una gira

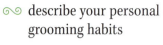

Objetivos

In this chapter you will learn to do the following:

- ❧ describe your personal grooming habits
- ❧ talk about your daily routine
- ❧ tell some things you do for yourself
- ❧ talk about a back-packing trip

Vocabulario

La rutina

Hola. Yo me llamo José.
¿Y tú? ¿Cómo te llamas?

El muchacho se llama José.

José se acuesta.
Se acuesta a las once de la noche.
Él se duerme enseguida.

La muchacha se despierta temprano.
Se levanta enseguida.

la cara

El muchacho se lava la cara.

la navaja

la crema
de afeitar

El muchacho se afeita.
Se afeita con la navaja.

el pelo

El muchacho toma una ducha.
El muchacho se lava el pelo.

La muchacha se baña.

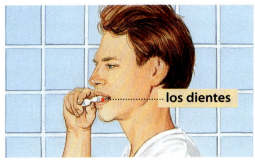

los dientes

el maquillaje

El muchacho se cepilla (se lava)
los dientes.

La muchacha se maquilla.
Se pone el maquillaje.

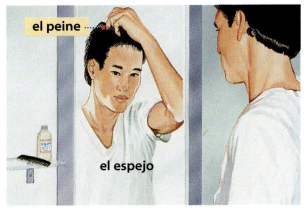

el peine

el espejo

El muchacho se peina.
Se mira en el espejo cuando se peina.

Ella se pone la ropa.

La muchacha se sienta a la mesa.
Toma el desayuno.
Se desayuna.

un vaso de jugo de naranja

el cereal

el pan tostado

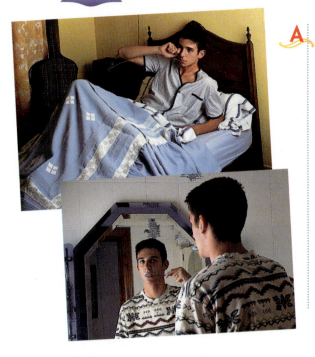

A Historieta **Un día en la vida de...**

Contesten según se indica.

1. ¿Cómo se llama el joven? (Paco)
2. ¿A qué hora se despierta? (a las seis y media)
3. ¿Cuándo se levanta? (enseguida)
4. ¿Adónde va? (al cuarto de baño)
5. ¿Qué hace? (se lava la cara y se cepilla los dientes)
6. Luego, ¿adónde va? (a la cocina)
7. ¿Se sienta a la mesa? (sí)
8. ¿Qué toma? (el desayuno)

B ¿Qué hace el muchacho o la muchacha? Describan.

1.

2.

3.

4.

5.

6.

C HISTORIETA Las actividades de Sarita

Completen.

Sarita ____ por la mañana.
₁
Ella ____ la cara y las manos.
₂
Ella ____ los dientes. Ella ____
₃   ₄
el pelo. Ella ____ la ropa—un
₅
blue jean y una camiseta. Ella ____
₆
en la cocina. Ella ____ a la mesa.
₇

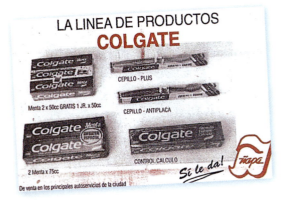

Málaga, España

D Entrevista

Contesten personalmente.

1. ¿Cómo te llamas?
2. ¿A qué hora tomas el desayuno?
3. ¿Tomas el desayuno en la cocina o en el comedor?
4. ¿Te gusta tomar un desayuno grande?
5. ¿Qué comes en el desayuno?
6. ¿Te gustan los cereales?

Actividad comunicativa

A **La rutina** Work with a classmate. Each of you will choose one family member and tell each other about that person's daily activities.

Vocabulario

Una gira

Los amigos están viajando por España.
Están haciendo un viaje económico.
Lo están pasando muy bien.
    Se divierten mucho.
Duermen en el saco de dormir.

el saco de dormir

¿Qué ponen o llevan en la mochila?

una botella de agua mineral

el champú

un cepillo

un cepillo de dientes

un rollo de papel higiénico

un tubo de pasta dentífrica

una barra (una pastilla) de jabón

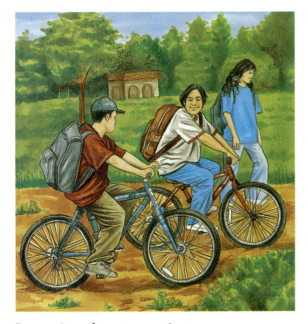

Los amigos dan una caminata.
Algunos van a pie.
Y otros van en bicicleta.

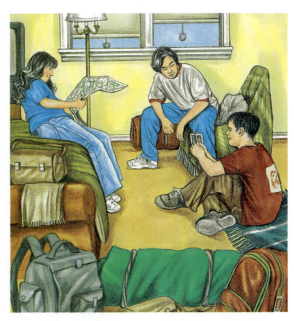

Pasan la noche en un albergue para jóvenes.
Y a veces pasan la noche en un hostal o en una pensión.

❧ Práctica ❧

A **¿Qué pierde Pepe de la mochila?** Identifiquen.

Caracas, Venezuela

B **HISTORIETA** Una gira

Contesten.

1. ¿Hacen los jóvenes un viaje de lujo o un viaje económico?
2. ¿Por dónde están viajando?
3. ¿En qué llevan sus cosas?
4. ¿Cuáles son algunas cosas que ponen en la mochila?
5. ¿Cómo van de un lugar (sitio) a otro?
6. ¿En qué duermen a veces?
7. ¿Dónde pasan la noche de vez en cuando (a veces)?
8. ¿Se divierten?

HISTORIETA En el cuarto de baño

Completen.

1. El muchacho va a tomar una ducha. Necesita _____.
2. La muchacha quiere peinarse pero, ¿dónde está _____?
3. El muchacho va a afeitarse. Necesita _____.
4. Juanito quiere lavarse los dientes. ¿Dónde está _____?
5. No hay pasta dentífrica. Tengo que comprar otro _____.
6. No hay más jabón. Tengo que comprar otra _____.
7. Siempre uso _____ para lavarme el pelo.

✤Actividad comunicativa✤

A En la farmacia You're a clerk in a drugstore. A classmate is a Spanish-speaking customer who wants to buy the following toiletries. Have a conversation.

Estructura

Telling what people do for themselves
Verbos reflexivos

1. Compare the following pairs of sentences.

Mariana baña al perro.   **Mariana cepilla al perro.**

Mariana se baña.   **Mariana se cepilla.**

In the sentences above the drawings, Mariana performs the action. The dog receives the action. In the sentences below the drawings, Mariana both performs and receives the action of the verb. For this reason the pronoun **se** must be used. **Se** refers back to Mariana in these sentences and is called a "reflexive pronoun." It indicates that the action of the verb is reflected back to the subject.

2. Study the forms of a reflexive verb.

INFINITIVE	lavarse	levantarse
yo	me lavo	me levanto
tú	te lavas	te levantas
él, ella, Ud.	se lava	se levanta
nosotros(as)	nos lavamos	nos levantamos
vosotros(as)	*os laváis*	*os levantáis*
ellos, ellas, Uds.	se lavan	se levantan

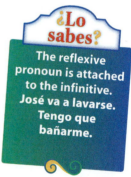

¿Lo sabes?

The reflexive pronoun is attached to the infinitive. José va a lavarse. Tengo que bañarme.

3. In the negative form, **no** is placed before the reflexive pronoun.

No te lavas las manos.
La familia Martínez no se desayuna en el comedor.

4. In Spanish when you refer to parts of the body and articles of clothing, you often use the definite article, not the possessive adjective.

Él se lava la cara.
Me lavo los dientes.

A **HISTORIETA** Teresa

Contesten.

1. ¿A qué hora se levanta Teresa?
2. ¿Se baña por la mañana o por la noche?
3. ¿Se desayuna en casa?
4. ¿Se lava los dientes después del desayuno?
5. ¿Se pone una chaqueta si sale cuando hace frío?

B **El aseo**   Contesten personalmente.

1. ¿A qué hora te levantas? ¿Y a qué hora te levantaste esta mañana?
2. ¿Te bañas por la mañana o tomas una ducha? Y esta mañana, ¿te bañaste o tomaste una ducha?
3. ¿Te cepillas los dientes con frecuencia? ¿Cuántas veces te cepillaste los dientes hoy?
4. ¿Te desayunas en casa o en la escuela? Y esta mañana, ¿ dónde te desayunaste?
5. ¿Te afeitas o no? Y hoy, ¿te afeitaste?
6. ¿Te peinas con frecuencia? ¿Te miras en el espejo cuando te peinas? ¿Cuántas veces te peinaste hoy?

C **¿Qué haces?** Sigan el modelo.

—¿Te lavas los dientes?
—Sí, me lavo los dientes.

1.

2.

3.

4.

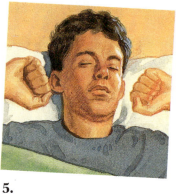

5.

6.

D **¿Y Uds.?** Sigan el modelo.

Ellos se levantan a las siete.

Nos levantamos a las siete también.

Ah, sí. ¿Y a qué hora se levantan Uds.?

1. Ellos se levantan a las seis y media.
2. Ellos se bañan a las siete menos cuarto.
3. Ellos se desayunan a las siete y media.

E **Nombres** Contesten.

1. ¿Cómo te llamas?
2. Y tu hermano(a), ¿cómo se llama?
3. ¿Cómo se llama tu profesor(a) de español?
4. ¿Y cómo se llaman tus abuelos?
5. Una vez más, ¿cómo te llamas?

F **¿Qué hacen todos?** Completen según las fotos.

1. Yo
   Él
   Tú
   Ud.

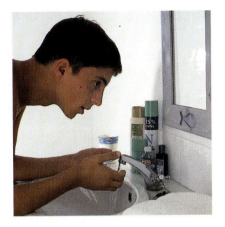

2. Nosotros
   Ellos
   Uds.
   Él y yo

❧Actividades comunicativas❧

A **Me desayuno y luego...** Work in groups of three or four. Tell the order of your daily activities from morning to night. Do you all do everything in the same order? Does anyone do things really differently? What's the most common routine? What's the weirdest routine?

JUEGO **Me pongo...** Describe some clothing you're putting on. A classmate will guess where you are going or what you are going to do.

Telling what people do for themselves
Verbos reflexivos de cambio radical

1. The reflexive verbs **acostarse (o→ue)** and **(divertirse e→ie)** are stem-changing verbs. Study the following forms.

INFINITIVE	acostarse	divertirse
yo	me acuesto	me divierto
tú	te acuestas	te diviertes
él, ella, Ud.	se acuesta	se divierte
nosotros(as)	nos acostamos	nos divertimos
vosotros(as)	*os acostáis*	*os divertís*
ellos, ellas, Uds.	se acuestan	se divierten

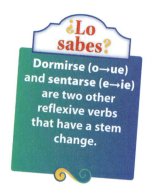

¿Lo sabes?

Dormirse (o→ue) and sentarse (e→ie) are two other reflexive verbs that have a stem change.

2. Many verbs in Spanish can be used with a reflexive pronoun. Often the reflexive pronoun gives a different meaning to the verb. Study the following examples.

María pone la blusa en la mochila.	*Mary puts the blouse in the backpack.*
María se pone la blusa.	*Mary puts on her blouse.*
María duerme ocho horas.	*Mary sleeps eight hours.*
María se duerme enseguida.	*Mary falls asleep immediately.*
María llama a Carlos.	*Mary calls Carlos.*
Ella se llama María.	*She calls herself Mary. (Her name is Mary.)*
María divierte a sus amigos.	*Mary amuses her friends.*
María se divierte.	*Mary amuses herself. (Mary has a good time.)*

Práctica

A **¿Cómo lo haces tú?**

Contesten personalmente.

1. ¿Duermes en una cama o en un saco de dormir?
2. Cuando te acuestas, ¿te duermes enseguida?
3. Y cuando te despiertas, ¿te levantas enseguida?
4. ¿Te sientas a la mesa para tomar el desayuno?
5. ¿Te diviertes en la escuela?

Cataluña, España

HISTORIETA Duermo ocho horas.

Completen.

Cuando yo ____ (acostarse), yo ____ (dormirse) enseguida. Cada
₁   ₂
noche yo ____ (dormir) ocho horas. Yo ____ (acostarse) a las once y
₃   ₄
____ (levantarse) a las siete de la mañana. Cuando yo ____
₅   ₆
(despertarse), ____ (levantarse) enseguida. Pero cuando mi hermana
₇
____ (despertarse), ella no ____ (levantarse) enseguida. Y mi
₈   ₉
hermano, cuando él ____ (acostarse), no ____ (dormirse) enseguida.
₁₀   ₁₁
Él pasa horas escuchando música en la cama. Así él ____ (dormir)
₁₂
solamente unas seis horas.

✦Actividades comunicativas✦

A **¿Lo está pasando bien? ¿Se divierte?**   Choose an illustration
below and describe it. A classmate will tell which one you're describing and let you know whether he or she thinks the people are having
fun. Take turns.

JUEGO **¿Qué tengo?**   You have something you have to use every day
for part of your daily routine. Tell a classmate what it is. He or she will
then guess what you do with it.

Tengo una navaja.

Ah, te afeitas.

Conversación

¿A qué hora te despertaste?

TIMOTEO: Maripaz, ¿a qué hora te despertaste esta mañana?

MARIPAZ: Esta mañana me levanté un poco tarde.

TIMOTEO: ¿Te levantaste tarde? ¿Por qué?

MARIPAZ: Porque anoche me acosté muy tarde.

TIMOTEO: ¿Por qué te acostaste tan tarde? ¿Saliste?

MARIPAZ: No, no salí. Pasé la noche estudiando. Hoy tengo un examen de álgebra. Estudié hasta la medianoche.

TIMOTEO: ¿Estudiaste hasta la medianoche?

MARIPAZ: Sí, y por lo general me despierto a las seis pero esta mañana no me desperté hasta las seis y media.

TIMOTEO: ¿Llegaste tarde a la escuela?

MARIPAZ: No, afortunadamente llegué a tiempo porque la clase de álgebra es mi primera clase.

Después de conversar

Contesten.

1. Esta mañana, ¿se levantó tarde o temprano Maripaz?
2. ¿Por qué se levantó tarde?
3. ¿Salió ella anoche?
4. ¿Cómo pasó la noche?
5. ¿Hasta qué hora estudió?
6. Por lo general, ¿a qué hora se despierta ella?
7. ¿A qué hora se despertó esta mañana?
8. ¿Llegó tarde a la escuela?
9. ¿Cuál es la primera clase de Maripaz?

A Me acosté muy tarde. You got to bed really late last night and you're feeling tired. Tell a classmate why. Then he or she will ask you some questions about what you're doing today and how things are.

B Vamos a dar una caminata. You're planning to backpack through a Spanish-speaking country. Work with a classmate. Decide what country you want to go to. Then decide what you are going to take with you, how long you'll be away, how much money you'll need, and how you plan to get around.

PRONUNCIACIÓN

La *h*, la *y*, la *ll*

The **h** in Spanish is silent. It is never pronounced. Repeat the following.

hijo	**hotel**	**higiénico**
hermano	**hace**	**hostal**

Y in Spanish can be either a vowel or a consonant. As a vowel, it is pronounced exactly the same as the vowel **i**. Repeat the following.

Juan y María
el jabón y el champú

Y is a consonant when it begins a word or a syllable. As a consonant, **y** is pronounced similarly to the *y* in the English word *yo-yo*. This sound has several variations throughout the Spanish-speaking world. Repeat the following.

ya   desayuno   ayuda   playa

The **ll** is pronounced as a single consonant in Spanish. In many areas of the Spanish-speaking world, it is pronounced the same as the **y.** It too has several variations. Repeat the following.

llama	**botella**	**cepillo**	**toalla**
llega	**pastilla**	**rollo**	**lluvia**

Repeat the following sentences.

La hermana habla hoy con su hermano en el hotel.
Está lloviendo cuando ella llega a la calle Hidalgo.
El hombre lleva una botella de agua a la playa hermosa.

Lecturas CULTURALES

Reading Strategy

Skimming

There are several ways to read an article or a passage—each one with its own purpose. Skimming means reading quickly in order to find out the general idea of a passage. To skim means to read without paying careful attention to small details, noting only information about the main theme or topic. Sometimes a reader will skim a passage only to decide whether it's interesting enough to then read it in detail.

DEL NORTE DE ESPAÑA

¡Hola! Me llamo Iván Orama. Soy de San Juan, Puerto Rico. Pero ahora no estoy en Puerto Rico. Estoy en España donde un grupo de amigos de nuestro colegio estamos pasando el verano. Es una experiencia fabulosa. Nos divertimos mucho. ¿Me permites describir un día típico?

Esta mañana nos despertamos temprano. Todos nos levantamos enseguida. Con la mochila en la espalda[1] salimos de la pensión. Fuimos a una cafetería donde nos desayunamos. Yo tomé un jugo de china o, como lo llaman aquí en España, un zumo de naranja. Marta comió churros, una cosa típica española. Y los otros, no sé lo que comieron.

Cuando salimos del café, fuimos en nuestras bicicletas en dirección a Santiago de Compostela. Estamos siguiendo[2] más o menos el Camino[3] de Santiago.

[1]en la espalda on our back
[2]siguiendo following
[3]Camino Way, Route

Los Picos de Europa, España

El lago Enol en el Parque Nacional de Covadonga, España

El otro día pasamos un día estupendo en San Sebastián. Nos sentamos en la playa y nos bañamos en el mar Cantábrico. Te aseguro[4] que el agua del Cantábrico está mucho más fría que el agua del Caribe en nuestro Puerto Rico.

El lunes dimos una caminata por los Picos de Europa. Fue increíble. Los picos son tan altos que aún[5] en julio están cubiertos de nieve.

No sabemos cuándo vamos a llegar a Santiago. Pero lo estamos pasando muy bien. Nos divertimos mucho.

[4]Te aseguro *I assure you*
[5]aún *even*

San Sebastián, España

Después de leer

A **Un día con los amigos**   Contesten.

1. ¿Cómo se llama el muchacho?
2. ¿De dónde es?
3. ¿Dónde está ahora?
4. ¿Con quiénes está?
5. ¿Qué están haciendo?
6. ¿Cuándo se levantaron esta mañana?
7. ¿Adónde fueron cuando salieron de la pensión?
8. ¿Qué comió Marta en el desayuno?

B **Más sobre la caminata**   Escojan.

1. Cuando salieron del café, fueron _____.
   a. al albergue juvenil
   b. a San Sebastián
   c. hacia Santiago de Compostela

2. Pasaron el otro día _____.
   a. en la playa
   b. en el Camino de Santiago
   c. en el Cantábrico

3. Hay una playa bonita en _____.
   a. Santiago de Compostela
   b. los Picos de Europa
   c. San Sebastián

4. El agua del mar está fría en _____.
   a. el mar Cantábrico
   b. el mar Caribe
   c. los Picos de Europa

5. Los Picos de Europa están cubiertos de nieve porque _____.
   a. están cerca del mar Cantábrico
   b. son muy altos y allí hace mucho frío
   c. son increíbles

C **La ruta**   Dibujen un mapa de la ruta de los jóvenes.

La catedral
en Santiago de
Compostela

EL CAMINO DE SANTIAGO

Durante la Edad Media[1] hay tres peregrinaciones[2] famosas—la peregrinación a Jerusalén en Israel, la peregrinación a Roma y la peregrinación a Santiago de Compostela.

Santiago de Compostela está en Galicia, una región pintoresca en el noroeste de España. Galicia se parece más a[3] Irlanda que al resto de España. Llueve mucho en Galicia y todo es muy verde.

El Camino de Santiago es el camino que tomaron los peregrinos de la Edad Media. El camino empieza en los Pirineos, en el pueblo de Roncesvalles y termina en Santiago. Atraviesa o cruza todo el norte de España. ¿Por qué quieren ir a Santiago los peregrinos? Porque creen que allí está enterrado[4] el apóstol Santiago.

[1]Edad Media *Middle Ages*
[2]peregrinaciones *pilgrimages*
[3]se parece más a *looks more like*
[4]enterrado *buried*

Una vista de Galicia

Los peregrinos viajan a pie (caminan) de un pueblo a otro. Cada día cubren un trecho[5] (tramo) fijo. Al final de cada trecho hay un hostal donde los peregrinos pueden pasar la noche. En el siglo XI hay hostales que pueden alojar[6] a unos mil peregrinos.

Una vez más el Camino de Santiago es muy popular. Hoy día muchos turistas toman la misma ruta. Pero no van a pie. Van en carro. Y muchos jóvenes van en bicicleta.

[5]trecho *stretch*
[6]alojar *lodge, accommodate*

Hostal de los Reyes Católicos, Santiago de Compostela

 Después de leer

 Santiago de Compostela
Contesten.

1. ¿Dónde está Santiago de Compostela?
2. ¿En qué parte de España está Galicia?
3. ¿Por qué se parece mucho a Irlanda?
4. ¿Quién está enterrado en la catedral en Santiago de Compostela?

¿Qué sabes? Describan lo que aprendieron del Camino de Santiago.

Conexiones

LAS CIENCIAS NATURALES

LA ECOLOGÍA

Ecology is a subject of great interest to young people around the world. No one wants to wake up each morning and breathe polluted air. No one wants to hike along a river bank that is loaded with debris or swim in a contaminated ocean. As people travel around the world, they are appalled by the destruction they see done to the environment. We are all aware that urgent and dramatic steps must be taken to avert future ecological disasters.

La contaminación del aire en la Ciudad de México

La ecología

El término «ecología» significa el equilibrio entre los seres vivientes—los seres humanos—y la naturaleza[1]. Hoy en día hay grandes problemas ecológicos en casi todas partes del mundo.

La contaminación del aire

La contaminación del medio ambiente[2] es el problema número uno. La contaminación de todos los tipos es la plaga de nuestros tiempos.

El aire que respiramos[3] está contaminado. Está contaminado principalmente por las emisiones de gases que escapan de los automóviles y camiones. Está contaminado también por el humo[4] que emiten las chimeneas de las fábricas[5] que queman[6] sustancias químicas.

Caracas, Venezuela

[1]naturaleza *nature*
[2]medio ambiente *environment*
[3]respiramos *we breathe*
[4]humo *smoke*
[5]fábricas *factories*
[6]queman *burn*

El agua

Nuestras aguas están contaminadas también. Buques petroleros derraman[7] cantidades de petróleo cada año en nuestros mares y océanos. En las zonas industriales las fábricas echan los desechos[8] industriales en los ríos. Muchos de los desechos son tóxicos. Los ríos contaminados son portadores[9] de enfermedades serias.

El reciclaje

Hoy en día hay grandes campañas de reciclaje. El reciclaje consiste en recoger los desechos—papel, vidrio[10], metal—para transformar y poder utilizar estos productos de nuevo (una vez más).

[7]Buques petroleros derraman *Oil tankers spill*
[8]desechos *wastes*
[9]portadores *carriers*
[10]vidrio *glass*

Río de la Plata, Buenos Aires

Madrid, España

~Después de leer~

A **En español, por favor.**
Busquen las palabras equivalentes en español.

1. ecology
2. ecological problems
3. air pollution
4. toxic wastes
5. recycling

B **Para discutir** Contesten.

1. ¿Está contaminado el aire donde Uds. viven?
2. ¿Hay mucha industria donde viven?
3. ¿Hay muchas fábricas?
4. ¿Hay muchos automóviles y camiones?
5. ¿Escapan gases de los automóviles?
6. ¿Hay campañas de reciclaje donde viven?

Culminación

❧ Actividades orales ❧

A **Maricarmen se divierte.** Look at the illustrations below. Based on what you see in the illustrations, have a conversation with a classmate about Maricarmen's activities.

B **Durante la semana y los fines de semana** Most people like a change of pace on the weekend. Talk with a classmate about things that students do or don't do during the week. Your partner will say how that differs on the weekend and why. Take turns.

Durante la semana los alumnos se despiertan muy temprano.

Durante los fines de semana los alumnos se despiertan más tarde.

Actividades escritas

A **Un día típico** Your Colombian pen pal is curious about your daily routine. Send him or her an e-mail describing all the activities you do on a typical day from the time you wake up to the time you go to bed.

B **Una gira** You backpacked around Spain for a month last summer. Write a Spanish-speaking friend a letter telling about your experience.

HOTELES, CAMPINGS, APARTAMENTOS
españa

MADRID

Hostal Goya
★ ★
Barrio de Santa Cruz
Habitación   Chambre n.° 30
Mateos Gago, 31 - 41004 SEVILLA - Teléfono 421 11 70 - Fax 456 29 88

H
★★★
HOSTAL RESIDENCIA
La Perla Asturiana
Plaza de Santa Cruz, 3
Teléfono 266 46 00
Fax 266 46 08
28012 MADRID

SR. D. Alexandra Woodford
MR.
HABITACION N.°
ROOM NR.
CHAMBRE N.°
PRECIO   NUEVO TELEFONO
RATE   366 46 00
PRIX   FAX 366 46 08
Dirección: JESUS LENTIJO

Writing Strategy

Taking notes

Taking notes gives you a written record of important information you may need for later use. When taking notes, write down key words and phrases as you continue to focus on what the speaker is still saying. When the speaker has finished, go back over your notes as soon as possible, highlighting the most important points and adding details to make them as complete as possible. If necessary, rewrite your notes, organizing them so they will be of utmost use to you.

Un trabajo de verano

You are working abroad this summer. You are going to help take care of two small children in Seville, Spain. The children's mother gives you many instructions about the children's routine and activities. Since you probably will not remember all she is telling you, you jot down notes. Take your notes and organize them to describe each child's day. Then write down your responsibilities—what it is you have to do.

Vocabulario

STATING DAILY ACTIVITIES

la rutina

despertarse

levantarse

lavarse

bañarse

tomar una ducha

afeitarse

ponerse la ropa

mirarse

maquillarse

cepillarse

peinarse

sentarse

desayunarse

acostarse

dormirse

llamarse

divertirse

IDENTIFYING ARTICLES FOR GROOMING AND HYGIENE

la navaja

la crema de afeitar

el cepillo

el peine

el cepillo de dientes

el espejo

el maquillaje

una barra (una pastilla) de jabón

un tubo de pasta dentífrica

un rollo de papel higiénico

el champú

IDENTIFYING MORE PARTS OF THE BODY

la cara

los dientes

el pelo

IDENTIFYING MORE BREAKFAST FOODS

una botella de agua mineral

un vaso de jugo de naranja

el cereal

el pan tostado

DESCRIBING BACKPACKING

una gira

la mochila

el saco de dormir

el albergue para jóvenes

el hostal

la pensión

dar una caminata

ir en bicicleta

OTHER USEFUL EXPRESSIONS

el lugar

de vez en cuando

TECNOTUR

¡Buen viaje!

EPISODIO 12 ▶ Una gira

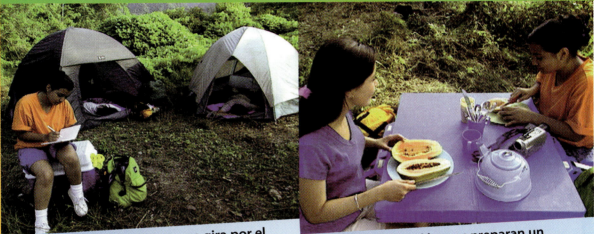

Isabel, Luis y Cristina hacen una gira por el campo.

Durante la gira los jóvenes preparan un desayuno.

CD-ROM

Expansión cultural

Un desayuno mexicano

interNET CONNECTION

In this video episode Cristina, Isabel, and Luis go hiking and camping near Puerto Vallarta. To find out about some other interesting places to do these outdoor activities, go to the **Capítulo 12** Internet activity at the **Glencoe Foreign Language** Web site:

http://www.glencoe.com/sec/fl

CAPÍTULO **13**

Un viaje en tren

Objetivos

In this chapter you will learn to do the following:

∞ use expressions related to train travel

∞ purchase a train ticket and request information about arrival, departure, etc.

∞ talk about more past events or activities

∞ tell what people say

∞ discuss an interesting train trip in Spain

Vocabulario

En la estación de ferrocarril

Próximas LLegadas
Regionales y L. Recorrido

H.Prev.	Procedencia	Via
13:18	BADAJ/CACER	5
13:19	JAEN	
13:46	TOLEDO	4
13:49	CARTAGENA	
14:15	SANTANDER	5
14:20	ALICANTE	5

Próximas Salidas
Cercanías · Regionales y L. Recorrido

	Destino	Via	Hora	Destino	Via	Tren
	FUENLABRADA	9	13:18	BARCELONA	5	TALGO
	MOSTOL/SOTO	8	13:33	AVILA	2	REGIO
	PARLA	6	13:50	ALBACETE	5	R EXP
13:05	P. PIO/VILLA	7	14:03	SEGOVIA	2	REGIO
13:10	CHAMARTIN	2	14:15	ALICANTE	5	TALGO
13:10	ALCALA		14:20	GIJON	5	TALGO
13:13	TRES CANTOS	2	14:25	TOLEDO	4	REGIO
13:16	COSLADA	3	15:03	SEGOVIA	2	REGIO
13:22	GUADALAJARA	3				
13:23	CHAMAR/P.PI	2				

el tablero de llegadas **el tablero de salidas**

el quiosco

el horario

MADRID ALMERIA GRANADA

la sala de espera

Un billete para Madrid, por favor.

¿En primera o en segunda?

En segunda—de ida y vuelta.

Venta de Billetes
Sin reserva

el billete de ida y vuelta

la ventanilla

el billete sencillo

la vía

la bolsa

el tren

el mozo,
el maletero

el vagón, el coche

el andén

la maleta

el equipaje

La señora hizo un viaje.
Hizo el viaje en tren.
Tomó el tren porque no quiso ir en carro.
Subió al tren.

El mozo vino con el equipaje.
El mozo puso el equipaje en el tren.
Los mozos ayudaron a los pasajeros
    con su equipaje.

El tren salió del andén número cinco.
Algunos amigos estuvieron en el andén.

VOCABULARIO

trescientos ochenta y uno   **381**

A HISTORIETA En la estación de ferrocarril

Contesten según se indica.

1. ¿Cómo vino la señora a la estación?
   (en taxi)
2. ¿Dónde puso sus maletas?
   (en la maletera del taxi)
3. En la estación, ¿adónde fue?
   (a la ventanilla)
4. ¿Qué compró? (un billete)
5. ¿Qué tipo de billete compró?
   (de ida y vuelta)
6. ¿En qué clase? (segunda)
7. ¿Dónde puso su billete?
   (en su bolsa)
8. ¿Qué consultó? (el horario)
9. ¿Adónde fue? (al andén)
10. ¿De qué andén salió el tren? (del número dos)
11. ¿Por qué hizo la señora el viaje en tren? (no quiso ir en coche)

Atocha, una estación de ferrocarril en Madrid

En la estación de Atocha

B HISTORIETA Antes de abordar el tren

Escojan.

1. ¿Dónde espera la gente el tren?
   a. en la ventanilla   **b.** en la sala de espera
   c. en el quiosco
2. ¿Dónde venden o despachan los billetes?
   a. en la ventanilla   **b.** en el equipaje
   c. en el quiosco
3. ¿Qué venden en el quiosco?
   a. boletos   **b.** maletas
   c. periódicos y revistas
4. ¿Qué consulta el pasajero para verificar la
   hora de salida del tren?
   a. la llegada   **b.** la vía   **c.** el horario
5. ¿Quién ayuda a los pasajeros con el equipaje?
   a. el mozo   **b.** el tablero   **c.** el andén
6. ¿De dónde sale el tren?
   a. de la ventanilla   **b.** del andén
   c. del tablero

HISTORIETA El billete del tren

Contesten.

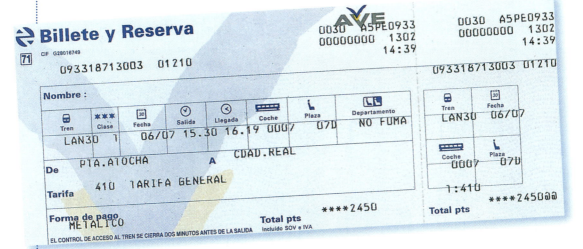

Billete y Reserva

1. ¿De qué estación sale el tren?
2. ¿Adónde va el tren?
3. ¿Cuál es la fecha del billete?
4. ¿A qué hora sale el tren?
5. ¿Está el asiento en la sección de fumar o de no fumar?
6. ¿Qué clase de billete es?
7. ¿Con qué pagó el/la pasajero(a)?

Actividad comunicativa

A **RENFE (Red Nacional de Ferrocarriles Españoles)**

You're in Spain and you want to visit one of the cities on the map. A classmate will be the ticket agent. Get yourself a ticket and ask the agent any questions you have about your train trip.

En el tren

el revisor

Reservado

ocupado   libre

el asiento,
la plaza

el pasillo

la litera

el coche-cama

el coche-comedor,
el coche-cafetería

El tren salió a tiempo.
No salió tarde.
No salió con retraso (con una demora).

bajar(se) del tren

transbordar

Los pasajeros van a bajar en la próxima parada (estación).
Van a transbordar en la próxima parada.

A HISTORIETA En el tren

Contesten.

1. Cuando llegó el tren a la estación, ¿subieron los pasajeros a bordo?
2. ¿El tren salió tarde?
3. ¿Con cuántos minutos de demora salió?
4. ¿Vino el revisor?
5. ¿Revisó él los boletos?

Santiago, Chile

Madrid, España

B HISTORIETA El tren

Contesten según la foto.

1. ¿Tiene el tren compartimientos?
2. ¿Tiene el coche o vagón un pasillo central o lateral?
3. ¿Cuántos asientos hay a cada lado del pasillo?
4. ¿Hay asientos libres o están todos ocupados?
5. ¿Está completo el tren?
6. ¿Hay pasajeros de pie en el pasillo?

C HISTORIETA Un viaje en tren

Completen.

1. Entre Granada y Málaga el tren local hace muchas ____.
2. No hay un tren directo a Benidorm. Es necesario cambiar de tren. Los pasajeros tienen que ____.
3. Los pasajeros que van a Benidorm tienen que ____ en la próxima ____ o ____.
4. ¿Cómo lo sabes? El ____ nos informó que nuestro tren no es directo.

Actividades comunicativas

A **¿Qué tienes que hacer?** Work with a classmate. You are spending a month in Madrid and your Spanish hosts are taking you to San Sebastián. You're trying to pack your bags and their child (your partner) has a lot of questions. Answer his or her questions and try to be patient. The child has never taken a train trip before.

> ¿Dónde nos sentamos en el tren?

> Nos sentamos en un compartimiento.

Madrid

San Sebastián

B **De Santiago a Puerto Montt** You're planning a trip from Santiago de Chile to Puerto Montt. A classmate will be your travel agent. Get as much information as you can about the trip from Santiago to Puerto Montt. It gets rather cold and windy there and it rains a lot. You may want to find out if there are frequent delays. The following are some words and expressions you may want to use with the travel agent.

reservar

la tarifa

el número de paradas

el horario

el boleto de ida y vuelta

la demora

primera (segunda) clase

Estructura

Relating more past actions
Hacer, querer y venir en el pretérito

1. The verbs **hacer, querer,** and **venir** are irregular in the preterite. Note that they all have an **i** in the stem and the endings for the **yo, él, ella,** and **Ud.** forms are different from the endings of regular verbs.

INFINITIVE	hacer	querer	venir
yo	hice	quise	vine
tú	hiciste	quisiste	viniste
él, ella, Ud.	hizo	quiso	vino
nosotros(as)	hicimos	quisimos	vinimos
vosotros(as)	*hicisteis*	*quisisteis*	*vinisteis*
ellos, ellas, Uds.	hicieron	quisieron	vinieron

2. The verb **querer** has several special meanings in the preterite.

Quise ayudar.	*I tried to help.*
No quise ir en carro.	*I refused to go by car.*

A HISTORIETA ¿Cómo viniste?

Contesten.

1. ¿Viniste a la estación en taxi?
2. ¿Viniste en un taxi público o privado?
3. ¿Hiciste el viaje en tren?
4. ¿Hiciste el viaje en el tren local?
5. ¿Lo hiciste en tren porque no quisiste ir en coche?

Lima, Perú

B **No quisieron.** Completen.

1. —Ellos no _____ (querer) hacer el viaje.
   $\overline{1}$

   —¿No lo _____ (querer) hacer?
   $\overline{2}$

   —No, de ninguna manera.

   —Pues, ¿qué pasó entonces? ¿Lo _____ (hacer) o no lo
   $\overline{3}$

   _____ (hacer)?
   $\overline{4}$

   —No lo _____ (hacer).
   $\overline{5}$

2. —¿Por qué no _____ (venir) Uds. esta mañana?
   $\overline{6}$

   —Nosotros no _____ (venir) porque no _____ (hacer) las
   $\overline{7}$ ... $\overline{8}$

   reservaciones.

3. —Carlos no _____ (querer) hacer la cama.
   $\overline{9}$

   —Entonces, ¿quién la _____ (hacer)?
   $\overline{10}$

   —Pues, la _____ (hacer) yo.
   $\overline{11}$

   —¡Qué absurdo! ¿Tú la _____ (hacer) porque él no la _____ (querer)
   $\overline{12}$ ... $\overline{13}$

   hacer?

❧ Actividades comunicativas ❧

A **¡Rebelde!** A friend of yours (your classmate) is in trouble with his or her parents because he or she didn't do as told. Find out what your friend didn't do and why. Use the model as a guide.

¿Hiciste la cama?

No.

¿Por qué no hiciste la cama?

No hice la cama porque no quise.

hacer la maleta
reservar un taxi
comprar los billetes
llamar a los parientes
hacer las reservaciones
leer el horario

B **¿Qué hiciste durante el fin de semana?**
With a classmate, take turns asking each other what you and other friends did over the weekend.

Describing more past actions
Verbos irregulares en el pretérito

1. The verbs **estar, andar,** and **tener** are irregular in the preterite. They all have a **u** in the stem. Study the following forms.

INFINITIVE	estar	andar	tener
yo	estuve	anduve	tuve
tú	estuviste	anduviste	tuviste
él, ella Ud.	estuvo	anduvo	tuvo
nosotros(as)	estuvimos	anduvimos	tuvimos
vosotros(as)	*estuvisteis*	*anduvisteis*	*tuvisteis*
ellos, ellas, Uds.	estuvieron	anduvieron	tuvieron

2. The verb **andar** means "to go," but not to a specific place. The verb **ir** is used with a specific place.

Fueron a Toledo.
They went to Toledo.

Anduvieron por las plazas pintorescas de Toledo.
They wandered through (walked around) the picturesque squares of Toledo.

«Vista de Toledo» de El Greco

3. The verbs **poder, poner,** and **saber** are also irregular in the preterite. Like the verbs **estar, andar,** and **tener,** they all have a **u** in the stem. Study the following forms.

INFINITIVE	poder	poner	saber
yo	pude	puse	supe
tú	pudiste	pusiste	supiste
él, ella, Ud.	pudo	puso	supo
nosotros(as)	pudimos	pusimos	supimos
vosotros(as)	*pudisteis*	*pusisteis*	*supisteis*
ellos, ellas, Uds.	pudieron	pusieron	supieron

4. Like **querer,** the verbs **poder** and **saber** have special meanings in the preterite.

Pude parar.	*(After trying hard) I managed to stop.*
No pude parar.	*(I tried but) I couldn't stop.*
Yo lo supe ayer.	*I found it out (learned it) yesterday.*

Práctica

A **HISTORIETA** **¿Dónde está mi tarjeta de identidad estudiantil?**

Contesten según se indica.

1. ¿Estuviste ayer en la estación de ferrocarril? (sí)
2. ¿Tuviste que tomar el tren a Toledo? (sí)
3. ¿Pudiste comprar un billete de precio reducido? (no)
4. ¿Tuviste que presentar tu tarjeta de identidad estudiantil? (sí)
5. ¿Dónde la pusiste? (no sé)
6. ¿La perdiste? (sí, creo)
7. ¿Cuándo supiste que la perdiste? (cuando llegué a la estación)

Toledo, España

HISTORIETA En el mercado

Completen.

El otro día yo _____ (estar) en
el mercado de Chichicastenango,
en Guatemala. Ramón _____ (estar)
allí también. Nosotros _____ (andar)
por el mercado pero no _____ (poder)
comprar nada. No es que no _____
(querer) comprar nada, es que no
_____ (poder) porque _____ (ir) al
mercado sin un quetzal.

Chichicastenango, Guatemala

 # Telling what people say
Decir en el presente

The verb **decir** *(to say)* is irregular in the present tense. Study the
following forms.

INFINITIVE	decir
yo	**digo**
tú	**dices**
él, ella, Ud.	**dice**
nosotros(as)	**decimos**
vosotros(as)	*decís*
ellos, ellas, Uds.	**dicen**

A **¿Qué dices?** Sigan el modelo.

> ¿Qué dices de la clase de español?

> Pues, yo digo que es fantástica. Estoy aprendiendo mucho.

1. ¿Qué dices de la clase de matemáticas?
2. ¿Qué dices de la clase de inglés?
3. ¿Qué dices de la clase de biología?
4. ¿Qué dices de la clase de educación física?
5. ¿Qué dices de la clase de historia?

B **¿Qué dicen todos?** Completen con la forma apropiada del presente de **decir.**

Yo ____ que quiero ir en tren pero Elena me ____ que prefiere
  ¹   ²

tomar el avión. Ella y Tomás también ____ que no hay mucha
                                          ³

diferencia entre la tarifa del avión y la tarifa del tren.

—¿Qué ____ tú?
        ⁴

—Yo ____ que es mejor ir en tren.
      ⁵

—Bien. Tú y yo ____ la misma cosa. Estamos de acuerdo.
                 ⁶

Nº 10320

ENTRADA *gratuita*

MUSEO NACIONAL DEL
FERROCARRIL

Conversación

En la ventanilla

PASAJERA: Un billete para Madrid, por favor.
AGENTE: ¿Sencillo o de ida y vuelta?
PASAJERA: Sencillo, por favor.
AGENTE: ¿Para cuándo, señorita?
PASAJERA: Para hoy.
AGENTE: ¿En qué clase, primera o segunda?
PASAJERA: En segunda. ¿Tiene Ud. una tarifa reducida para estudiantes?
AGENTE: Sí. ¿Tiene Ud. su tarjeta de identidad estudiantil?
PASAJERA: Sí, aquí la tiene Ud.
AGENTE: Con el descuento son tres mil pesetas.
PASAJERA: ¿A qué hora sale el próximo tren?
AGENTE: Sale a las veinte y diez del andén número ocho.
PASAJERA: Gracias.

Después de conversar

Contesten.

1. ¿Dónde está la señorita?
2. ¿Adónde va?
3. ¿Qué tipo de billete quiere?
4. ¿Para cuándo lo quiere?
5. ¿En qué clase quiere viajar?
6. ¿Es alumna la señorita?
7. ¿Hay una tarifa reducida para estudiantes?
8. ¿Qué tiene la señorita?
9. ¿Cuánto cuesta el billete con el descuento estudiantil?
10. ¿A qué hora sale el tren?
11. ¿De qué andén sale?

Actividades comunicativas

A **El horario** Look at the train schedule. With a classmate, ask and answer as many questions as you can about it.

B **Vamos a Barcelona.** You and a classmate are spending a semester in Spain. You will be going to Barcelona for a couple of days. One of you is going to fly and the other is going to take the train. Compare your trips: time, cost, and what you have to do the day of departure.

⟨R

Madrid Toledo

Válido desde el 29 de mayo ... 24 de septiembre d...

TIPO DE TREN	REGIONAL	REGIONAL	REGIONAL	REGIONAL	REGIONAL
PRESTACIONES	2.ª	2.ª	2.ª	2.ª	2.ª
ORIGEN				MADRID CH.	
MADRID-ATOCHA				9.25	■
VILLAVERDE BAJO		7.20	8.25		10.55
LOS ANGELES		7.28	8.33	9.39	11.03
SAN CRISTOBAL DE LOS ANGELES		7.30	8.35		11.05
GETAFE-INDUSTRIAL		7.33	8.38		11.08
PINTO		7.36	8.41		11.11
VALDEMORO		7.41	8.46		11.16
CIEMPOZUELOS		7.47	8.52		11.22
ARANJUEZ	6.20	7.52	8.57		11.27
CASTILLEJO-AÑOVER		8.03	9.08	10.11	11.38
VILLAMEJOR		8.13	9.18		11.53
ALGODOR	6.37	8.22			
TOLEDO-INDUSTRIAL		8.29			12.02
TOLEDO	6.50	8.36	9.44	10.40	12.09
					12.16
DESTINO	■	■	■	■	■
OBSERVACIONES	L M X J V S ... (1)	Diario (2)	L M X J V -- (4)	----- S D (3)	Diario

OBSERVACIONES:
(1) No circula 25-VII y 15-VIII.
(2) Efectúa parada en Santa Catalina (7.26).
(3) Circula 25-VII y 15-VIII.
(4) No circula 25-VII y 15-VIII. Diario hasta Aranjuez.
(5) Efectúa parada en Santa Catalina (14.31).

(L) Lunes   (V) Viernes
(M) Martes   (S) Sábado
(X) Miércoles   (D) Domingo
(J) Jueves

PRONUNCIACIÓN

Las consonantes ñ, ch

The **ñ** is a separate letter of the Spanish alphabet. The mark over it is called a **tilde.** Note that it is pronounced similarly to the *ny* in the English word *canyon*. Repeat the following.

señor	**otoño**	**España**
señora	**pequeño**	**cumpleaños**
año		

Ch is pronounced much like the **ch** in the English word *church*. Repeat the following.

coche	**chaqueta**
chocolate	**muchacho**

Repeat the following sentences.

> **El señor español compra un coche cada año en el otoño.**
> **El muchacho chileno duerme en una cama pequeña en el coche-cama.**
> **El muchacho pequeño lleva una chaqueta color chocolate.**

Lecturas CULTURALES

Reading Strategy

Interpretation of images

Reading passages sometimes use images as a symbol to create an impression. Many times these images are animals. If you are able to identify an image, it is helpful to stop for a moment and think about the qualities and characteristics of the particular symbol the author is using in his or her imagery. Then when you have finished reading, go back and think about how the two images being compared are alike.

EN EL AVE

José Luis y su hermana, Maripaz, pasan dos días en Sevilla. Vinieron a visitar a sus abuelos. El viaje que hicieron de Madrid, donde viven, fue fantástico. Tomaron el tren y llegaron a Sevilla en sólo dos horas y quince minutos. Salieron de Atocha en Madrid a las 17:00 y bajaron del tren en Sevilla a las 19:15. ¿Es posible recorrer el trayecto[1] Madrid–Sevilla en dos horas quince minutos? Es una distancia de 538 kilómetros. ¡Es increíble!

[1]recorrer el trayecto *cover the route*

A bordo del AVE

Sí, es increíble, pero es verdad. El nuevo tren español de alta velocidad es uno de los trenes más rápidos del mundo. Viaja a 250 kilómetros por hora. El tren se llama el AVE. ¿Por qué el AVE? Porque el tren vuela como un ave o pájaro.

José Luis y Maripaz tomaron el AVE. Según ellos, el viaje fue fantástico. ¿Por qué? Primero la velocidad. Pero el tren es también muy cómodo[2]. Lleva ocho coches en tres clases. Los pasajeros pueden escuchar música estereofónica o mirar tres canales de video. El tren también dispone de[3] teléfono por si acaso[4] un pasajero quiere o necesita hacer una llamada telefónica.

[2]cómodo *comfortable*
[3]dispone de *has available*
[4]por si acaso *in case*

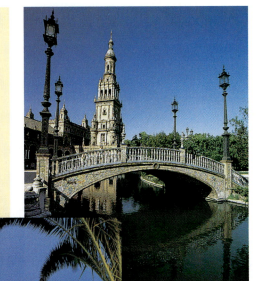
Plaza de España, Sevilla

Torre del Oro, Sevilla

Después de leer

A Una visita a los abuelos
Contesten.

1. ¿Quiénes hicieron un viaje de Madrid a Sevilla?
2. ¿Quiénes vinieron a Sevilla, José Luis y su hermana o sus abuelos?
3. ¿Cómo hicieron el viaje?
4. ¿Qué tal fue el viaje?
5. ¿Cuánto tiempo tardó el viaje?
6. ¿A qué hora salieron de Madrid?
7. ¿A qué hora llegaron a Sevilla?

B Información Busquen la información.

1. uno de los trenes más rápidos del mundo
2. el nombre del tren
3. el número de coches que lleva el tren
4. el número de clases que tiene
5. algunas comodidades que el tren ofrece a los pasajeros

Plaza de España, Sevilla

DE CUZCO A MACHU PICCHU

Un viaje muy interesante en tren es el viaje de Cuzco a Machu Picchu en el Perú. Cada día a las siete de la mañana, un tren de vía estrecha[1] sale de la estación de San Pedro en Cuzco y llega a Machu Picchu a las diez y media. Cuzco está a unos 3.500 metros sobre el nivel del mar. El tren tiene que bajar a 2.300 metros para llegar a Machu Picchu. Tiene que bajar 1.200 metros y en el viaje de regreso tiene que subir 1.200 metros.

Pero, ¿quiénes toman el tren para ir a Machu Picchu? Es un tren que lleva a muchos turistas que quieren ir a ver las famosas ruinas de los incas. Machu Picchu es una ciudad entera, totalmente aislada[2] en un pico andino al borde de[3] un cañón. Un dato histórico increíble es que los españoles no descubrieron a Machu Picchu durante su conquista

[1] de vía estrecha *narrow gauge*
[2] aislada *isolated*
[3] al borde de *on the edge of*

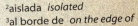

El valle del Urubamba, Perú

La Plaza de Armas, Cuzco

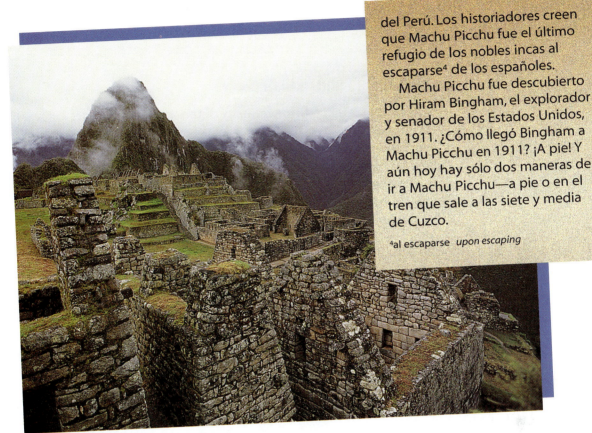

del Perú. Los historiadores creen que Machu Picchu fue el último refugio de los nobles incas al escaparse[4] de los españoles.

Machu Picchu fue descubierto por Hiram Bingham, el explorador y senador de los Estados Unidos, en 1911. ¿Cómo llegó Bingham a Machu Picchu en 1911? ¡A pie! Y aún hoy hay sólo dos maneras de ir a Machu Picchu—a pie o en el tren que sale a las siete y media de Cuzco.

[4]al escaparse *upon escaping*

Machu Picchu

espués de leer

A **¿Sí o no?** Digan que sí o que no.

1. Machu Picchu está a una altura más elevada que Cuzco.
2. El tren que va de Machu Picchu a Cuzco tiene que subir 1.200 metros.
3. El viaje de Cuzco a Machu Picchu toma tres horas y media.
4. Hay muy pocos turistas en el tren a Machu Picchu.
5. En Machu Picchu hay ruinas famosas de los incas.
6. Machu Picchu fue una ciudad de los incas.
7. Los españoles descubrieron la ciudad de Machu Picchu durante su conquista del Perú.
8. Hiram Bingham fue un senador de los Estados Unidos.
9. Él también fue a Machu Picchu en tren.

Conexiones

LAS MATEMÁTICAS

CONVERSIONES ARITMÉTICAS

When traveling through many of the Spanish-speaking countries, you will need to make some mathematical conversions. For example, train as well as plane schedules and hours for formal events, radio, and television are given using the twenty-four-hour clock. The metric system rather than the English system is used for weights and measures. Let's take a look at some of the conversions that must be made.

La hora

Cuando lees el horario para el tren o un anuncio para un programa cultural, dan la hora usando las 24 horas. La una (1:00) es la una de la mañana y las doce (12:00) es el mediodía. Las trece (13:00), una hora después del mediodía, es la una de la tarde y las veinticuatro horas (00:00) es la medianoche.

Nuestros amigos José Luis y Maripaz salieron de Madrid a las 17:00 y llegaron a Sevilla a las 19:15. Es decir que salieron de Madrid a las 5:00 de la tarde y llegaron a las 7:15 de la tarde.

HORARIOS

MADRID Puerta de Atocha CADIZ	LLANO	
NÚMERO DE TREN	8220	41 (1)
DÍAS DE CIRCULACIÓN	LMXJVSD	LMXJVSD
MADRID Puerta de Atocha	10:05	16:05
CIUDAD REAL	11:06	17:06
PUERTOLLANO	✱ 11:23	✱ 17:23
CORDOBA	12:12	18:11
SEVILLA Santa Justa	13:19	19:26
JEREZ DE LA FRONTERA	14:16	20:23
EL PUERTO DE STA. MARIA	14:27	20:36
SAN FERNANDO DE CADIZ	14:41	20:50
CADIZ	14:55	21:05

CADIZ MADRID Puerta de Atocha		LLANO
NÚMERO DE TREN	42 (2)	8233
DÍAS DE CIRCULACIÓN	LMXJVSD	LMXJVSD
CADIZ	08:00	16:25
SAN FERNANDO DE CADIZ	08:13	16:36
EL PUERTO DE STA. MARIA	08:26	16:48
JEREZ DE LA FRONTERA	08:36	16:59
SEVILLA Santa Justa	09:43	17:57
CORDOBA	10:50	19:03
PUERTOLLANO	✱ 11:42	✱ 19:52
CIUDAD REAL	11:59	20:09
MADRID Puerta de Atocha	13:02	21:10

MADRID Puerta de Atocha HUELVA	LLANO
NÚMERO DE TREN	8220
DÍAS DE CIRCULACIÓN	LMXJVSD
MADRID Puerta de Atocha	10:05
CIUDAD REAL	11:06
PUERTOLLANO	✱ 11:23
CORDOBA	12:12
LA PALMA DEL CONDADO (*)	14:05
HUELVA	14:30

HUELVA MADRID Puerta de Atocha	LLANO
NÚMERO DE TREN	8233
DÍAS DE CIRCULACIÓN	LMXJVSD
HUELVA	16:55
LA PALMA DEL CONDADO	17:19
CORDOBA	✱ 19:03
PUERTOLLANO	✱ 19:52
CIUDAD REAL	20:09
MADRID Puerta de Atocha	21:10

(*) La Palma no admite viajeros destino Huelva.

TIPO DE RESTAURACIÓN		OBSERVACIONES
SNACK	✱ El servicio de restauración en el asiento se realiza únicamente entre las estaciones señaladas.	(1) Procede de Barcelona, Zaragoza. (2) Continúa a Zaragoza, Barcelona.

El sistema métrico—pesos y medidas[1]

Pesos
Las medidas tradicionales para peso en los Estados Unidos son la onza, la libra y la tonelada. En el sistema métrico decimal, las medidas para peso están basadas en el kilogramo, o kilo.

---

[1]pesos y medidas *weights and measures*

Hay mil gramos en un kilo. El kilo es igual a 2,2 libras. Una libra estadounidense es un poco menos de medio kilo.

Líquidos

Las medidas para líquidos en los Estados Unidos son la pinta, el cuarto y el galón. En el sistema métrico es el litro. Un litro contiene un poco más que un cuarto.

Distancia y altura

Para medir la distancia y la altura en los Estados Unidos usamos la pulgada, el pie, la yarda y la milla. El sistema métrico usa el metro. El metro es un poco más que una yarda. Un kilómetro (mil metros) es 0,621 millas—un poco más que media milla.

~Después de leer~

A **La hora** Read the schedule on page 400 and give the arrival and departure times of the trains using our system.

B **El sistema métrico** Contesten según las fotografías.

1. ¿Cuánto cuesta un litro de gasolina?
2. ¿Cuál es el límite de velocidad?
3. ¿Cuánto cuesta un litro de leche?
4. ¿Cuánto cuesta un kilo de carne?

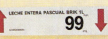

Culminación

 Actividades orales

A **El tren, el bus o el avión**   Work in groups of three or four. Discuss the advantages **(las ventajas)** and the disadvantages **(las desventajas)** of bus, train, and air travel. In your discussion, include such things as speed, price, location of stations, and anything else you consider important.

B **¿Qué vamos a hacer?**   You and a classmate are on a bus on the way to the train station in Madrid. There's an awful traffic jam **(un tapón, un atasco).** You know you are going to miss your train. Discuss your predicament with one another and figure out what you can do.

La estación de ferrocarril, Málaga

❧Actividad escrita❧

A. **En la estación de ferrocarril** Look at the illustrations and write a
paragraph about them.

Writing Strategy

Writing a descriptive paragraph

Your overall goal in writing a descriptive paragraph is to enable the reader to visualize your scene. To achieve this you must select and organize details that create an impression. Using a greater number of specific nouns and vivid adjectives will make your writing livelier.

Un viaje excelente

Write about a trip you took to a place you love. The place can be real or imaginary. Describe how and where you went, and when. Then describe what the weather is like in that place and what clothing you need there. Continue by writing about what you saw and how you got to each place you visited. In your description of the place, try to make your readers understand what it is about the place that you think is so great.

Vocabulario

GETTING AROUND A TRAIN STATION

la estación de ferrocarril

la ventanilla

el billete, el boleto

   sencillo

   de ida y vuelta

la sala de espera

el mozo, el maletero

el equipaje

la maleta

la bolsa

el tablero de llegadas,

   de salidas

el horario

el quiosco

el tren

el andén

la vía

en segunda (clase)

en primera (clase)

DESCRIBING ACTIVITIES AT A TRAIN STATION

bajar(se) del tren

subir al tren

transbordar

salir a tiempo

   con retraso, con una demora

ON BOARD THE TRAIN

el coche, el vagón

el pasillo

el compartimiento

el asiento, la plaza

   libre

   ocupado(a)

   reservado(a)

completo(a)

el coche-cama

el coche-comedor, el coche-cafetería

la litera

el revisor

la parada

en la próxima parada

TECNOTUR

VIDEO

¡Buen viaje!

EPISODIO 13 ▶ Un viaje en tren

Juan Ramón y Teresa hacen un viaje en tren a Sevilla.

En Sevilla visitan varios lugares interesantes.

CD-ROM

Expansión cultural

interNET CONNECTION

In this video episode, Juan Ramón and Teresa take the AVE from Madrid to Seville. To plan your own train trip, go to the **Capítulo 13** Internet activity at the Glencoe Foreign Language Web site:

http://www.glencoe.com/sec/fl

Muchos españoles creen que Sevilla es la ciudad más bonita del mundo.

CAPÍTULO 14

En el restaurante

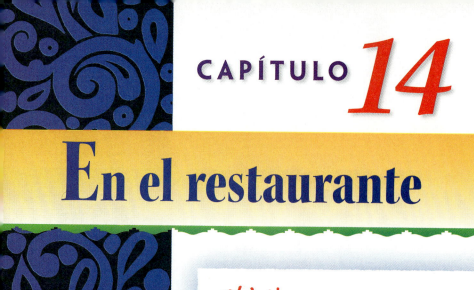

Objetivos

In this chapter you will learn to do the following:

- ∾ order food or a beverage at a restaurant
- ∾ identify eating utensils and dishes
- ∾ identify more foods
- ∾ make a reservation at a restaurant
- ∾ talk about present and past events
- ∾ describe some cuisines of the Hispanic world

Vocabulario

En el restaurante

El mesero pone la mesa.

**el camarero,
el mesero**

el vaso

Tengo hambre.

Tengo hambre y quiero comer.

Tengo sed.

Tengo sed y quiero beber algo.

la sal

la pimienta

la taza

el platillo

el plato

la cuchara

la cucharita

el cuchillo

el tenedor

la servilleta

el mantel

La señorita pide el menú.

el cocinero

freír

El cocinero fríe las papas.
Está friendo las papas.

El mesero le sirve la comida.

la tarjeta de crédito

la cuenta

la propina

el dinero

La señorita pide la cuenta.
El servicio no está incluido.
Ella deja una propina.

Práctica

A ¿Qué necesitas? Contesten según el modelo.

¿Para tomar leche?
Para tomar leche necesito un vaso.

1. ¿Para tomar agua?
2. ¿Para tomar café?
3. ¿Para comer la ensalada?
4. ¿Para comer el postre?
5. ¿Para cortar la carne?

B HISTORIETA En el restaurante

Contesten.

1. ¿Cuántas personas hay en la mesa?
2. ¿Tiene hambre María?
3. ¿Pide María el menú?
4. ¿Le trae el menú el mesero?
5. ¿Qué pide María?
6. ¿El mesero le sirve?
7. ¿El mesero le sirve bien?
8. Después de la comida, ¿le pide la cuenta al mesero?
9. ¿Le trae la cuenta el mesero?
10. ¿Paga con su tarjeta de crédito María?
11. ¿María le da (deja) una propina al mesero?
12. Después de la comida, ¿tiene hambre María?

Madrid, España

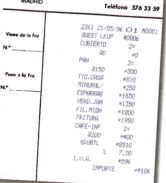

C **Palabras relacionadas** Busquen una palabra relacionada.

1. la mesa   **a.** el servicio
2. la cocina   **b.** la bebida
3. servir   **c.** el cocinero
4. freír   **d.** la comida
5. comer   **e.** el mesero
6. beber   **f.** frito

Alcalá de Henares, España

D **HISTORIETA** **El mesero pone la mesa.**

Completen.

1. Para comer, los clientes necesitan
   ____, ____, ____ y ____.
2. Dos condimentos son la ____ y la
   ____.
3. El mesero cubre la mesa con ____.
4. En la mesa el mesero pone una
   ____ para cada cliente.
5. El niño pide un ____ de leche y sus
   padres piden una ____ de café.
6. Ellos tienen ____ y piden una
   botella de agua mineral.

Actividad comunicativa

A **En el restaurante** Look at the advertisement for a restaurant in Santiago de Chile. Tell as much as you can about the restaurant based on the information in the advertisement. A classmate will tell whether he or she wants to go to the restaurant and why.

Aquí está Coco

El sabor de los mejores pescados y mariscos del Pacífico Sur, preparados como usted quiera, en un ambiente agradable e informal.

Vocabulario

Más alimentos o comestibles

la carne

la carne de res, el biftec

la ternera

el cerdo

el cordero

el pescado

los mariscos

los camarones

las almejas

la langosta

la alcachofa

el arroz

el ajo

la berenjena

el aceite

el maíz

los guisantes

412 ∽ *cuatrocientos doce*

La joven pidió un biftec.
El mesero sirvió el biftec.
La comida está rica, deliciosa.

¡Diga!

Quisiera reservar una mesa, por favor.

Sí, señor. ¿Para cuándo?

Para esta noche a las nueve y media.

¿Cuántas personas?

Cuatro.

¿A nombre de quién, por favor?

A nombre de Julio Amaral.

Conforme, señor.

Práctica

A **¿Te gusta(n) o no te gusta(n)?** Contesten según las fotos.

1.

2.

3.

4.

5.

6.

B **HISTORIETA** Cenó en el restaurante.

Contesten.

1. ¿Fue Victoria al restaurante anoche?
2. ¿Quién le sirvió?
3. ¿Pidió Victoria un biftec?
4. ¿Pidió también una ensalada?
5. ¿Le sirvió el mesero una ensalada de lechuga y tomate?
6. ¿Le sirvió una comida deliciosa o una comida mala?

Caracas, Venezuela

C ¿Qué te gusta? Contesten personalmente.

1. ¿Te gusta la ensalada?
2. ¿Te gusta la ensalada con aceite y vinagre?
3. ¿Te gusta el biftec?
4. ¿Te gusta el sándwich de jamón y queso?
   ¿Te gusta más con pan tostado?
5. ¿Te gusta la tortilla de queso?
6. ¿Te gustan los huevos con jamón?

❖ Actividades comunicativas ❖

A Una reservación
You call a restaurant in Buenos Aires. The head-waiter (a classmate) answers. Make a reservation for yourself and a group of friends.

B ¿Qué recomienda Ud.?
Here's a menu from a very famous restaurant in Madrid. In fact, it's the oldest restaurant in the city, dating from 1725. There are many items on the menu that you will be able to recognize. A classmate will be the server. Ask what he or she recommends and then order.

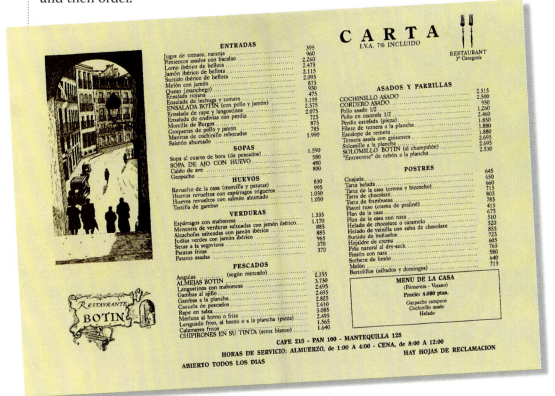

Estructura

Describing more present activities
Verbos con el cambio e → i en el presente

1. The verbs **pedir, servir, repetir, freír, seguir** *(to follow),* and **vestirse** *(to get dressed)* are stem-changing verbs. The **e** of the infinitive stem changes to **i** in all forms of the present tense except the **nosotros** and **vosotros** forms. Study the following forms. Note the spelling of **seguir.**

INFINITIVE	pedir	servir	seguir	vestirse
yo	pido	sirvo	sigo	me visto
tú	pides	sirves	sigues	te vistes
él, ella, Ud.	pide	sirve	sigue	se viste
nosotros(as)	pedimos	servimos	seguimos	nos vestimos
vosotros(as)	*pedís*	*servís*	*seguís*	*os vestís*
ellos, ellas, Uds.	piden	sirven	siguen	se visten

Práctica

A **Lo que yo pido** Digan si piden lo siguiente o no.

1.

2.

3.

4.

5.

6.

B Lo que pedimos en el restaurante Sigan el modelo.

 A Juan le gusta el pescado. ¿Qué pide él?

 Él pide pescado.

1. A Teresa le gustan los mariscos. ¿Qué pide ella?
2. A Carlos le gusta el biftec. ¿Qué pide él?
3. A mis amigos les gustan las legumbres. ¿Qué piden ellos?
4. A mis padres les gusta mucho la ensalada. ¿Qué piden ellos?

5. Nos gusta el postre. ¿Qué pedimos?
6. Nos gustan las tortillas. ¿Qué pedimos?
7. ¿Qué pides cuando tienes sed?
8. ¿Qué pides cuando tienes hambre?

C Historieta Vamos al restaurante.

Completen.

Cuando mi amiga y yo _____ (ir) al restaurante, nosotros _____
       1   2
(pedir) casi siempre una hamburguesa. Yo la _____ (pedir) con lechuga
              3
y tomate y ella la _____ (pedir) con queso. A mi amiga le _____ (gustar)
     4   5
mucho las papas fritas. Ella _____ (decir) que le _____ (gustar) más
          6   7
cuando el cocinero las _____ (freír) en aceite de oliva.
         8

D Entrevista Contesten personalmente.

1. Cuando vas a un restaurante, ¿qué pides?
2. ¿Pides papas? Si no pides papas, ¿pides arroz?
3. ¿Qué más pides con la carne y las papas o el arroz?
4. ¿Quién te sirve en el restaurante?
5. Si te sirve bien, ¿qué le dejas?

Marbella, España

❧ Actividad comunicativa ❧

A ¿Por qué no pides... ? You're in a restaurant with a friend
(a classmate). You are hungry and thirsty, but you don't know what
to order. Your friend will suggest something. Then you decide.

Describing more activities in the past
Verbos con el cambio e → i, o → u en el pretérito

1. The verbs **pedir, repetir, freír, servir,** and **vestirse** have a stem change in the preterite. The **e** of the infinitive stem changes to **i** in the **él** and **ellos** forms.

INFINITIVE	pedir	repetir	vestirse
yo	pedí	repetí	me vestí
tú	pediste	repetiste	te vestiste
él, ella, Ud.	pidió	repitió	se vistió
nosotros(as)	pedimos	repetimos	nos vestimos
vosotros(as)	pedisteis	repetisteis	os vestisteis
ellos, ellas, Uds.	pidieron	repitieron	se vistieron

2. The verbs **preferir, divertirse,** and **dormir** also have a stem change in the preterite. The **e** in **preferir** and **divertirse** changes to **i** and the **o** in dormir changes to **u** in the **él** and **ellos** forms.

INFINITIVE	preferir	divertirse	dormir
yo	preferí	me divertí	dormí
tú	preferiste	te divertiste	dormiste
él, ella, Ud.	prefirió	se divirtió	durmió
nosotros(as)	preferimos	nos divertimos	dormimos
vosotros(as)	preferisteis	os divertisteis	dormisteis
ellos, ellas, Uds.	prefirieron	se divirtieron	durmieron

 **Práctica**

 A **HISTORIETA** Servicio bueno o malo

Contesten según se indica.

1. ¿Qué pediste en el restaurante? (una ensalada)
2. ¿Cómo la pediste? (sin aceite y vinagre)
3. ¿Cuántas veces repetiste «sin aceite y vinagre»? (dos veces)
4. Y, ¿cómo sirvió el mesero la ensalada? (con aceite y vinagre)
5. ¿Qué hiciste? (pedí otra ensalada)
6. ¿Qué pidió tu amigo? (puré de papas)
7. ¿Y qué pasó? (el cocinero frió las papas)
8. ¿Qué sirvió el mesero? (papas fritas)
9. ¿Pidieron Uds. una bebida? (sí)
10. ¿Qué pidieron para beber? (una limonada)
11. ¿Qué sirvió el mesero? (un té)
12. ¿Le dieron Uds. una propina al mesero? (no)

B HISTORIETA Preparando la comida

Completen con el pretérito.

Anoche mi hermano y yo ____ (preparar) la comida para la familia.
Yo ____ (freír) el pescado. Mi hermano ____ (freír) las papas.
Mamá ____ (poner) la mesa. Y papá ____ (servir) la comida. Todos
nosotros ____ (comer) muy bien. A todos nos
____ (gustar) mucho el pescado. Mi hermano y mi papá ____
(repetir) el pescado. Luego
yo ____ (servir) el postre,
un sorbete. Después de la comida
mi hermano tomó una siesta.
Él ____ (dormir) media hora.
Yo no ____ (dormir). No me
gusta dormir inmediatamente
después de comer.

Valparaíso, Chile

Actividad comunicativa

A Lo siento mucho.
You're in a restaurant and you're fed up with
the waiter. He hasn't done a thing right. Call over the manager
(a classmate) and tell him or her all that happened. He or she will
apologize and say something to try to make you happy.

Conversación

En el restaurante

TERESA: ¿Tiene Ud. una mesa para dos personas?

MESERO: Sí, señorita. Por aquí, por favor.

TERESA: ¿Es posible tener un menú en inglés?

MESERO: Sí, ¡cómo no!

PACO: Teresa, no necesito un menú en inglés. Lo puedo leer en español. (El mesero les da un menú en inglés.)

PACO: No sé por qué ella me pidió un menú en inglés.

MESERO: No hay problema. Le traigo uno en español.

PACO: Gracias.

TERESA: Pues, Paco, ¿qué vas a pedir?

PACO: Para mí, la especialidad de la casa.

TERESA: Yo también pido la especialidad de la casa.

Después de conversar

Completen.

1. ¿Para cuántas personas quiere la mesa Teresa?
2. ¿Tiene el mesero una mesa libre?
3. ¿Qué tipo de menú pide Teresa?
4. ¿Necesita un menú en inglés Paco?
5. ¿Sabe él por qué ella le pidió un menú en inglés?
6. ¿Qué va a pedir Paco?
7. Y Teresa, ¿qué pide ella?

❧ Actividades comunicativas ❧

A **Fuimos al restaurante.** You and your parents went to a restaurant last night. A classmate will ask you questions about your experience. Answer him or her.

B **Preferencias** Work with a classmate and discuss whether you prefer to eat at home or in a restaurant. Give reasons for your preferences.

PRONUNCIACIÓN

La consonante x

An x between two vowels is pronounced much like the English x but a bit softer. It's like **a gs: examen → eg-samen.** Repeat the following.

> **exacto** **examen**
> **éxito** **próximo**

When x is followed by a consonant, it is often pronounced like an s. Repeat the following.

> **extremo** **explicar** **exclamar**

Repeat the following sentence.

El extranjero exclama que baja en la próxima parada.

Lecturas CULTURALES

Reading Strategy

Thinking while reading
Good readers always think while reading. They think about what the passage might be about after reading the title and looking at the visuals. They predict, create visual images, compare, and check for understanding, and continually think while the author is explaining.

LA COMIDA MEXICANA

Es muy difícil decir lo que es la comida hispana porque la comida varía mucho de una región hispana a otra.

Aquí en los Estados Unidos la comida mexicana es muy popular. Hay muchos restaurantes mexicanos. Algunos sirven comida típicamente mexicana y otros sirven variaciones que vienen del suroeste de los Estados Unidos donde vive mucha gente de ascendencia mexicana.

La base de muchos platos mexicanos es la tortilla. La tortilla es un tipo de panqueque. Puede ser de harina[1] de maíz o de trigo[2]. Con las tortillas, los mexicanos preparan tostadas, tacos, enchiladas, etc. Rellenan[3] las tortillas de pollo, carne de res o frijoles y queso.

[1]harina *flour*
[2]trigo *wheat*
[3]Rellenan *They fill*

San Miguel de Allende, México

Después de leer

A **La comida mexicana** Contesten.

1. ¿Varía mucho la cocina hispana de una región a otra?
2. ¿Dónde es popular la comida mexicana?
3. ¿De dónde vienen muchas variaciones de la cocina mexicana?
4. ¿Qué sirve de base para muchos platos mexicanos?
5. ¿Qué es una tortilla? ¿De qué puede ser?
6. ¿De qué rellenan las tortillas?

SECRETARIA DE EDUCACION, CULTURA
Y RECREACION
MUSEO CASA
"DIEGO RIVERA"
CUANAJUATO, GTO.
COOPERACION N$ 5.00

«El cultivo del maíz» de Diego Rivera

LA COMIDA ESPAÑOLA

En España, como en México, hay tortillas también. Pero hay una gran diferencia entre una tortilla mexicana y una tortilla española. La tortilla española no es de maíz. El cocinero español prepara la tortilla con huevos. La tortilla española, que es muy típica, lleva patatas (papas) y cebollas[1].

La cocina española es muy buena y muy variada. Como España es un país que tiene mucha costa, muchos platos españoles llevan marisco y pescado. Y los cocineros preparan muchos platos con aceite de oliva.

[1]cebollas *onions*

Barcelona, España

Después de leer

 A **La cocina española** Contesten.

1. ¿Cuál es la diferencia entre una tortilla española y una tortilla mexicana?
2. ¿Qué lleva la típica tortilla a la española?
3. ¿Por qué llevan marisco y pescado muchos platos españoles?
4. ¿Qué usan muchos cocineros españoles para preparar una comida?

LA COMIDA DEL CARIBE

En el Caribe, en Puerto Rico, Cuba y en la República Dominicana, la gente come muchos mariscos y pescado. Es natural porque Puerto Rico, Cuba y la República Dominicana son islas. Pero la carne favorita de la región es el puerco o el lechón[1]. No hay nada más delicioso que un buen lechón asado[2]. Sirven el lechón con arroz, frijoles (habichuelas) y tostones. Para hacer tostones el cocinero corta en rebanadas[3] un plátano, una banana grande, verde y dura. Luego fríe las rebanadas en manteca[4].

[1]lechón *suckling pig*
[2]asado *roast*
[3]rebanadas *slices*
[4]manteca *lard*

Humacao, Puerto Rico

Después de leer

A **¿Lo sabes?**   Busquen la información.

1. algunos países de la región del Caribe
2. por qué come la gente muchos mariscos y pescado en la región del Caribe
3. una carne favorita de los puertorriqueños, cubanos y dominicanos
4. lo que sirven con el lechón asado
5. lo que son tostones

Conexiones

LAS HUMANIDADES

EL LENGUAJE

As we already know, Spanish is a language that is spoken in many areas of the world. In spite of the fact that the Spanish-speaking world covers a large area of the globe, it is possible to understand a speaker of Spanish regardless of where he or she is from. Although there are regional differences, these differences do not cause serious comprehension problems.

However, pronunciation does change from area to area. For example, people from San Juan, Puerto Rico; Buenos Aires, Argentina; and Madrid, Spain have pronunciations that are quite different one from the other. However, the same is true of English. People from New York, Memphis, and London also have a distinct pronunciation but they can all understand one another.

The use of certain words will also change from one area to another. This is particularly true in the case of words for foods. Let's look at some regional differences with regard to vocabulary.

Regionalismos

Comestibles

En España son patatas y en todas partes de Latinoamérica son papas.

En casi todas partes es el maíz pero en México es el maíz o el elote y en Chile es el choclo.

En España son cacahuetes; en muchas partes de Latinoamérica son cacahuates pero en el Caribe son maní.

En muchas partes es jugo de naranja pero en Puerto Rico es jugo de china y en España es zumo de naranja.

Las judías verdes tienen muchos nombres. Además de judías verdes son habichuelas tiernas, chauchas, vainitas, ejotes y porotos.

Cosas que no son comestibles

Tomamos el autobús en España, el camión en México y la guagua en el Caribe y en las Islas Canarias.

En España todos duermen en el dormitorio o en la habitación. En México duermen en la recámara y, en muchas partes, en el cuarto o en el cuarto de dormir.

En España sacas un billete en la ventanilla y en Latinoamérica compras un boleto en la ventanilla o en la boletería.

Después de leer

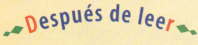

A   Hispanohablantes   If any of your classmates are native speakers of Spanish, ask them to compare the way they say things. Have them share this information with you.

B   El inglés   There are variations in the use of English words. Discuss the following terms and where they might be heard.

1. bag, sack
2. soda, pop
3. elevator, lift
4. line, queue
5. pram, baby carriage
6. truck, lorry
7. traffic circle, rotary, roundabout
8. subway, underground

Culminación

Actividades orales

A **Fuimos al restaurante.** Get together with a classmate and describe some dishes from different areas of the Spanish-speaking world. Then decide what kind of restaurant or restaurants you want to go to. Tell why.

B **¡A comer!** You and your classmates, accompanied by your teacher, go to a Spanish restaurant in your community and order your meal in Spanish. Try to speak only Spanish during your meal.

JUEGO **La comida** Mention a food category, such as meat, seafood, fruit, vegetable. Your partner will give the name of a food that belongs in that category. Take several turns each. Try to use as much of the food vocabulary you've learned as possible.

A **Comidas buenas y ricas** Prepare the menu for several Spanish meals—**el desayuno, el almuerzo,** and **la cena.** Then present your menus to the class. Have the class vote on whether or not they would order your meals. Then decide who in the class should open a restaurant.

35° Aniversario **La Estancia**

ASADOR CRIOLLO

Lechón al Asador	$ 14.00
Chivito «La Estancia»	$ 16.00
Asado al Asador	$ 11.00

COCINA

Costilla de Cerdo con puré de manzana	$ 10.00
Costilla de Cerdo a la Riojana	$ 12.00
Lomo a la Pimienta con papas a la crema	$ 16.00
Lomo al Champignon	$ 17.00
Milanesa de Lomo	$ 6.50
Milanesa de Lomo a la Napolitana	$ 9.50
Milanesa de Pollo	$ 6.00
Milanesa de Pollo a la Napolitana	$ 9.00
Crema de Pollo «La Estancia»	$ 10.50
a la Maryland	$ 10.00

BIFES

Bife de costilla con Lomo con guarnición de papas fritas	$ 8.50
Bife de Chorizo	$ 7.50
Bife especial «La Estancia»	$ 12.50
Bife de Lomo especial «La Estancia»	$ 15.00
Costillas de Cerdo	$ 8.00
Chorizos (c/u)	$ 2.50
Salchicha Criolla (c/u)	$ 3.00
Morcillas (c/u)	$ 2.50
Matambrito Tiernizado	$ 10.00
Bife Aniversario con Lomo	$ 17.00
Mollejas porción	$ 11.00
Longaniza (c/u)	$ 4.00
Riñones porción	$ 5.00
Chinchulines de Ternera porción	$ 5.00
Chinchulines de Cordero porción	$ 9.00
Ubre porción	$ 4.50

Writing Strategy

Writing a letter of complaint

When you write a letter of complaint, you must clearly identify the problem and suggest solutions; you should use a businesslike tone. You might be angry when you write a letter of complaint. But to be effective, you must control your emotions since your goal is to get the problem corrected. Your tone of voice is reflected in writing as much as it is in speech; your results will be better if you address the situation calmly and reasonably. In addition, it is important that the letter be addressed to the person who has the most authority.

¡Qué desastre!

Pretend you went to a restaurant where you had a very bad experience. The waiter didn't serve you what you ordered nor the way you ordered it. Write a letter to the management complaining about the food and the service.

Vocabulario

GETTING ALONG AT A RESTAURANT

el restaurante

la mesa

el/la mesero(a),
   el/la camarero(a)

el/la cocinero(a)

el menú

la cuenta

la tarjeta de crédito

la propina

el dinero

IDENTIFYING A PLACE SETTING

el vaso

la taza

el platillo

el plato

el tenedor

el cuchillo

la cucharita

la cuchara

el mantel

la servilleta

DESCRIBING SOME RESTAURANT ACTIVITIES

poner la mesa

pedir

servir

freír

repetir

reservar

tener hambre

tener sed

DESCRIBING FOOD

rico(a), delicioso(a)

IDENTIFYING MORE FOODS

la carne

la carne de res, el biftec

la ternera

el cerdo

el cordero

el pescado

los mariscos

los camarones

las almejas

la langosta

el ajo

la berenjena

la alcachofa

el arroz

el maíz

la sal

la pimienta

el aceite

el vinagre

TECNOTUR

¡Buen viaje!

EPISODIO 14 ▶ En el restaurante

Cristina, Isabel y Luis van a un restaurante.

Después del almuerzo los jóvenes miran los videos que reciben de España.

CD-ROM

Expansión cultural

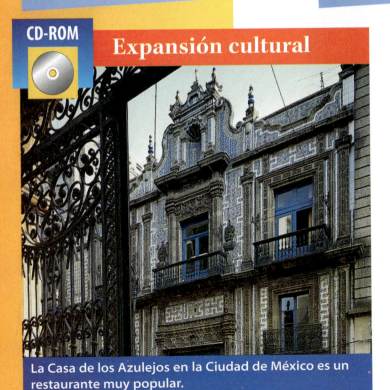

La Casa de los Azulejos en la Ciudad de México es un restaurante muy popular.

interNET CONNECTION

In this video episode, Cristina, Isabel, and Luis are having lunch at a restaurant in Mexico. To visit some restaurants in cities in the Spanish-speaking world, go to the Capítulo 14 Internet activity at the Glencoe Foreign Language Web site:

http://www.glencoe.com/sec/fl

Repaso CAPÍTULOS 12–14

Conversación

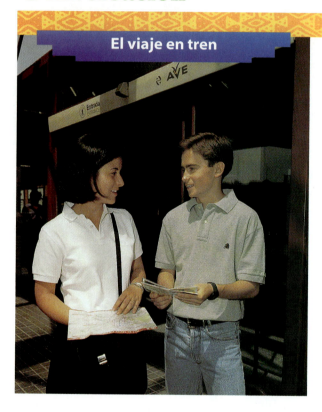

El viaje en tren

ALBERTO: ¿Te gustó el viaje que hiciste en tren?

MARÍA: Sí, bastante. Dormí bien en la litera.

ALBERTO: ¿Te desayunaste en el tren?

MARÍA: No, porque llegamos a Madrid a las seis y media.

ALBERTO: Y, ¿a qué hora salieron de San Sebastián?

MARÍA: Salimos de San Sebastián a las veinte cuarenta.

Después de conversar

 Contesten.

1. ¿A María le gustó el viaje que hizo en tren?
2. ¿Cómo durmió en la litera?
3. ¿Se desayunó en el tren?
4. ¿A qué hora llegaron a Madrid?
5. ¿A qué hora salieron de San Sebastián?

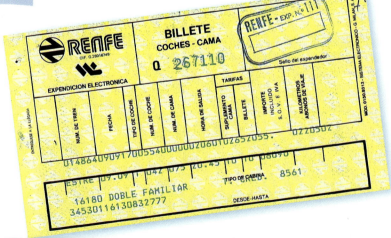

Estructura

Verbos irregulares en el pretérito

Review the preterite forms of the following irregular verbs.

HACER	hice	hiciste	hizo	hicimos	*hicisteis*	hicieron
QUERER	quise	quisiste	quiso	quisimos	*quisisteis*	quisieron
VENIR	vine	viniste	vino	vinimos	*vinisteis*	vinieron
ANDAR	anduve	anduviste	anduvo	anduvimos	*anduvisteis*	anduvieron
ESTAR	estuve	estuviste	estuvo	estuvimos	*estuvisteis*	estuvieron
TENER	tuve	tuviste	tuvo	tuvimos	*tuvisteis*	tuvieron
PODER	pude	pudiste	pudo	pudimos	*pudisteis*	pudieron
PONER	puse	pusiste	puso	pusimos	*pusisteis*	pusieron
SABER	supe	supiste	supo	supimos	*supisteis*	supieron

Práctica

A **HISTORIETA** **En la estación de ferrocarril**

Completen con la forma apropiada del pretérito.

El otro día yo _____ (tener) que ir a Toledo. Carlos _____ (ir)
  1 2
también. Nosotros _____ (estar) en la estación de ferrocarril. Carlos
  3
_____ (hacer) cola en la ventanilla. Él me _____ (dar) mi billete y yo
  4 5
lo _____ (poner) en mi bolsa. Nosotros _____ (estar) en el andén.
  6 7
Cuando _____ (venir) el tren, yo no _____ (poder) hallar mi billete.
  8 9
No sé dónde lo _____ (poner). No sé dónde está.
  10

Verbos de cambio radical

1. Some verbs have a stem change in both the present and preterite
tenses. Verbs like **pedir (i, i)** change the **e** to **i** in both the present and
preterite.

PRESENT	pido	pides	pide	pedimos	*pedís*	piden
PRETERITE	pedí	pediste	pidió	pedimos	*pedisteis*	pidieron

2. Verbs like **preferir (ie, i)** change the **e** to **ie** in the present; they change **e** to **i** in the preterite.

PRESENT	**prefiero**	**prefieres**	**prefiere**	**preferimos**	*preferís*	**prefieren**
PRETERITE	**preferí**	**preferiste**	**prefirió**	**preferimos**	*preferisteis*	**prefirieron**

3. Verbs like **dormir (ue, u)** change the **o** to **ue** in the present; they change **o** to **u** in the preterite.

PRESENT	**duermo**	**duermes**	**duerme**	**dormimos**	*dormís*	**duermen**
PRETERITE	**dormí**	**dormiste**	**durmió**	**dormimos**	*dormisteis*	**durmieron**

Práctica

B Información   Completen con el presente.

1. Yo te ____ el café y tú me ____ el postre. Nosotros nos ____. (servir)
2. Tú lo ____ y yo lo ____. Nosotros dos lo ____. (preferir)
3. Ellos lo ____ y yo lo ____. Todos nosotros lo ____. (repetir)
4. Él ____ enseguida y yo ____ enseguida. Todos ____ enseguida. (dormirse)

C Información   Completen.

1. Yo pedí un biftec y Ud. ____ un biftec también.
2. Yo freí el biftec y Ud. también lo ____.
3. Nosotros les servimos a todos los clientes y Uds. también les ____ a todos.
4. Seguimos trabajando en el comedor hasta las once y Uds. también ____ trabajando hasta las once.

D HISTORIETA En un restaurante mexicano

Contesten.

1. ¿Quién pidió tacos, tú o tu amigo?
2. ¿Quién pidió enchiladas?
3. ¿Sirvieron las enchiladas con mucho queso?
4. ¿Pediste arroz y frijoles también?
5. ¿Frió el cocinero los frijoles?
6. ¿Sirvió el mesero la ensalada con la comida?
7. Después de comer, ¿dormiste?
8. Y tu amigo, ¿durmió él también?

Comida mexicana en el restaurante «La Fonda», San Miguel de Allende

Verbos reflexivos

The subject of a reflexive verb both performs and receives the action of the verb. Each subject has its corresponding reflexive pronoun.

INFINITIVE	levantarse	acostarse
yo	me levanto	me acuesto
tú	te levantas	te acuestas
él, ella, Ud.	se levanta	se acuesta
nosotros(as)	nos levantamos	nos acostamos
vosotros(as)	os levantáis	os acostáis
ellos, ellas, Uds.	se levantan	se acuestan

Práctica

E **¿Y tú?** Contesten personalmente.

1. ¿A qué hora te acuestas?
2. ¿Te duermes enseguida?
3. Y, ¿a qué hora te despiertas?

4. ¿Te levantas enseguida?
5. ¿Cuántas horas duermes?

F **¿Y ellos?** Escriban las respuestas de Práctica A, cambiando **yo** a **mis hermanos.**

Actividades comunicativas

A **Un día típico** Work with a classmate. Compare a typical day in your life with a typical day in your partner's life.

B **Comidas** Work with a classmate. Ask your partner about the meals he or she ate yesterday. Which meals did he or she eat, at what time, and what foods? Your partner will answer and tell you what he or she liked and didn't like to eat. Take turns.

Tapas, Estepona, España

1. Cosecha de cebada,
   provincia de Chimborazo
2. Mujer en un mercado, Saquisilí
3. Selva tropical cerca del río Coca
4. Nueva catedral, Cuenca
5. Plaza de la Independencia, Quito
6. Iguanas marinas, Islas Galápagos
7. Confección de sombreros de jipijapa,
   Cuenca

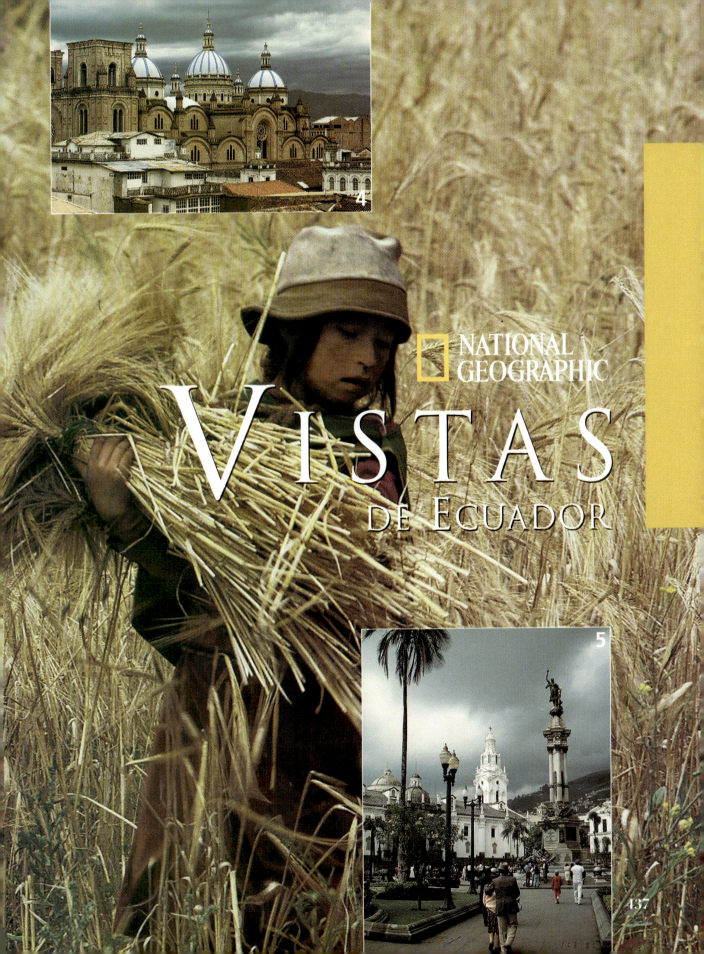

NATIONAL GEOGRAPHIC

VISTAS
DE ECUADOR

1

1. Volcán Cotopaxi
2. Ciudad de Guayaquil
3. Perforación petrolera, río Napo
4. Alfombras hechas a mano,
   mercado de Otavalo
5. Envase del camarón, Guayaquil
6. Islas Galápagos
7. Plantación bananera,
   provincia de Guayas

2

7

5

6

NATIONAL GEOGRAPHIC

VISTAS

DE ECUADOR

Literatura 1

Vocabulario

una rosa

una flor

el corazón

El señor da la mano.

 ¿Sí o no? Digan que sí o que no.

1. Una rosa es una flor bonita.
2. El corazón es un órgano vital.
3. Damos la mano a un amigo.

VERSOS SENCILLOS
de José Martí

INTRODUCCIÓN José Martí (1853–1895) es cubano. Es un hombre muy famoso. Es poeta y es también un héroe. Durante toda la vida Martí lucha[1] por la independencia de Cuba.

Estudia en Madrid y en Zaragoza en España. José Martí admira mucho a la España artística y humana. Pero ataca la España política porque su país, Cuba, en aquel entonces[2] es una colonia de España.

Martí pasa mucho tiempo en varias repúblicas hispanoamericanas— México, Guatemala, Venezuela y Honduras. «De América soy hijo»— proclama Martí. Pasa también unos catorce años en los Estados Unidos. Publica *Versos sencillos* en Nueva York en 1891.

Versos sencillos es una colección de poemas (poesías).

[1]**lucha** *fights*   [2]**en aquel entonces** *at that time*

La Habana, Cuba

Versos sencillos

Cultivo una rosa blanca,
en julio como en enero
para el amigo sincero
que me da su mano franca.

Y para el cruel que me arranca°
el corazón con que vivo,
cardo ni ortiga° cultivo
cultivo la rosa blanca.

arranca *pulls out*

cardo ni ortiga
thistle nor nettle

Después de leer

A **En inglés, por favor.**   Contesten.

1. Is the theme of this short poem gardening, friendship, or roses?
2. What two types of people does the poet speak about?
3. In your own words in English, explain how the poet tells us that he treats all people equally.
4. How does the poet express "all the time"?

Literatura 2

Vocabulario

el parque

la luna

el dedo

el suelo

una moneda de oro

Es temprano por la noche (8:30).
Hay una moneda en el suelo.

La moneda refleja la luz de la luna.
Un señor halla la moneda.

la luz

La señora enciende la luz.

el agujero

el bolsillo

Ella cose el bolsillo porque
tiene un agujero.

el chaleco

La señora cuelga el chaleco
en la silla.

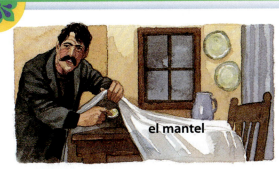

el mantel

El señor esconde la moneda.
Mete la moneda debajo del mantel.

El señor levanta el mantel.
Debajo del mantel hay dinero.
El señor está muy alegre.

un juguete

Es la Navidad.
El señor recoge el juguete.
La niña está dormida.

Práctica

A **¿Sabes la palabra?** Escojan.

1. El ____ de diciembre es la Navidad.
   a. veinticinco   **b.** veinticuatro

2. Los niños reciben ____ para la Navidad.
   a. sillas   **b.** juguetes

3. Él tiene que coser el bolsillo porque tiene ____.
   a. un agujero   **b.** una moneda

4. El señor no pierde la moneda. ____ la moneda.
   a. Busca   **b.** Halla

5. La señora cuelga ____ en la silla.
   a. el chaleco   **b.** el mantel

6. ¿Ellos van a ver la moneda? No, no quiero. Voy a ____ la moneda.
   a. recoger   **b.** esconder

7. En la mano hay cinco ____.
   a. monedas   **b.** dedos

B **La moneda** Contesten.

1. ¿Dónde está el señor? (en el parque)
2. ¿Qué parte del día es? (la noche)
3. ¿Qué halla el señor? (una moneda)
4. ¿Recoge la moneda? (sí)
5. ¿De qué es la moneda? (de oro)
6. ¿Qué refleja la moneda? (la luna)

«UNA MONEDA DE ORO»
de Francisco Monterde

INTRODUCCIÓN Francisco Monterde es de México. Nace en 1894. Es poeta, dramaturgo y novelista. Es también cuentista. Publica una colección de cuentos[1] en 1943. Sus cuentos presentan un estudio serio de la historia de México.

Aquí tenemos el cuento «Una moneda de oro». Es un cuento sencillo[2] y tierno[3]. El autor habla de una pobre familia mexicana del campo.

[1]**cuentos** *stories*   [2]**sencillo** *simple*   [3]**tierno** *tender*

«Una moneda de oro»

✦ 1 ✦

Es una Navidad alegre para el pobre. El pobre es Andrés. No tiene dinero y no tiene trabajo desde el otoño.

Es temprano por la noche. Andrés pasa por el parque. En el suelo ve una moneda que refleja la luz de la luna. —¿Es una moneda de oro?—pregunta Andrés. —Pesa° mucho. ¡Imposible! No puede ser una moneda de oro. Es sólo una medalla.

Pesa *It weighs*

Andrés sale del parque y examina la moneda. No, no es una medalla. Es realmente una moneda de oro. Andrés acaricia° la moneda. ¡Es muy agradable su contacto!

acaricia *caresses*

✦ 2 ✦

Con la moneda entre los dedos, mete la mano derecha en el bolsillo de su pantalón. No, no puede meter la moneda en el bolsillo. Tiene miedo° de perder la moneda. Examina el bolsillo. No, no tiene agujeros. No hay problema. Puede meter la moneda en el bolsillo. No va a perder la moneda.

Tiene miedo *He is afraid*

Andrés va a casa a pie. Anda rápido. La moneda de oro salta° en el bolsillo. El pobre Andrés está muy contento.

salta *jumps around*

Luego tiene una duda. ¿Es falsa la moneda? Andrés tiene una idea. Va a entrar en una tienda. Va a comprar algo. Y va a pagar con la moneda. Si el dependiente acepta la moneda, es buena, ¿no? Y si no acepta la moneda, ¿qué? Andrés reflexiona. No, no va a ir a la tienda. Prefiere ir a casa con la moneda. Su mujer va a estar muy contenta.

Su casa es una casa humilde. Tiene sólo dos piezas o cuartos. Cuando llega a casa, su mujer no está. No está porque cada día tiene que ir a entregar° la ropa que cose para ganar unos pesos.

entregar *return, deliver*

Andrés enciende una luz. Pone la moneda en la mesa. En unos momentos oye° a su mujer y a su hija. Ellas vuelven a casa. Esconde la moneda debajo del mantel.

oye *he hears*

La niña entra. Andrés toma la niña en sus brazos. Luego llega su mujer. Tiene una expresión triste y melancólica. —¿Tienes trabajo?—pregunta ella. —Hoy no puedo comprar pan. No me pagan cuando entrego la costura°.

costura *sewing*

Andrés no contesta. Levanta el mantel. Su mujer ve la moneda. Toma la moneda en las manos. —¿Quién te da la moneda?

—Nadie°—Andrés habla con su mujer. Explica cómo halla la moneda en el parque.

Nadie *No one*

La niña toma la moneda y empieza a jugar con la moneda. Andrés tiene miedo. No quiere perder la moneda. Puede irse por° un agujero.

irse por *slip through*

Andrés toma la moneda y pone la moneda en uno de los bolsillos de su chaleco. —¿Qué compramos con la moneda?—pregunta Andrés.

—No compramos nada. Tenemos que pagar mucho—suspira su mujer.

—Debemos° mucho.

Debemos *We owe*

—Es verdad—contesta Andrés. —Pero hoy es Nochebuena°. Tenemos que celebrar.

Nochebuena *Christmas Eve*

—No—contesta su mujer. —Primero tenemos que pagar el dinero que debemos.

Una casa humilde, México

Andrés está un poco malhumorado. Se quita° el chaleco y el saco. Cuelga el chaleco y el saco en la silla.

—Bueno, Andrés. Si quieres, puedes ir a comprar algo. Pero tenemos que guardar lo demás°.

Andrés acepta. Se pone° el chaleco y el saco y sale de casa.

◆4◆

En la calle Andrés ve a su amigo Pedro.

—¿Adónde vas? ¿Quieres ir a tomar algo?

Andrés acepta. Los amigos pasan un rato en un café pequeño. Beben y hablan. Y luego Andrés sale. Va a la tienda. Sólo va a comprar comida para esta noche. Y un juguete para la niña.

Andrés compra primero los alimentos. El paquete está listo°. Andrés busca la moneda. Busca en el chaleco. No está. Busca en el saco. No está. Busca en su pantalón. La moneda no está en ninguno de sus bolsillos. El pobre Andrés está lleno de terror. Tiene que salir de la tienda sin la comida.

Una vez más está en la calle. Vuelve a casa. Llega a la puerta. No quiere entrar. Pero tiene que entrar. Entra y ve a la niña dormida con la cabeza entre los brazos sobre la mesa. Su mujer está cosiendo a su lado.

—La moneda...

—¿Qué?

—No tengo la moneda.

—¿Cómo?

La niña sobresalta°. Abre los ojos. Baja los brazos y bajo la mesa Andrés y su mujer oyen el retintín° de la moneda de oro.

¡Qué contentos están Andrés y su mujer! Recogen la moneda que la niña había escamoteado° del chaleco cuando estaba colgado en la silla.

Se quita *He takes off*

guardar lo demás *keep the rest*
Se pone *He puts on*

listo *ready*

sobresalta *jumps up*
retintín *jingle*
había escamoteado *had secretly taken out*

Después de leer

A Comprensión Contesten.

1. ¿Quién es el pobre?
2. ¿Por qué no tiene dinero?
3. ¿Por dónde pasa Andrés?
4. ¿Qué ve en el suelo?
5. ¿Es una moneda de oro o es una medalla?

B Andrés y la moneda Escojan.

1. ¿Por qué no debe Andrés meter la moneda en el bolsillo de su pantalón?
   a. Porque el bolsillo tiene un agujero.
   b. Porque puede perder la moneda.
   c. Porque la moneda es muy grande.

2. Cuando Andrés examina el bolsillo, ¿qué decide?

    a. Puede meter la moneda en el bolsillo porque no tiene agujero.

    b. Va a perder la moneda.

    c. La moneda de oro es sólo una medalla.

3. ¿Cómo va Andrés a casa?

    a. Salta.

    b. A pie y rápido.

    c. Con miedo.

4. ¿Qué duda tiene Andrés?

    a. Si tiene que comprar algo.

    b. Si la moneda es falsa o no.

    c. Si su pantalón tiene un agujero.

5. Si compra algo en una tienda, ¿por qué quiere pagar con la moneda?

    a. Si el dependiente acepta la moneda, no es falsa.

    b. Porque la moneda es falsa y Andrés no quiere la moneda.

    c. Porque no tiene dinero.

6. ¿Qué decide Andrés?

    a. Decide que la moneda es falsa.

    b. Decide que no necesita nada.

    c. Decide que no va a la tienda. Prefiere ir a casa.

Una vista del campo, México

La Navidad, México

 ¿Sí o no?   Digan que sí o que no.

  1. La casa de Andrés es muy humilde.

  2. La casa tiene cuatro piezas.

  3. Cuando llega Andrés, su mujer cose.

  4. Su mujer cose para ganar dinero.

  5. Su mujer y su hija vuelven a casa.

  6. Andrés toma a su mujer en sus brazos.

  7. Su mujer está muy contenta.

  8. Hoy ella compra pan.

  9. Cuando Andrés levanta el mantel, su mujer ve la moneda.

10. La niña empieza a jugar con la moneda.

11. Andrés quiere comprar algo para celebrar la Navidad.

12. Su mujer quiere comprar mucho.

13. Por fin Andrés puede ir a la tienda a comprar algo.

 Andrés sale.   Contesten.

1. ¿A quién ve Andrés en la calle?

2. ¿Adónde van los dos?

3. Luego, ¿adónde va Andrés?

4. ¿Qué va a comprar?

5. ¿Qué busca Andrés?

6. ¿Qué no puede hallar?

7. ¿Qué ve cuando entra en la casa?

8. ¿Dónde está la moneda?

Literatura 3

Vocabulario

Es un galán.
Es un señor muy elegante.
Es soltero. No tiene esposa.
No está casado.

el cuello

el vestido
de novia

Los jóvenes están enamorados.
El joven le echa flores a la señorita.
La joven le flecha el corazón al joven.
Los jóvenes tienen una sonrisita.

una cadena de diamantes (brillantes)

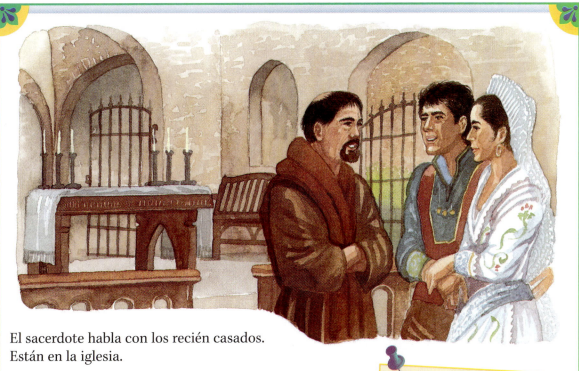

El sacerdote habla con los recién casados.
Están en la iglesia.

el suegro   el padre del marido o de la mujer
el sacerdote   un padre (religioso) católico
el pobretón   un muchacho pobre que no tiene dinero
el chisme   la historieta, un rumor
los muebles   la silla, la mesa, la cama, etc., son muebles
altivo   arrogante
con mucha plata   que tiene mucho dinero, rico

Práctica

A   Contesten según los dibujos.

1. ¿Es un tipo galán el joven?
2. ¿Es un poco altivo?
3. ¿Es soltero?
4. ¿Tiene esposa?
5. ¿Está enamorado el joven?
6. ¿Que le echa a la señorita?
7. ¿Qué tiene en la cara?
8. ¿Tiene la señorita una cadena de diamantes en el cuello?

B   Expresen de otra manera.

1. Él no tiene mujer. No está casado.
2. Es un señor elegante.
3. Es un tipo muy arrogante.
4. No es un joven que tiene mucho dinero.
5. No sé si es verdad. Es un rumor.

«LA CAMISA DE MARGARITA»
de Ricardo Palma

INTRODUCCIÓN Ricardo Palma es uno de los hombres más famosos de letras peruanas de todos los tiempos. Él da origen a un nuevo género literario—la tradición. La tradición es una anécdota histórica.

Ricardo Palma publica sus *Tradiciones peruanas* en diez tomos de 1872 a 1910. Las tradiciones presentan la historia del Perú desde la época precolombina hasta la guerra con Chile (1879–1883). Las tradiciones más interesantes y más famosas son las tradiciones que describen la época colonial. «La camisa de Margarita» es un ejemplo de una tradición de la época colonial.

«La camisa de Margarita»

Cuando las señoras viejas de Lima quieren describir algo que cuesta mucho, ¿qué dicen? Dicen: —¡Qué! Si esto es más caro que la camisa de Margarita Pareja.

Margarita Pareja es por los años 1765 la hija mimada° de don Raimundo Pareja, un colector importante del Callao. La muchacha es una de estas limeñitas que es tan bella que puede cautivar° al mismo diablo°. Tiene unos ojos negros cargados° de dinamita que hacen explosión sobre el alma° de los galanes limeños.

Llega de España un arrogante joven llamado don Luis de Alcázar. Don Luis tiene en Lima un tío aragonés, don Honorato. Don Honorato es solterón y es muy rico. Si el tío es rico, no lo es el joven. No tiene ni un centavo.

mimada *spoiled*

cautivar *captivate, charm*
diablo *devil*
cargados *charged*
alma *soul*

En la procesión de Santa Rosa, Alcázar conoce a la linda Margarita. La muchacha le flecha el corazón. El joven le echa flores. Ella no le contesta ni sí ni no. Pero con sonrisitas y otras armas del arsenal femenino le da a entender al joven que es plato muy de su gusto.

Los enamorados olvidan° que existe la aritmética. Don Luis no considera su presente condición económica un obstáculo. Va al padre de Margarita y le pide su mano°. Al padre de Margarita, don Raimundo, no le gusta nada la petición del joven arrogante. Le dice que Margarita es demasiado joven para tomar marido.

olvidan *forget*

le pide su mano *asks for her hand*

Pero la edad de su hija no es la verdadera razón. Don Raimundo no quiere ser suegro de un pobretón. Les dice la verdad a algunos de sus amigos. Uno de ellos va con el chisme al tío aragonés. El tío, que es un tipo muy altivo, se pone° furioso.

—¡Cómo! ¡Desairar° a mi sobrino! No hay más gallardo en todo Lima. Ese don Raimundo va a ver...

3

Y la pobre Margarita se pone muy enferma. Pierde peso° y tiene ataques nerviosos. Sufre mucho. Su padre se alarma y llama a varios médicos y curanderos. Todos declaran que la única medicina que va a salvar a la joven no se vende en la farmacia. El padre tiene que permitir a la muchacha casarse° con el varón de su gusto.

Don Raimundo va a la casa de don Honorato. Le dice: —Ud. tiene que permitir a su sobrino casarse con mi hija. Porque si no, la muchacha va a morir.

—No puede ser—contesta de la manera más desagradable el tío. —Mi sobrino es un pobretón. Lo que Ud. debe buscar para su hija es un hombre con mucha plata.

El diálogo entre los dos es muy borrascoso°.

—Pero, tío, no es cristiano matar° a quien no tiene la culpa°—dice don Luis.

se pone *becomes*
Desairar *To snub*

peso *weight*

casarse *to marry*

borrascoso
stormy
matar *kill*
culpa *blame*

Iglesia de San Francisco, Lima, Perú

—¿Tú quieres casarte con esa joven?

—Sí, de todo corazón, tío y señor.

—Pues bien, muchacho. Si tú quieres, consiento. Pero con una condición. Don Raimundo me tiene que jurar° que no va a regalar un ochavo a su hija. Y no le va a dejar un real en la herencia—. Aquí empieza otra disputa.

jurar *to swear*

4

—Pero, hombre, mi hija tiene veinte mil duros de dote°.

—Renunciamos a la dote. La niña va a venir a casa de su marido con nada más que la ropa que lleva o tiene puesta°.

—Entonces me permite regalar a mi hija los muebles° y el ajuar (vestido) de novia.

—Ni un alfiler°.

—Ud. no es razonable, don Honorato. Mi hija necesita llevar una camisa para reemplazar la puesta.

—Bien, Ud. le puede regalar la camisa de novia y se acaba°.

Al día siguiente don Raimundo y don Honorato van a la Iglesia de San Francisco a oír misa°. En el momento que el sacerdote eleva la Hostia, dice el padre de Margarita: —Juro no dar a mi hija más que la camisa de novia.

dote *dowry*

tiene puesta *has on*

muebles *furniture*

alfiler *pin*

se acaba *that's it*

oír misa *to hear mass*

cumple con *fulfills*

Y don Raimundo cumple con° su promesa. Ni en la vida ni en la muerte le da después a su hija un maravedí.

Los encajes° de Flandes que adornan la camisa de la novia cuestan dos mil setecientos duros. El cordoncillo que ajusta al cuello es una cadena de brillantes que tienen un valor de treinta mil morlacos.

Los recién casados hacen creer al tío aragonés que la camisa no vale° nada. Porque don Honorato es tan testarudo°, que a saber el valor real de la camisa, le hace al sobrino divorciarse.

Palacio arzobispal, Lima

Ahora sabemos por qué es muy merecida° la fama que tiene la camisa nupcial de Margarita Pareja.

encajes *lace*
vale *is worth*
testarudo *hard-headed*
merecida *deserved*

Después de leer

A. Margarita Pareja   Contesten.

1. ¿Quiénes dicen: —¡Qué! ¡Si esto es más caro que la camisa de Margarita Pareja—?
2. ¿Quién es Margarita Pareja?
3. ¿Cómo es Margarita?
4. ¿Quién llega al Perú?
5. ¿De dónde viene?
6. ¿Quién es?
7. ¿Cómo es el tío?
8. ¿Cómo es el sobrino?

B. Don Luis   Completen.

1. Don Luis conoce a Margarita en _____.
2. Margarita le _____. Y don Luis le _____.
3. Don Luis no considera su condición económica _____.
4. Don Luis va al padre de Margarita y _____.
5. Al padre no le gusta nada _____.
6. No le gusta la petición porque _____.
7. Cuando el tío sabe lo que dice don Raimundo, él se pone _____.

Palacio arzobispal, Lima

C. En español, por favor.

Contesten en español.

1. What happens to Margarita?
2. What medicine does she need?
3. Why does the young man's uncle say his nephew cannot marry Margarita?
4. Under what condition does the uncle consent?

D. En tus propias palabras

In your own words in English, explain the ending of this story. What does Margarita's father do?

Plaza de Armas, Lima

Literatura 4

Vocabulario

la lanza

don Quijote
un caballero andante

delgado

Sancho Panza
un escudero

el asno

gordo

el caballo

el aspa

el campo

el molino de viento

un(a) vecino(a)   una persona que vive cerca, en la misma calle, por ejemplo

sabio(a)   inteligente, astuto(a)

espantoso   horrible, terrible

a toda prisa   muy rápido

de nuevo   otra vez

socorrer   ayudar, dar auxilio o ayuda

no les hizo caso   no les prestó atención

Práctica

A **Don Quijote y Sancho Panza**   Contesten.

1. ¿Es don Quijote delgado o gordo?
2. ¿Quién es gordo?
3. ¿Quién es un caballero andante?
4. ¿Quién es su escudero?
5. ¿Quién tiene una lanza?
6. ¿Quién tiene un caballo?
7. Y Sancho Panza, ¿qué tiene él?
8. ¿Tiene aspas un molino de viento?

B **¿Cómo son?**   Describan a don Quijote y a Sancho Panza.

C **¿Cómo se dice?**   Expresen de otra manera.

1. Ellos viven en *una región rural*.
2. Fue una aventura *horrible*.
3. Él salió *rápido*.
4. No le *prestó atención* a su vecino.
5. Él es un señor *inteligente y astuto*.
6. Él lo hizo *otra vez*.
7. Trató pero no pudo *ayudar* a su vecino.

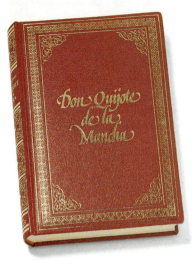

EL QUIJOTE
de Miguel de Cervantes Saavedra

INTRODUCCIÓN La obra más famosa de todas las letras hispanas es la novela *El ingenioso hidalgo don Quijote de la Mancha* de Miguel de Cervantes Saavedra.

Los dos personajes principales de la novela son don Quijote y Sancho Panza. Don Quijote, un hombre alto y delgado, es un caballero andante. Es un idealista que quiere conquistar todos los males[1] del mundo. Su escudero, Sancho Panza, es un hombre bajo y gordo. Él es un realista puro. Siempre trata de desviar[2] a don Quijote de sus ilusiones y aventuras.

[1]**males** *evils*
[2]**trata de desviar** *tries to dissuade*

El Quijote

1

Un día, don Quijote salió de su pueblo en la región de la Mancha. Un idealista sin par°, don Quijote salió en busca de aventuras para conquistar los males del mundo. Es el trabajo de un verdadero caballero andante. Pero después de unos pocos días, don Quijote volvió a casa porque hizo su primera expedición sin escudero. No hay caballero andante sin escudero—sobre todo un caballero andante de la categoría de don Quijote.

Cuando volvió a su pueblo, empezó a buscar un escudero. Por fin encontró a un vecino, Sancho Panza, un hombre bajo y gordo. Salió por segunda vez, esta vez acompañado de su escudero. Don Quijote montó a su caballo, Rocinante, y Sancho lo siguió° montado en su asno.

sin par *without equal*

siguió *followed*

2

Los dos hicieron muchas expediciones por la región de la Mancha. El idealista don Quijote hizo muchas cosas que no quiso hacer el realista Sancho Panza. Más de una vez Sancho le dijo: —Pero, don Quijote, noble caballero y fiel compañero. Vuestra merced° está loco. ¿Por qué no dejamos° con estas tonterías°? ¿Por qué no volvemos a casa? Yo quiero comer. Y quiero dormir en mi cama.

Don Quijote no les hizo mucho caso a los consejos° de Sancho. Uno de los episodios más famosos de nuestro estimado caballero es el episodio de los molinos de viento.

Vuestra Merced *Your Highness*
no dejamos con *put an end to*
tonterías *foolish things*
consejos *advice*

◆3◆

Del buen suceso que el valeroso don Quijote tuvo en la espantable y jamás imaginada aventura de los molinos de viento.

En esto descubrieron treinta o cuarenta molinos de viento que hay en aquel campo; y así como° don Quijote los vio, dijo a su escudero: —¡Sancho! ¡Mira! ¿Tú ves lo que veo yo?

así como *as soon as*

—No, Vuestra Merced. No veo nada.

—Amigo Sancho, ¿no ves allí unos treinta o más gigantes que vienen hacia nosotros a hacer batalla?

—¿Qué gigantes?

—Aquellos que allí ves, de los brazos largos.

—Don Quijote. No son gigantes. Son simples molinos de viento. Y lo que en ellos parecen° brazos son aspas.

parecen *appear to be*

—Bien parece, Sancho, que tú no sabes nada de aventuras. Ellos son gigantes. Y si tienes miedo...

—¡Don Quijote! ¿Adónde va Vuestra Merced?

Molinos de viento, La Mancha, España

◆4◆

¿Adónde fue don Quijote? Él fue a hacer batalla con los terribles gigantes. Gigantes como éstos no deben ni pueden existir en el mundo. En nombre de Dulcinea, la dama de sus pensamientos°, don Quijote los atacó. Puso su lanza en el aspa de uno de los molinos. En el mismo instante vino un viento fuerte. El viento movió el aspa. El viento la revolvió con tanta furia que hizo pedazos° de la lanza de don Quijote y levantó a don Quijote en el aire.

A toda prisa el pobre Sancho fue a socorrer a su caballero andante. Lo encontró° en el suelo muy mal herido°.

—Don Quijote, no le dije a Vuestra Merced que no vio gigantes. Vio simples molinos de viento. No puedo comprender por qué los atacó.

—Sancho, tú no sabes lo que dices. Son cosas de guerra° que tú no comprendes. Tú sabes que tengo un enemigo. Mi enemigo es el horrible pero sabio monstruo Frestón. Te dije las cosas malas que él hace. Y ahora convirtió a los gigantes en molinos de viento.

—Yo no sé lo que hizo vuestro enemigo, Frestón. Pero yo sé lo que le hizo el molino de viento.

Sancho levantó a don Quijote del suelo. Don Quijote subió de nuevo sobre Rocinante. Habló más de la pasada aventura pero Sancho no le hizo caso. Siguieron el camino hacia Puerto Lápice en busca de otras jamás imaginadas aventuras.

dama de sus pensamientos *lady of his dreams*

pedazos *pieces*

encontró *found*
herido *wounded*

guerra *war*

Plaza de España, Madrid

Después de leer

A. **Don Quijote y Sancho Panza**   Escojan.

1. Don Quijote es ____.
   a. un realista
   b. un idealista
   c. un escudero

2. Don Quijote salió de su pueblo ____.
   a. en busca de la Mancha
   b. en busca de un escudero
   c. en busca de aventuras

3. Don Quijote volvió a casa para ____.
   a. comenzar su primera expedición
   b. buscar un escudero
   c. ver a Dulcinea

4. Sancho Panza es ____.
   a. un caballero andante también
   b. un idealista sin par
   c. un vecino de don Quijote

5. Sancho Panza tiene ____.
   a. un asno
   b. un caballo
   c. una lanza

B. **¿Sí o no?**   Digan que sí o que no.

1. Don Quijote y Sancho Panza hicieron sólo dos expediciones.
2. Sancho le dice a don Quijote que está loco.
3. Don Quijote siempre quiere volver a casa.
4. Un episodio famoso del Quijote es el episodio de los molinos de viento.

C. **Los molinos de viento**   Completen.

1. Don Quijote ve unos treinta o cuarenta ____.
2. Sancho no ve ____.
3. Según don Quijote, los ____ quieren hacer ____.
4. Según don Quijote, los ____ que ve tienen ____ largos.
5. Según Sancho, no son gigantes. Don Quijote ve unos ____ y no tienen brazos. Tienen ____.

D. **La batalla**   Contesten.

1. ¿Contra quiénes fue don Quijote a hacer batalla?
2. ¿En dónde puso su lanza?
3. ¿Qué hizo mover al aspa?
4. ¿Revolvió rápidamente el aspa?
5. ¿Adónde levantó a don Quijote?
6. ¿Dónde encontró Sancho a don Quijote?
7. ¿Quién convirtió a los gigantes en molinos de viento?
8. Cuando Sancho levantó a don Quijote del suelo, ¿volvieron a casa?
9. Después de este episodio, ¿admite don Quijote que los gigantes son molinos de viento?

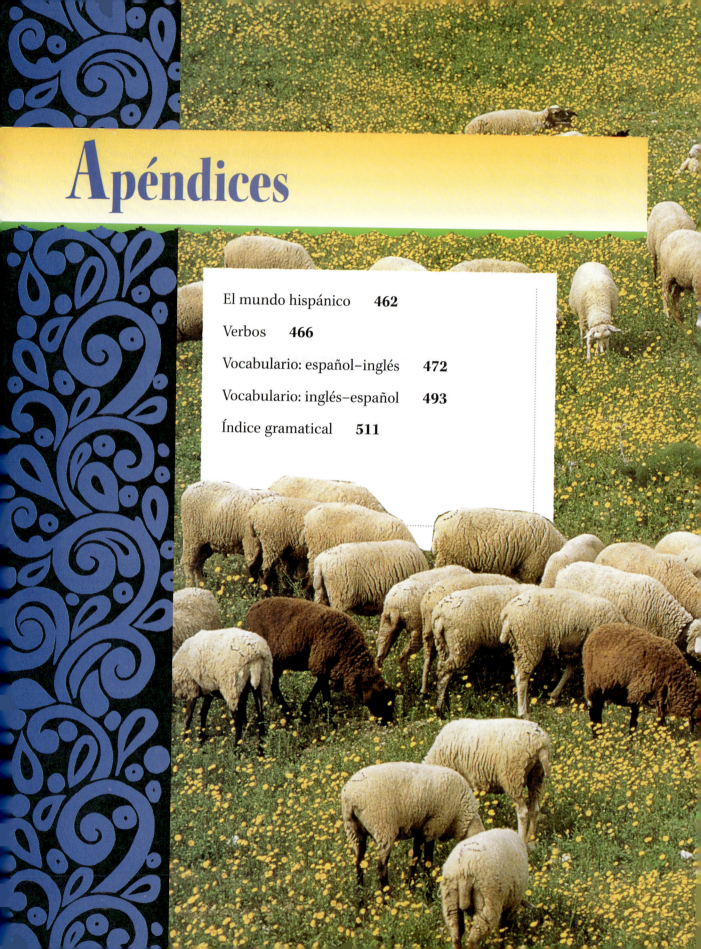

Apéndices

El mundo hispánico

PAÍS	CAPITAL
Argentina	Buenos Aires
Belice	Belmopan
Bolivia	Sucre
Chile	Santiago
Colombia	Santafé de Bogotá
Costa Rica	San José
Cuba	La Habana
Ecuador	Quito
El Salvador	San Salvador
España	Madrid
Guatemala	Guatemala
Honduras	Tegucigalpa
México	México
Nicaragua	Managua
Panamá	Panamá
Paraguay	Asunción
Perú	Lima
Puerto Rico	San Juan
República Dominicana	Santo Domingo
Uruguay	Montivideo
Venezuela	Caracas

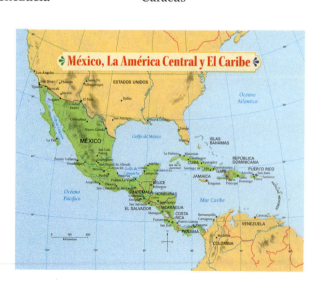

España

FRANCIA

ANDORRA

PORTUGAL

ARGELIA

MARRUECOS

ÁFRICA

Mar Cantábrico

Golfo de Vizcaya

Mar Mediterráneo

Océano Atlántico

Costa del Sol

ISLAS BALEARES

Menorca

Mallorca

Palma de Mallorca

Formentera

Ibiza

PIRINEOS

CORDILLERA CANTÁBRICA

SIERRA DE GUADARRAMA

SIERRA MORENA

SIERRA NEVADA

La Mancha

ESPAÑA

Santiago de Compostela

Oviedo

Santander

San Sebastián
Roncevalles
Bilbao
Pamplona

León

Burgos

Valladolid

Salamanca

Segovia

Ávila

Madrid

Toledo

Zaragoza

Barcelona

Valencia

Alicante

Murcia

Córdoba

Sevilla

Granada

Málaga

Marbella

Estepona
Casares
Gibraltar (R.U.)
Ceuta (Esp.)

Jerez de la Frontera

Cádiz

Tánger

Lisboa

Río Ebro

Río Duero

Río Tajo

Río

Río

Guadiana

Guadalquivir

Peñón de Vélez de la Gomera (Esp.)

Peñón de Alhucemas (Esp.)

Melilla (Esp.)

Islas Chafarinas (Esp.)

N E S O

0°

10°

40°

40°

0°

0

100

200

Kilómetros

ISLAS CANARIAS

La Palma

Gomera

Hierro

Tenerife

Santa Cruz de Tenerife

Gran Canaria

Las Palmas

Lanzarote

Fuerteventura

ÁFRICA

EL MUNDO HISPÁNICO

cuatrocientos sesenta y tres **463**

La América del Sur

Mar Caribe

Maracaibo • • Caracas

VENEZUELA

GUYANA

Georgetown •

SURINAM

Medellín •

Paramaribo •

Cayena •

Océano
Atlántico

Santafe de Bogotá •

Cali •

COLOMBIA

GUAYANA
FRANCESA

Islas
Galápagos
(Ecuador)

Otavalo •

Quito •

ECUADOR

Volcán Cotopaxi

Guayaquil • • Cuenca

Iquitos •

Río Amazonas

PERÚ

BRASIL

Lima •

MACHU PICCHU

CORDILLERA DE LOS ANDES

Cuzco •

Miraflores •

Brasilia •

BOLIVIA

La Paz •

Sucre •

ATACAMA DESERT

Océano
Pacífico

PARAGUAY

São Paulo •

Asunción •

Río de Janeiro •

Vicuña •

Córdoba •

Rosario •

URUGUAY

CORDILLERA DE LOS ANDES

Valparaíso •

Buenos Aires •

Montevideo •

Santiago •

ARGENTINA

Mar del Plata •

CHILE

Puerto Montt •

Bariloche •

PATAGONIA

0   500   1000
Kilómetros

Islas
Malvinas
(R.U.)

N
O   E
S

Punta Arenas •

464 ∽ *cuatrocientos sesenta y dos*

EL MUNDO HISPÁNICO

México, La América Central y El Caribe

Océano Atlántico

ESTADOS UNIDOS

Los Angeles
San Diego · Phoenix
· Tijuana · Tucson
Mexicali
Nogales
Santa Fe ·
Albuquerque
· El Paso
Ciudad Juárez
Chihuahua
Río Grande
Río Bravo
Nuevo Laredo
· Dallas
· San Antonio
Nueva Orléans
Mississippi

MÉXICO

San Luis Potosí
Guanajuato
San Miguel de Allende
México · Puebla
Coyoacán
Acapulco
Oaxaca
San Cristóbal de las Casas
Puerto Vallarta
Guadalajara
La Paz
Golfo de California

Océano Pacífico

Mérida
Campeche
Golfo de Campeche
Golfo de UXMAL
Parque La Venta
Veracruz
CHICHÉN ITZÁ

Golfo de México

Tampa
Miami ·

ISLAS BAHAMAS

La Habana
Matanzas
Cienfuegos
Isla de la Juventud

CUBA
Camagüey
Santiago de Cuba

Guantánamo
HAITÍ
REPÚBLICA DOMINICANA
Puerto Príncipe
Santo Domingo

PUERTO RICO
Arecibo · San Juan
Santurce
Ponce

ANTILLAS MENORES

JAMAICA
Kingston

Mar Caribe

BELICE
Belmopán
GUATEMALA
Guatemala
Antigua
HONDURAS
Tegucigalpa
COPÁN
San Salvador
EL SALVADOR
NICARAGUA
Managua
COSTA RICA
Puntarenas
San José
Puerto Limón
Colón · Panamá
PANAMÁ

Barranquilla
Cartagena
Caracas
VENEZUELA
Medellín
COLOMBIA
Río Orinoco

N
O · E
S

200
100
0
Kilómetros

Verbos

Verbos regulares

INFINITIVO	**hablar** *to speak*	**comer** *to eat*	**vivir** *to live*
PRESENTE PROGRESIVO	estar hablando	estar comiendo	estar viviendo
PRESENTE	yo hablo tú hablas él, ella, Ud. habla nosotros(as) hablamos *vosotros(as) habláis* ellos, ellas, Uds. hablan	yo como tú comes él, ella, Ud. come nosotros(as) comemos *vosotros(as) coméis* ellos, ellas, Uds. comen	yo vivo tú vives él, ella, Ud. vive nosotros(as) vivimos *vosotros(as) vivís* ellos, ellas, Uds. viven
PRETÉRITO	yo hablé tú hablaste él, ella, Ud. habló nosotros(as) hablamos *vosotros(as) hablasteis* ellos, ellas, Uds. hablaron	yo comí tú comiste él, ella, Ud. comió nosotros(as) comimos *vosotros(as) comisteis* ellos, ellas, Uds. comieron	yo viví tú viviste él, ella, Ud. vivió nosotros(as) vivimos *vosotros(as) vivisteis* ellos, ellas, Uds. vivieron

Verbos regulares con cambio en la primera persona singular
(Regular verbs with stem change in the first person singular)

INFINITIVO	**conocer** *to know*	**salir** *to leave*	**ver** *to see*
PRESENTE PROGRESIVO	estar conociendo	estar saliendo	estar viendo
PRESENTE	yo conozco	yo salgo	yo veo

Verbos con cambio radical
(Stem-changing verbs)

INFINITIVO	preferir[1] (e>ie) *to prefer*	volver[2] (o>ue) *to return*	pedir[3] (e>i) *to ask for*
PRESENTE PROGRESIVO	estar prefiriendo	estar volviendo	estar pidiendo
PRESENTE	yo prefiero tú prefieres él, ella, Ud. prefiere nosotros(as) preferimos *vosotros(as) preferís* ellos, ellas, Uds. prefieren	yo vuelvo tú vuelves él, ella, Ud. vuelve nosotros(as) volvemos *vosotros(as) volvéis* ellos, ellas, Uds. vuelven	yo pido tú pides él, ella, Ud. pide nosotros(as) pedimos *vosotros(as) pedís* ellos, ellas, Uds. piden
PRETÉRITO	yo preferí tú preferiste él, ella, Ud. prefirió nosotros(as) preferimos *vosotros(as) preferisteis* ellos, ellas, Uds. prefirieron	yo volví tú volviste él, ella, Ud. volvió nosotros(as) volvimos *vosotros(as) volvisteis* ellos, ellas, Uds. volvieron	yo pedí tú pediste él, ella, Ud. pidió nosotros(as) pedimos *vosotros(as) pedisteis* ellos, ellas, Uds. pidieron

[1] **Verbos similares:** *sugerir*
[2] **Verbos similares:** *morir, jugar*
[3] **Verbos similares:** *freír, repetir, seguir, servir*

Verbos irregulares

INFINITIVO	andar *to walk*	dar *to give*	decir *to tell, to say*
PRESENTE PROGRESIVO	estar andando	estar dando	estar diciendo
PRESENTE	yo ando tú andas él, ella, Ud. anda nosotros(as) andamos *vosotros(as) andáis* ellos, ellas, Uds. andan	yo doy tú das él, ella, Ud. da nosotros(as) damos *vosotros(as) dais* ellos, ellas, Uds. dan	yo digo tú dices él, ella, Ud. dice nosotros(as) decimos *vosotros(as) decís* ellos, ellas, Uds. dicen
PRETÉRITO	yo anduve tú anduviste él, ella, Ud. anduvo nosotros(as) anduvimos *vosotros(as) anduvisteis* ellos, ellas, Uds. anduvieron	yo di tú diste él, ella, Ud. dio nosotros(as) dimos *vosotros(as) disteis* ellos, ellas, Uds. dieron	yo dije tú dijiste él, ella, Ud. dijo nosotros(as) dijimos *vosotros(as) dijisteis* ellos, ellas, Uds. dijeron

Verbos irregulares

INFINITIVO	empezar *to begin*	estar *to be*	hacer *to do*
PRESENTE PROGRESIVO	estar empezando		estar haciendo
PRESENTE	yo empiezo tú empiezas él, ella, Ud. empieza nosotros(as) empezamos *vosotros(as) empezáis* ellos, ellas, Uds. empiezan	yo estoy tú estás él, ella, Ud. está nosotros(as) estamos *vosotros(as) estáis* ellos, ellas, Uds. están	yo hago tú haces él, ella, Ud. hace nosotros(as) hacemos *vosotros(as) hacéis* ellos, ellas, Uds. hacen
PRETÉRITO	yo empecé tú empezaste él, ella, Ud. empezó nosotros(as) empezamos *vosotros(as) empezasteis* ellos, ellas, Uds. empezaron	yo estuve tú estuviste él, ella, Ud. estuvo nosotros(as) estuvimos *vosotros(as) estuvisteis* ellos, ellas, Uds. estuvieron	yo hice tú hiciste él, ella, Ud. hizo nosotros(as) hicimos *vosotros(as) hicisteis* ellos, ellas, Uds. hicieron
INFINITIVO	ir *to go*	poder *to be able*	poner *to put*
PRESENTE PROGRESIVO	estar yendo	estar pudiendo	estar poniendo
PRESENTE	yo voy tú vas él, ella, Ud. va nosotros(as) vamos *vosotros(as) vais* ellos, ellas, Uds. van	yo puedo tú puedes él, ella, Ud. puede nosotros(as) podemos *vosotros(as) podéis* ellos, ellas, Uds. pueden	yo pongo tú pones él, ella, Ud. pone nosotros(as) ponemos *vosotros(as) ponéis* ellos, ellas, Uds. ponen
PRETÉRITO	yo fui tú fuiste él, ella, Ud. fue nosotros(as) fuimos *vosotros(as) fuisteis* ellos, ellas, Uds. fueron	yo pude tú pudiste él, ella, Ud. pudo nosotros(as) pudimos *vosotros(as) pudisteis* ellos, ellas, Uds. pudieron	yo puse tú pusiste él, ella, Ud. puso nosotros(as) pusimos *vosotros(as) pusisteis* ellos, ellas, Uds. pusieron

Verbos irregulares

INFINITIVO	querer *to want*	saber *to know*	ser *to be*
PRESENTE PROGRESIVO	estar queriendo	estar sabiendo	estar siendo
PRESENTE	yo quiero tú quieres él, ella, Ud. quiere nosotros(as) queremos *vosotros(as) queréis* ellos, ellas, Uds. quieren	yo sé tú sabes él, ella, Ud. sabe nosotros(as) sabemos *vosotros(as) sabéis* ellos, ellas, Uds. saben	yo soy tú eres él, ella, Ud. es nosotros(as) somos *vosotros(as) sois* ellos, ellas, Uds. son
PRETÉRITO	yo quise tú quisiste él, ella, Ud. quiso nosotros(as) quisimos *vosotros(as) quisisteis* ellos, ellas, Uds. quisieron	yo supe tú supiste él, ella, Ud. supo nosotros(as) supimos *vosotros(as) supisteis* ellos, ellas, Uds. supieron	yo fui tú fuiste él, ella, Ud. fue nosotros(as) fuimos *vosotros(as) fuisteis* ellos, ellas, Uds. fueron
INFINITIVO	tener *to have*	traer *to bring*	venir *to come*
PRESENTE PROGRESIVO	estar teniendo	estar trayendo	estar viniendo
PRESENTE	yo tengo tú tienes él, ella, Ud. tiene nosotros(as) tenemos *vosotros(as) tenéis* ellos, ellas, Uds. tienen	yo traigo tú traes él, ella, Ud. trae nosotros(as) traemos *vosotros(as) traéis* ellos, ellas, Uds. traen	yo vengo tú vienes él, ella, Ud. viene nosotros(as) venimos *vosotros(as) venís* ellos, ellas, Uds. vienen
PRETÉRITO	yo tuve tú tuviste él, ella, Ud. tuvo nosotros(as) tuvimos *vosotros(as) tuvisteis* ellos, ellas, Uds. tuvieron	yo traje tú trajiste él, ella, Ud. trajo nosotros(as) trajimos *vosotros(as) trajisteis* ellos, ellas, Uds. trajeron	yo vine tú viniste él, ella, Ud. vino nosotros(as) vinimos *vosotros(as) vinisteis* ellos, ellas, Uds. vinieron

Verbos reflexivos

INFINITIVO	**lavarse** *to wash oneself*		
PRESENTE PROGRESIVO	estar lavándose		
PRESENTE	yo me lavo tú te lavas él, ella, Ud. se lava nosotros(as) nos lavamos *vosotros(as) os laváis* ellos, ellas, Uds. se lavan		
PRETÉRITO	yo me lavé tú te lavaste él, ella, Ud. se lavó nosotros(as) nos lavamos *vosotros(as) os lavasteis* ellos, ellas, Uds. se lavaron		

Verbos reflexivos con cambio radical

INFINITIVO	**acostarse (o>ue)** *to go to bed*	**despertarse (e>ie)** *to wake up*	**dormirse (o>ue, u)** *to fall asleep*
PRESENTE PROGRESIVO	estar acostándose	estar despertándose	estar durmiéndose
PRESENTE	yo me acuesto tú te acuestas él, ella, Ud. se acuesta nosotros(as) nos acostamos *vosotros(as) os acostáis* ellos, ellas, Uds. se acuestan	yo me despierto tú te despiertas él, ella, Ud. se despierta nosotros(as) nos despertamos *vosotros(as) os despertáis* ellos, ellas, Uds. se despiertan	yo me duermo tú te duermes él, ella, Ud. se duerme nosotros(as) nos dormimos *vosotros(as) os dormís* ellos, ellas, Uds. se duermen
PRETÉRITO	yo me acosté tú te acostaste él, ella, Ud. se acostó nosotros(as) nos acostamos *vosotros(as) os acostasteis* ellos, ellas, Uds. se acostaron	yo me desperté tú te despertaste él, ella, Ud. se despertó nosotros(as) nos despertamos *vosotros(as) os despertasteis* ellos, ellas, Uds. se despertaron	yo me dormí tú te dormiste él, ella, Ud. se durmió nosotros(as) nos dormimos *vosotros(as) os dormisteis* ellos, ellas, Uds. se durmieron
INFINITIVO	**divertirse (e>ie, i)** *to enjoy oneself*	**sentarse** *to sit down*	**vestirse (e>i, i)** *to dress oneself*
PRESENTE PROGRESIVO	estar divirtiéndose	estar sentándose	estar vistiéndose
PRESENTE	yo me divierto tú te diviertes él, ella, Ud. se divierte nosotros(as) nos divertimos *vosotros(as) os divertís* ellos, ellas, Uds. se divierten	yo me siento tú te sientas él, ella, Ud. se sienta nosotros(as) nos sentamos *vosotros(as) os sentáis* ellos, ellas, Uds. se sientan	yo me visto tú te vistes él, ella, Ud. se viste nosotros(as) nos vestimos *vosotros(as) os vestís* ellos, ellas, Uds. se visten
PRETÉRITO	yo me divertí tú te divertiste él, ella, Ud. se divirtió nosotros(as) nos divertimos *vosotros(as) os divertisteis* ellos, ellas, Uds. se divirtieron	yo me senté tú te sentaste él, ella, Ud. se sentó nosotros(as) nos sentamos *vosotros(as) os sentasteis* ellos, ellas, Uds. se sentaron	yo me vestí tú te vestiste él, ella, Ud. se vistió nosotros(as) nos vestimos *vosotros(as) os vestistéis* ellos, ellas, Uds. se vistieron

Vocabulario español–inglés

The **Vocabulario español–inglés** contains all productive and receptive vocabulary from the text. The reference numbers following each productive entry indicate the chapter and vocabulary section in which the word is introduced. For example, **3.2** means that the word was taught in **Capítulo 3, Palabras 2. BV** refers to the preliminary **Bienvenidos** lessons. Words without a chapter reference indicate receptive vocabulary (not taught in the **Palabras** sections).

A

a at; to
  a bordo de aboard, on board, **11.2**
  a eso de at about (time), **4.1**
  a fines de at the end of
  a la española Spanish style
  a pie on foot, **4.1**
  a plazos in installments
  a solas alone
  a tiempo on time, **11.1**
  a veces sometimes, **7.1**
  a ver let's see
abordar to get on, board
abril April, **BV**
abrir to open, **8.2**
abstracto(a) abstract
la **abuela** grandmother, **6.1**
el **abuelo** grandfather, **6.1**
los **abuelos** grandparents, **6.1**
abundante plentiful
aburrido(a) boring, **2.1**
aburrir to bore
la **academia** academy, school
acariciar to caress
el **acceso** access
el **aceite** oil, **14.2**
aceptar to accept
el **acompañamiento** accompaniment
acompañar to accompany
acordarse (ue) to remember
acostarse (ue) to go to bed, **12.1**

el **acrílico** acrylic
la **actividad** activity
activo(a) active
el **actor** actor, **10.2**
la **actriz** actress, **10.2**
la **acuarela** watercolor
acuático(a): el esquí acuático water-skiing, **9.1**
acuerdo: de acuerdo OK, all right
adaptar to adapt
además moreover; besides
¡Adiós! Good-bye! **BV**
adivinar to guess
admirar to admire
admitir to admit
el/la **adolescente** adolescent, teenager
la **adolescencia** adolescence
¿adónde? where?, **1.1**
adorable adorable
adorar to adore
adornar to adorn
la **aduana** customs, **11.2**
aérea: la línea aérea airlines
el **aeropuerto** airport, **11.1**
afeitarse to shave, **12.1**
  la crema de afeitar shaving cream, **12.1**
aficionado(a) a fond of, **10.1**
el/la **aficionado(a)** fan (sports)
africano(a) African

afroamericano(a) African-American
afortunadamente fortunately
el/la **agente** agent, **11.1**
  el/la agente de aduana customs agent, **11.2**
agosto August, **BV**
agradable pleasant
el **agua** (*f.*) water, **9.1**
  el agua mineral mineral water, **12.2**
  esquiar en el agua to water-ski, **9.1**
el **agujero** hole
ahora now, **4.2**
el **aire** air
  al aire libre outdoor (*adj.*)
el **ají** chili pepper
el **ajo** garlic, **14.2**
el **ajuar de novia** trousseau
ajustar to adjust
al to the
  al aire libre outdoor (*adj.*)
  al contrario on the contrary
  al principio at the beginning
alarmarse to be alarmed
la **alberca** swimming pool, **9.1**
el **albergue para jóvenes (juvenil)** youth hostel, **12.2**
el **álbum** album
la **alcachofa** artichoke, **14.2**
el **alcohol** alcohol
alegre happy
el **alemán** German, **2.2**
la **alergia** allergy, **8.2**
el **álgebra** algebra, **2.2**
algo something, **5.2**

¿Algo más? Anything else?, **5.2**

algunos(as) some, **4.1**

el **alimento** food, **14.2**

allí there

almacenar to store

la **almeja** clam, **14.2**

el **almuerzo** lunch, **5.2**

    tomar el almuerzo to have, eat lunch

la **alpargata** sandal

alquilar to rent

alrededor de around, **6.2**

los **alrededores** outskirts

altivo arrogant, haughty

alto(a) tall, **1.1**; high, **4.2**

    en voz alta aloud

    la nota alta high grade, **4.2**

la **altura** height

el/la **alumno(a)** student, **1.1**

amarillo(a) yellow, **3.2**

amazónico(a) Amazonian

ambicioso(a) hardworking, **1.1**

ambulante itinerant

la **América Central** Central America

la **América del Norte** North America

la **América del Sur** South America

americano(a) American, **1.1**

el/la **amigo(a)** friend, **1.1**

el **análisis** analysis

analítico(a) analytical

analizar to analyze

anaranjado(a) orange, **3.2**

anciano(a) old, **6.1**

el/la **anciano(a)** old person

andaluz(a) Andalusian

andante: el caballero andante knight errant

andar to walk, to go to

el **andén** railway platform, **13.1**

andino(a) Andean

la **anécdota** anecdote

el **animal** animal

anoche last night, **9.2**

el **anorak** parka, **9.2**

la **Antártida** Antarctic

anteayer the day before yesterday

los **anteojos de sol** sunglasses, **9.1**

antes de before, **5.1**

el **antibiótico** antibiotic, **8.2**

la **antigüedad** antiquity

antiguo(a) old, ancient

anunciar to announce

el **anuncio** announcement

el **año** year, BV

    cumplir... años to be ... years old

    el año pasado last year, **9.2**

    este año this year, **9.2**

    tener... años to be ... years old, **6.1**

el **apartamento** apartment, **6.2**

    la casa de apartamentos apartment house, **6.2**

apasionado(a) passionate

la **apertura: la apertura de clases** beginning of the school year

aplaudir to applaud, **10.2**

el **aplauso** applause, **10.2**

    recibir aplausos to receive applause, **10.2**

aplicar to apply

el **apóstol** apostle

aprender to learn, **5.1**

el **apunte: tomar apuntes** to take notes, **4.2**

aquel that

    en aquel entonces at that time

aquí here

    Aquí tiene (tienes, tienen)... Here is (are) ...

    por aquí right this way

aragonés(a) from Aragon (Spain)

el **árbol** tree

el **arco** arc

el **área** (f.) area

la **arena** sand, **9.1**

argentino(a) Argentinian, **2.1**

el **argumento** plot

la **aritmética** arithmetic, **2.2**

el **arma** (f.) weapon

la **arqueología** archeology

arqueológico(a) archeological

el/la **arqueólogo(a)** archeologist

arrancar to pull out

arrogante arrogant

el **arroyo** stream, brook

el **arroz** rice, **5.2**

el **arsenal** arsenal

el **arte** (f.) art, **2.2**

    las bellas artes fine arts

el **artefacto** artifact

el/la **artista** artist, **10.2**

artístico(a) artistic

la **ascendencia** background

el **ascensor** elevator, **6.2**

así so, **12**

el **asiento** seat, **11.1**

    el número del asiento seat number, **11.1**

la **asignatura** subject, discipline, **2.1**

el/la **asistente de vuelo** flight attendant, **11.2**

asistir to attend

el **asno** donkey

el **aspa** (f.) sail (of a windmill)

la **aspirina** aspirin, **8.2**

astuto(a) astute

atacar to attack

el **ataque** attack

la **atención: prestar atención** to pay attention, **4.2**

aterrizar to land, **11.2**

atlético(a) athletic

la **atmósfera** atmosphere

atrapar to catch, **7.2**

atrás behind, in the rear

atravesar (ie) to cross

el **atún** tuna, **5.2**

aún even

austral former Argentine unit of currency

auténtico(a) authentic

el **autobús** bus, **10.1**

    perder el autobús (la guagua, el camión) to miss the bus, **10.1**

el/la **autor(a)** author, **10.2**

el **autoretrato** self-portrait

la **aventura** adventure

la **aviación** aviation

el **avión** airplane, **11.1**

la **avioneta** small airplane

ayer yesterday, **9.2**

    ayer por la mañana yesterday morning, **9.2**

ayer por la tarde
yesterday afternoon, **9.2**
ayudar to help, **13.1**
azul blue, **3.2**

B

el **bachillerato** bachelor's
degree
la **bacteria** bacteria
la **bahía** bay
bailar to dance, **4.2**
el **baile** dance
bajar to lower; to go down,
9.2; to get off, **13.2**
bajar(se) del tren to get
off the train, **13.2**
bajo: bajo cero below zero,
9.2
bajo(a) short, **1.1**; low, **4.2**
la planta baja ground
floor, **6.2**
la nota baja low grade,
4.2
el **balneario** beach resort, **9.1**
el **balón** ball, **7.1**
tirar el balón to throw
(kick) the ball, **7.2**
el **baloncesto** basketball, **7.2**
la **banana** banana
la **banda** music band
el **bando** team
el **bañador** bathing suit **9.1**
bañarse to take a bath, **12.1**
el **baño** bathroom, **6.2**; bath
el cuarto de baño
bathroom, **6.2**
el traje de baño bathing
suit, **9.1**
barato(a) cheap,
inexpensive, **3.2**
la **barra: la barra de jabón**
bar of soap, **12.2**
basado(a) based (on)
basar to base
basarse to be based
la **báscula** scales, **11.1**
la **base** base, **7.2**; basis
básico(a) basic
el **básquetbol** basketball, **7.2**
la cancha de básquetbol
basketball court. **7.2**
bastante enough, rather,
quite, **1.1**
el **bastón** ski pole, **9.2**
la **batalla** battle

el **bate** bat, **7.2**
el/la **bateador(a)** batter, **7.2**
batear to hit (sports), **7.2**
el **batú** Taíno Indian game
el **bautizo** baptism
el/la **bebé** baby
beber to drink, **5.1**
la **bebida** beverage, drink
el **béisbol** baseball, **7.2**
el campo de béisbol
baseball field, **7.2**
el juego de béisbol
baseball game, **7.2**
**el/la jugador(a) de
béisbol** baseball player,
7.2
el/la **beisbolista** baseball player
bello(a) beautiful, pretty,
1.1
las bellas artes fine arts
la **berenjena** eggplant, **14.2**
la **bicicleta** bicycle
ir en bicicleta to go by
bike, **12.2**
bien fine, well, **BV**
muy bien very well, **BV**
la **bienvenida: dar la
bienvenida** to welcome,
11.2
el **biftec** steak, **14.2**
bilingüe bilingual
el **billete** ticket, **11.1**
el billete sencillo
one-way ticket, **13.1**
el billete de ida y vuelta
round-trip ticket, **13.1**
la **biografía** biography
la **biología** biology, **2.2**
biológico(a) biological
el/la **biólogo(a)** biologist
blanco(a) white, **3.2**
el **bloc** writing pad, **3.1**
bloquear to stop, block, **7.1**
el **blue jean** jeans, **3.2**
la **blusa** blouse, **3.2**
la **boca** mouth, **8.2**
el **bocadillo** sandwich, **5.1**
la **boletería** ticket window,
9.2
el **boleto** ticket, **9.2**
el **bolígrafo** ballpoint pen, **3.1**
la **bolsa** bag, **5.2**; pocketbook,
13.1
el **bolsillo** pocket
bonito(a) pretty, **1.1**

la **bota** boot, **9.2**
el **bote** can, **5.2**
la **botella: la botella de agua
mineral** bottle of mineral
water, **12.2**
el **brazo** arm, **7.1**
breve brief
brillante bright
brillar to shine, **9.1**
el **bronce** bronze, **10.2**
bronceado(a) tan
**bronceador(a): la loción
bronceadora** suntan
lotion, **9.1**
bucear to dive; to swim
underwater, **9.1**
el **buceo** diving, underwater
swimming, **9.1**
buen good
estar de buen humor to
be in a good mood, **8.1**
Hace buen tiempo. The
weather is nice., **9.1**
bueno(a) good, **1.2**
Buenas noches. Good
evening., **BV**
Buenas tardes. Good
afternoon., **BV**
Buenos días. Hello, Good
morning., **BV**
sacar una nota buena to
get a good grade, **4.2**
el **bus** bus, **4.1**
el bus escolar school
bus, **4.1**
busca: en busca de in
search of
buscar to look for, **3.1**
la **butaca** seat (theater), **10.1**

C

el **caballero** knight
el caballero andante
knight errant
el **caballete** easel
la **cabeza** head, **7.1**
el **cacahuete (cacahuate)**
peanut
cada each, every, **1.2**
la **cadena** chain (necklace)
el **café** coffee, **BV**; café, **5.1**
el café al aire libre
outdoor café
el café con leche coffee
with milk, **5.1**

el **café solo** black coffee, **5.1**

la **cafetería** cafeteria

la **caja** cash register, **3.1**

los **calcetines** socks, **3.2**

la **calculadora** calculator, **3.1**

calcular to calculate

el **cálculo** calculus, **2.2**

el **calle** street, **6.2**

el **calor: Hace calor.** It's hot., **9.1**

la **caloría** calorie

calzar to take, wear (shoe size), **3.2**

la **cama** bed, **8.1**

guardar la cama to stay in bed, **8.1**

hacer la cama to make the bed

el/la **camarero(a)** waiter, waitress, **5.1**

el **camarón** shrimp, **14.2**

cambiar to change; exchange

cambiar de tren to change trains (transfer), **13.2**

caminar to walk

la **caminata: dar una caminata** to take a hike, **12.2**

el **camino** trail, path

el **camión** bus (Mex.), **10.1**

la **camisa** shirt, **3.2**

la **camiseta** T-shirt, undershirt, **3.2**

la **campaña** campaign

el/la **campeón(a)** champion

el **campeonato** championship

el **campo** country; field

el campo de béisbol baseball field, **7.2**

el campo de fútbol soccer field, **7.1**

la casa de campo country home

el **canal** channel (TV)

la **canasta** basket, **7.2**

el **canasto** basket, **7.2**

la **cancha** court, **7.2**

la cancha cubierta enclosed court, **9.1**

la cancha de básquetbol basketball court, **7.2**

la **cancha de tenis** tennis court, **9.1**

la **canción** song

cansado(a) tired, **8.1**

cantar to sing, **4.2**

el **cante jondo** traditional flamenco singing

la **cantidad** amount

el **canto** singing

el **cañón** canyon

la **capital** capital

el/la **capitán** captain

el **capítulo** chapter

la **cara** face, **12.1**

el **carbohidrato** carbohydrate

cardinal: los punto cardinales cardinal points

el **cardo** thistle

el **Caribe** Caribbean

el mar Caribe Caribbean Sea

la **carne** meat, **5.2**

la carne de res beef, **14.2**

caro(a) expensive, **3.2**

la **carpeta** folder, **3.1**

el **carro** car, **4.1**

en carro by car, **4.1**

la **carta** letter, **6.2**

la **casa** home, house, **6.2**

la casa de apartamentos (departamentos) apartment house, **6.2**

la casa de campo country home

la casa privada (particular) private house, **6.2**

en casa at home

casado(a): estar casado(a) to be married

el **casete** cassette, **4.2**

casi almost, practically

el **caso** case

el **catarro** cold (illness), **8.1**

tener catarro to have a cold, **8.1**

el/la **cátcher** catcher, **7.2**

la **catedral** cathedral

la **categoría** category

católico(a) Catholic

catorce fourteen, **BV**

la **celebración** celebration

celebrar to celebrate

célebre famous

la **célula** cell

celular cellular

la **cena** dinner, **5.2**

cenar to have dinner

el **centavo** penny

central central

el **centro** center

cepillarse to brush one's hair, **12.1**

cepillarse los dientes to brush one's teeth, **12.1**

el **cepillo** brush, **12.2**

el cepillo de dientes toothbrush, **12.2**

cerca de near, **6.2**

el **cerdo** pig (pork), **14.2**

el **cereal** cereal, **5.2**

cero zero, **BV**

la **cesta** basket (jai alai)

el **cesto** basket, **7.2**

el **chaleco** vest

el **chalet** chalet

el **champú** shampoo, **12.2**

¡Chao! Good-bye!, **BV**

la **chaqueta** jacket, **3.2**

la **chaucha** string beans

el **cheque de viajero** traveler's check

chileno(a) Chilean

la **chimenea** chimney

la **china** orange (fruit)

el **chisme** piece of gossip

¡chist! shh!

el **choclo** corn

el **chocolate: de chocolate** chocolate (adj.), **5.1**

el **churro** (type of) doughnut

el **cielo** sky, **9.1**

las **ciencias** science, **2.2**

las ciencias naturales natural sciences

las ciencias sociales social sciences, **2.2**

el/la **científico(a)** scientist

científico(a) scientific

cien(to) one hundred, **3.2**

cinco five, **BV**

el **cine** movie theater, **10.1**

cincuenta fifty, **2.2**

el **círculo** circle

la **ciudad** city

el **clarinete** clarinet

¡claro! certainly!, of course!

la **clase** class (school) **2.1;** class (ticket). **13.1**

la apertura de clases
beginning of the school
year

la sala de clase
classroom, **4.1**

el salón de clase
classroom, **4.1**

primera clase first-class,
13.1

segunda clase second-
class, **13.1**

clásico(a) classic

clasificar to classify

el/la **cliente** customer, **5.1**

el **clima** climate

climático(a) climatic

la **clínica** clinic

el **club** club, **4.2**

el Club de español
Spanish Club, **4.2**

el **coche** car, **4.1;** train car,
13.2

en coche by car, **4.1**

el **coche-cafetería** cafeteria
(dining) car, **13.2**

el **coche-cama** sleeping car,
13.2

el **coche-comedor** dining car,
13.2

la **cocina** kitchen, **6.2**

el/la **cocinero(a)** cook, **14.1**

la **coincidencia** coincidence

la **cola** line (queue), **10.1**

hacer cola to stand in line,
10.1

la **colección** collection

el **colector** collector

el **colegio** school, **1.1**

el **colesterol** cholesterol

colgar (ue) to hang

colocar to put, place

colombiano(a) Colombian,
1.1

la **colonia** suburb, colony

el **color** color, **3.2**

¿De qué color es? What
color is it?, **3.2**

de color marrón brown,
3.2

el/la **comandante** captain, **11.2**

el **comedor** dining room, **6.2**

comenzar (ie) to begin

comer to eat, **5.1**

el **comestible** food, **14.2**

cómico(a) funny, **1.1**

la **comida** food, meal, **5.2**

como like; as; since, **1.2**

¿cómo? how?, what?, **1.1**

¿Cómo está... ? How
is. . . ?, **8.1**

¡Cómo no! Of course!

el **comodidad** comfort

**compacto(a): el disco
compacto** compact disk,
CD, **4.2**

el/la **compañero(a)** friend, **1.2**

la **compañía** company

la **comparación** comparison

comparar to compare

la **competencia** competition

la **competición** competition,
contest

competir (i, i) to compete

completo(a) full (train),
13.2

la **composición** composition

la **compra: ir de compras** to
go shopping, to shop, **5.2**

comprar to buy, **3.1**

comprender to understand,
5.1

la **computadora** computer

con with

con mucha plata rich

¿con quién? with whom?

con retraso with a delay,
13.2

con una demora with a
delay, **11.1**

el **conde** count

el **concierto** concert

la **condición** condition

el **condimento** seasoning

el **condominio** condominium

conectar to connect

la **conferencia** lecture

Conforme. Agreed, Fine.,
14.2

**congelado(a): los
productos congelados**
frozen food, **5.2**

el **conjunto** set, collection

conocer to know, to be
familiar with, **11.1**

la **conquista** conquest

conquistar to conquer

consentir (ie, i) to allow,
tolerate

conservar to save

considerar to consider

consistir (en) to consist of

la **consulta: la consulta del
médico** doctor's office,
8.2

consultar to consult, **13.1**

el **consultorio** medical office,
8.2

el/la **consumidor(a)** consumer

el **consumo** consumption

consumir to consume

el **contacto** touch

la **contaminación** pollution

contaminado(a) polluted

contaminar to pollute

contener to contain

contento(a) happy, **8.1**

contestar to answer

el **continente** continent

continuar to continue, **7.2**

contra against, **7.1**

el **control** inspection, **11.1**

el control de pasaportes
passport inspection,
11.1

el control de seguridad
security check, **11.1**

controlar to control

conversar to talk, speak

convertir (ie, i) to convert,
transform

la **copa: la Copa mundial**
World Cup

copiar to copy

el/la **copiloto** copilot, **11.2**

el **corazón** heart

la **corbata** tie, **3.2**

el **cordero** lamb, **14.2**

el **cordoncillo** piping
(embroidery)

la **coreografía** choreography

la **córnea** cornea

el **coro** choir, chorus

el **correo: el correo
electrónico** e-mail,
electronic mail

correr to run, **7.2**

cortar to cut

la **cortesía** courtesy, **BV**

corto(a) short, **3.2**

el pantalón corto shorts,
3.2

la **cosa** thing

coser to sew

la **costa** coast

costar (ue) to cost, **3.1**

costarricense Costa Rican

la **costumbre** custom

la **costura** sewing

crear to create

crédito: la tarjeta de crédito credit card, **14.1**

creer to believe, **8.2**; to think so

el **crecimiento** growth

la **crema: la crema de afeitar** shaving cream, **12.1**

la crema protectora sunblock, **9.1**

criollo(a) Creole

cristiano(a) Christian

cruzar to cross

el **cuaderno** notebook, **3.1**

el **cuadro** painting, **10.2**

¿cuál? which?, what?, **BV**

¿Cuál es la fecha de hoy? What is today's date?, **BV**

¿cuáles? which ones?, what?

cuando when, **4.2**

¿cuándo? when?, **4.1**

¿cuánto? how much?, **3.1**

¿A cuánto está(n)... ? How much is (are) . . . ?, **5.2**

¿Cuánto es? How much does it cost?, **3.1**

¿Cuánto cuesta(n)... ? How much do(es) . . . cost?, **3.1**

¿cuántos(as)? how many?, **2.1**

cuarenta forty, **2.2**

el **cuarto** room, bedroom **6.2**; quarter

el cuarto de baño bathroom, **6.2**

el cuarto de dormir bedroom

menos cuarto a quarter to (the hour)

y cuarto a quarter past (the hour)

cuarto(a) fourth, **6.2**

cuatro four, **BV**

cuatrocientos(as) four hundred, **3.2**

cubano(a) Cuban

cubanoamericano(a) Cuban-American

cubrir to cover

la **cuchara** tablespoon, **14.1**

la **cucharita** teaspoon, **14.1**

el **cuchillo** knife, **14.1**

el **cuello** neck

la **cuenca** basin

la **cuenta** bill, check, **5.1**

el/la **cuentista** short-story writer

el **cuento** story

la **cuerda** string (instrument)

el **cuerpo** body

¡cuidado! careful!

con mucho cuidado very carefully

cultivar to cultivate

el **cumpleaños** birthday, **6.1**

cumplir: cumplir... años to be . . . years old, **6.1**

el/la **curandero(a)** folk healer

el **curso** course, class, **2.1**

el curso obligatorio required course

el curso opcional elective course

D

la **dama** lady-in-waiting, woman

la **danza** dance

dar to give, **4.2**

dar a entender to imply that

dar auxilio to help

dar énfasis to emphasize

dar la mano to shake hands

dar un examen to give a test, **4.2**

dar una fiesta to give (throw) a party, **4.2**

dar una representación to put on a performance, **10.2**

datar to date

los **datos** data, information

de of, from, for, **BV**

de... a... from (time) to (time), **2.2**

de joven as a young person

De nada. You're welcome., **BV**

de ninguna manera by no means, **1.1**

de vez en cuando sometimes

debajo (de) under, below

deber must; should; to owe

decidir to decide

décimo(a) tenth, **6.2**

decir to say, **13**

¡Diga! Hello! (answering the telephone—Spain), **14.2**

declarar to declare

el **dedo** finger

el **defecto** fault, flaw

definitivamente once and for all

dejar to leave (something), **14.1**; to let, allow

del of the, from the

delante de in front of, **10.1**

delantero(a) front

delgado(a) thin

delicioso(a) delicious

demás other, rest

demasiado too much

la **demora: con una demora** with a delay, **11.1**

dentífrico(a): la pasta dentífrica toothpaste, **12.2**

dentro de within

dentro de poco soon

el **departamento** apartment, **6.2**

la casa de departamentos apartment house, **6.2**

depender (de) to depend (on)

el/la **dependiente(a)** employee, **3.1**

el **deporte** sport, **7.1**

el deporte de equipo team sport

el deporte individual individual sport

deportivo(a) (related to) sports, **6.2**

la emisión deportiva sports program (TV), **6.2**

derecho(a) right, **7.1**

derrotar to defeat

desagradable unpleasant

desamparado(a): los niños desamparados homeless children

desayunarse to eat breakfast, **12.1**

el **desayuno** breakfast, **5.2**

   tomar el desayuno to eat breakfast, **12.1**

el/la **descendiente** descendant

describir to describe

descubrir to discover

el **descuento** discount

desde since

desear to want, wish, **3.2**

   ¿Qué desea Ud.? May I help you? (in a store), **3.2**

los **desechos** waste

desembarcar to disembark, **11.2**

el **desierto** desert

despachar to sell, **8.2**

despertarse (ie) to wake up, **12.1**

despegar to take off (airplane), **11.2**

después (de) after, **5.1;** later

el **destino** destination, **11.1**

   con destino a to

devolver (ue) to return (something), **7.2**

el **día** day, **BV**

   Buenos días. Good morning., **BV**

   hoy (en) día nowadays, these days

   ¿Qué día es (hoy)? What day is it (today)?, **BV**

la **diagnosis** diagnosis, **8.2**

el **diálogo** dialog

el **diamante** diamond

dibujar to draw

el **dibujo** drawing

diciembre December, **BV**

diecinueve nineteen, **BV**

dieciocho eighteen, **BV**

dieciséis sixteen, **BV**

diecisiete seventeen, **BV**

el **diente: cepillarse los dientes** to brush one's teeth, **12.1**

   el cepillo de dientes toothbrush, **12.2**

diez ten

la **diferencia** difference

diferente different

difícil difficult, **2.1**

¡Diga! Hello! (telephone), **14.2**

diminuto(a) tiny, minute

la **dinamita** dynamite

el **dinero** money, **14.1**

   el dinero en efectivo cash

¡Dios mío! Gosh!

la **dirección** address; direction

   en dirección a toward

directo(a) direct

el/la **director(a)** director, principal

la **disciplina** subject area (school), **2.2**

el **disco: el disco compacto** compact disk, CD, **4.2**

discutir to discuss

el/la **diseñador(a)** designer

el **diseño** design

disfrutar to enjoy

la **disputa** quarrel, argument

el **disquete** diskette, **3.1**

la **distancia** distance

la **diversión** amusement

   divertido(a) fun, amusing

   divertirse (ie, i) to enjoy oneself, **12.2**

dividir to divide

la **división** division

divorciarse to get divorced

doblado(a) dubbed, **10.1**

dobles doubles, **9.1**

doce twelve, **BV**

la **docena** dozen

el/la **doctor(a)** doctor

el **dólar** dollar

doler (ue) to hurt, **8.2**

   Me duele(n)... My . . . hurt(s) me, **8.2**

el **dolor** pain, ache, **8.1**

   el dolor de cabeza headache, **8.1**

   el dolor de estómago stomachache, **8.1**

   el dolor de garganta sore throat, **8.1**

   Tengo dolor de... I have a pain in my . . . , **8.2**

doméstico(a) domestic

   la economía doméstica home economics, **2.2**

el **domingo** Sunday, **BV**

dominicano(a) Dominican, **2.1**

la **República Dominicana** Dominican Republic

don courteous way of addressing a male

donde where, **1.2**

¿dónde? where?, **1.2**

dormido(a) asleep

dormir (ue, u) to sleep

   el saco de dormir sleeping bag, **12.2**

dormirse (ue, u) to fall asleep, **12.1**

el **dormitorio** bedroom, **6.2**

dos two, **BV**

doscientos(as) two hundred, **3.2**

la **dosis** dose, **8.2**

el/la **dramaturgo(a)** playwright

driblar to dribble, **7.2**

la **droga** drug

la **ducha** shower, **12.1**

   tomar una ducha to take a shower, **12.1**

la **duda** doubt

dulce: el pan dulce sweet roll, **5.1**

la **duración** duration

durante during

duro(a) hard, difficult, **2.1**

E

echar to throw

   echar (tomar) una siesta to take a nap

   echarle flores to pay someone a compliment

la **ecología** ecology

ecológico(a) ecological

la **economía** economics; economy

   la economía doméstica home economics, **2.2**

económico(a) economical, **12.2**

la **ecuación** equation

ecuatoriano(a) Ecuadorean, **2.1**

la **edad** age

el **edificio** building

la **educación** education

   la educación física physical education, **2.2**

efectivo: en efectivo in cash

el **ejemplo: por ejemplo** for example

el **ejote** string beans

el the *(m. sing.)*, **1.1**

él he, **1.1**

electrónico(a) electronic

el correo electrónico e-mail, electronic mail

la **elevación** elevation

elevado(a) elevated

elevar to elevate

ella she, **1.1**

ellos(as) they, **2.1**

el **elote** corn (Mex.)

embarcar to board, **11.2**

embarque: la tarjeta de embarque boarding pass, **11.1**

la puerta de embarque departure gate

la **emisión** program (TV), **6.2**; emission

la emisión deportiva sports program, **6.2**

emitir to emit

la **emoción** emotion

emocional emotional

empatado(a) tied (score), **7.1**

El tanto queda empatado. The score is tied., **7.1**

empezar (ie) to begin, **7.1**

el/la **empleado(a)** employee, **3.1**

en in; on

en aquel entonces at that time

en punto on the dot, sharp, **4.1**

el/la **enamorado(a)** sweetheart, lover

encantador(a) charming

encantar to delight

encender (ie) to light

encima: por encima de above, **9.1**

la **energía** energy

encestar to put in (make) a basket, **7.2**

encontrar (ue) to find

el/la **enemigo(a)** enemy

enero January, **BV**

el **énfasis: dar énfasis** to emphasize

enfatizar to emphasize

la **enfermedad** illness

enfermo(a) sick, **8.1**

el/la **enfermo(a)** sick person, **8.1**

el **enganche** down payment

enlatado(a) canned

la **ensalada** salad, **5.1**

enseguida right away, immediately, **5.1**

enseñar to teach, **4.1**

entero(a) entire, whole

enterrar (ie) to bury

el **entierro** burial

entonces then

en aquel entonces at that time

la **entrada** inning, **7.2**; admission ticket, **10.1**

entrar to enter, **4.1**

entrar en escena to come (go) on stage, **10.2**

entre between, **7.1**

entregar to deliver

la **entrevista** interview

enviar to send

envuelto(a) wrapped

el **episodio** episode

la **época** period of time, epoch

el **equilibrio** equilibrium

el **equipaje** baggage, luggage, **11.1**

el equipaje de mano carry-on luggage, **11.1**

el **equipo** team, **7.1**; equipment

el deporte de equipo team sport, **7.2**

erróneo(a) wrong, erroneous

la **escala** stopover

la **escalera** stairway, **6.2**

los **escalofríos** chills, **8.1**

escamotear to secretly take

escapar to escape

la **escena** scene

entrar en escena to come (go) on stage, **10.2**

el **escenario** scenery, set (theater), **10.2**

escoger to choose

escolar (related to) school, **2.1**

el bus escolar school bus, **4.1**

el horario escolar school schedule

los materiales escolares school supplies, **3.1**

la vida escolar school life

esconder to hide

escribir to write, **5.1**

escuchar to listen (to), **4.2**

el **escudero** squire, knight's attendant

la **escuela** school, **1.1**

la escuela intermedia middle school

la escuela primaria elementary school

la escuela secundaria high school, **1.1**

la escuela superior high school

el/la **escultor(a)** sculptor, **10.2**

la **escultura** sculpture

esencialmente essentially

eso: a eso de at about (time), **4.1**

el **espagueti** spaghetti

espantoso frightful

la **España** Spain, **1.2**

el **español** Spanish, **2.2**

español(a) Spanish *(adj.)*

la **espátula** palette knife, spatula

especial special

la **especialidad** specialty

especialmente especially

el **espectáculo** show, **10.2**

ver un espectáculo to see a show, **10.2**

el/la **espectador(a)** spectator, **7.1**

el **espejo** mirror, **12.1**

espera: la sala de espera waiting room, **13.1**

esperar to wait (for), **11.1**

espontáneo(a) spontaneous

la **esposa** wife, spouse, **6.1**

el **esposo** husband, spouse, **6.1**

el **esquí** skiing, **9.2**; ski

el esquí acuático waterskiing, **9.1**

el/la **esquiador(a)** skier, **9.2**

esquiar to ski, **9.2**

esquiar en el agua to water-ski, **9.1**

la **estación** season, **BV**; resort; station, **10.1**

la estación de esquí ski resort, **9.2**

la estación de ferrocarril train station, **13.1**

la estación de metro subway station, **10.1**

el estadio stadium, **7.1**

el estado state

los Estados Unidos United States

estadounidense from the United States

estar to be, **4.1**

estar resfriado(a) to have a cold, **8.1**

la estatua statue, **10.2**

el este east

estereofónico(a) stereo

el estilo style

estimado(a) esteemed

el estómago stomach, **8.1**

estornudar to sneeze, **8.1**

la estrategia strategy

la estrella star

la estructura structure

el/la **estudiante** student

estudiantil (relating to) student

estudiar to study, **4.1**

el estudio study

estupendo(a) stupendous

eterno(a) eternal

étnico(a) ethnic

la Europa Europe

exactamente exactly

exagerar to exaggerate

el examen test, exam, **4.2**

examinar to examine, **8.2**

la excavación excavation

excavar to dig, excavate

exceder to exceed

excelente excellent

la excepción exception

exclamar to exclaim

exclusivamente exclusively

la exhibición exhibition

existir to exist

el éxito success

la expedición expedition

la experiencia experience

el/la **experto(a)** expert, **9.2**

explicar to explain, **4.2**

el/la **explorador(a)** explorer

la explosión explosion

la exposición (de arte) (art) exhibition, **10.2**

la expresión: el modo de expresión means of expression

extranjero(a) foreign

el país extranjero foreign country, **11.2**

el/la **extranjero(a)** foreigner

extraordinario(a) extraordinary

F

la fábrica factory

fabuloso(a) fabulous

fácil easy, **2.1**

la factura invoice

facturar el equipaje to check luggage, **11.1**

la Facultad school (of a university)

la faja sash

la falda skirt, **3.2**

la fama fame

la familia family, **6.1**

familiar (related to the) family

famoso(a) famous, **1.2**

fantástico(a) fantastic, **1.2**

el/la **farmacéutico(a)** druggist, pharmacist, **8.2**

la farmacia drugstore, **8.2**

fascinar to fascinate

febrero February, **BV**

la fecha date, **BV**

¿Cuál es la fecha de hoy? What is today's date?, **BV**

feo(a) ugly, **1.1**

la fiebre fever, **8.1**

tener fiebre to have a fever, **8.1**

fiel faithful

la fiesta party

dar una fiesta to give (throw) a party, **4.2**

la figura figure

figurativo(a) figurative

fijo(a) fixed

la fila line (queue); row (of seats), **10.1**

el film film, **10.1**

el fin end

a fines de at the end of

el fin de semana weekend, **BV**

el final: al final (de) at the end (of)

las finanzas finances

la física physics, **2.1**

físico(a): la educación física physical education, **2.2**

flaco(a) thin, **1.2**

la flauta flute

flechar to become enamored of (to fall for)

la flor flower

formar to make up, to form

la foto photo

la fotografía photograph

el francés French, **2.2**

franco(a) frank, candid, sincere

la frase phrase, sentence

frecuentemente frequently

freír (i, i) to fry, **14.1**

fresco(a) fresh

el frijol bean, **5.2**

el frío: Hace frío. It's cold., **9.2**

frito(a) fried, **5.1**

las papas fritas French fries, **5.1**

el frontón wall (of a jai alai court)

la fruta fruit, **5.2**

la fuente source

fuerte strong

fumar: la sección de (no) fumar (no) smoking area, **11.1**

la función performance, **10.2**

el funcionamiento functioning

la fundación foundation

fundar to found, establish

la furia fury

furioso(a) furious

el fútbol soccer, **7.1**

el campo de fútbol soccer field, **7.1**

el futuro future

G

las gafas de sol sunglasses, **9.1**

el galán beau, heartthrob

el galón gallon

gallardo(a) gallant, fine-looking

ganar to win, **7.1**; to earn

la **ganga** bargain

el **garaje** garage, **6.2**

la **garganta** throat, **8.1**

el **gas** gas

gastar to spend

el/la **gato(a)** cat, **6.1**

general: en general
generally

por lo general in general

generalmente usually,
generally

el **género** genre

generoso(a) generous, **1.2**

la **gente** people

la **geografía** geography, **2.2**

la **geometría** geometry, **2.2**

geométrico(a) geometric

el **gigante** giant

el **gimnasio** gymnasium

la **gira** tour, **12.2**

el **gol: meter un gol** to score a
goal, **7.1**

el **golfo** gulf

golpear to hit, **9.2**

la **goma: la goma de borrar**
eraser, **3.1**

gordo(a) fat, **1.2**

la **gorra** cap, hat, **3.2**

gozar to enjoy

Gracias Thank you., **BV**

gracioso(a) funny, **1.1**

el **grado** degree (temperature),
9.2

la **gramática** grammar

el **gramo** gram

gran, grande big, large, great

las Grandes Ligas Major
Leagues

el **grano** grain

la **grasa** fat

grave serious, grave

la **gripe** flu, **8.1**

gris gray, **3.2**

el **grupo** group

la **guagua** bus (P.R., Cuba),
10.1

el **guante** glove, **7.2**

guapo(a) handsome, **1.1**

guardar to guard, **7.1**; to
keep

guardar cama to stay in
bed, **8.1**

guatemalteco(a)
Guatemalan

la **guerra** war

la **guerrilla** guerrilla

el/la **guía** tour guide

el **guisante** pea, **5.2**

la **guitarra** guitar

gustar to like, to be
pleasing

el **gusto** pleasure

Mucho gusto. Nice to
meet you.

H

la **habichuela** bean, **5.2**

la habichuela tierna
string bean

la **habitación** bedroom

el/la **habitante** inhabitant

**habla: los países de habla
española** Spanish-
speaking countries

hablar to speak, talk, **3.1**

hace: Hace buen tiempo.
The weather is nice., **9.1**

Hace calor. It's hot., **9.1**

Hace frío. It's cold., **9.2**

Hace mal tiempo. The
weather is bad., **9.1**

Hace sol. It's sunny., **9.1**

hacer to do, to make

hacer caso to pay
attention

hacer la cama to make
the bed,

hacer la maleta to pack
one's suitcase

hacer un viaje to take a
trip, **11.1**

hacia toward

hallar to find

la **hamburguesa** hamburger,
5.1

hambe: tener hambre to
be hungry, **14.1**

hasta until, **BV**

¡Hasta luego! See you
later!, **BV**

¡Hasta mañana! See you
tomorrow!, **BV**

¡Hasta pronto! See you
soon!, **BV**

hay there is, there are, **BV**

hay que one must

Hay sol. It's sunny., **9.1**

No hay de qué. You're
welcome., **BV**

he____

hel____
te____

el hela____

el ____
c____

el h____
va____

el **hemisfe**____
hemis____

el **hemisfe**____
hemisp____

la **herencia**____

la **hermana**____

el **hermano** b____

hermoso(a) b____
pretty, **1.1**

el/la **héroe** hero

higiénico(a): el pap____
higiénico toilet pap____
12.2

la **hija** daughter, **6.1**

el **hijo** son, **6.1**

los hijos children, **6.1**

hispano(a) Hispanic

hispanoamericano(a)
Spanish-American

hispanohablante Spanish-
speaking

el/la **hispanohablante** Spanish
speaker

la **historia** history, **2.2**; story

el/la **historiador(a)** historian

histórico(a) historical

la **historieta** little story

la **hoja: la hoja de papel**
sheet of paper, **3.1**

¡Hola! Hello!, **BV**

el **hombre** man

¡hombre! good heavens!,
you bet!

honesto(a) honest, **1.2**

el **honor** honor

la **hora** hour; time

¿A qué hora? At what
time?, **2.2**

¿Qué hora es? What
time is it?, **2.2**

la hora de salida
departure hour

el **horario** schedule, **13.1**

el horario escolar school
schedule

horrible horrible

hospital
Host (relig.)
inexpensive hotel,
hotel
today, **BV**
hoy (en) día nowadays,
these days
uarache sandal
huevo egg, **5.2**
humano(a): el ser humano
human being
humilde humble
el **humor** mood, **8.1**
estar de buen humor to
be in a good mood, **8.1**
estar de mal humor to
be in a bad mood, **8.1**
el **huso horario** time zone

I

ida: de ida y vuelta round-
trip (ticket), **13.1**
la **idea** idea
ideal ideal, **1.2**
el/la **idealista** idealist
la **iglesia** church
igual equal
la **ilusión** illusion
imaginado(a) imagined,
dreamed of
imaginar to imagine
importante important
imposible impossible
la **impresora** printer
el/la **inca** Inca
**incluido(a): ¿Está incluido
el servicio?** Is the tip
included?, **5.1**
incluir to include, **5.1**
increíble incredible
la **independencia**
independence
el **indicador: el tablero
indicador** scoreboard,
7.1
indicar to indicate, **11.1**
indígena native,
indigenous
el/la **indígena** native person
indio(a) Indian
indispensable
indispensable
individual individual

el **deporte individual**
individual sport
el **individuo** individual
industrial industrial
la **influencia** influence
la **información** information
informar to inform, **13.2**
la **informática** computer
science, **2.2**
el **inglés** English, **2.2**
inmediatamente
immediately
inmediato(a) immediate
inmenso(a) immense
inspeccionar to inspect,
11.1
el **instante** instant
la **instrucción** instruction
el **instrumento** instrument
el **instrumento musical**
musical instrument
íntegro(a) integral
inteligente intelligent, **2.1**
el **interés** interest
interesante interesting, **2.1**
interesar to interest
**intermedio(a): la escuela
intermedia** middle
school
internacional international
la **interpretación**
interpretation
íntimo(a) intimate
inverso(a) reverse
la **investigación** investigation
el/la **investigador(a)** researcher
el **invierno** winter, **BV**
la **invitación** invitation
invitar to invite, **6.1**
la **inyección** injection, **8.2**
ir to go, **4.1**
ir a + *infinitive* to be
going to (do something)
ir a pie to go on foot,
to walk **4.1**
ir de compras to go
shopping, **5.2**
ir en bicicleta to go by
bicycle, **12.2**
ir en carro (coche) to
go by car, **4.1**
ir en tren to go by train
la **isla** island
italiano(a) Italian
izquierdo(a) left, **7.1**

J

el **jabón** soap, **12.2**
**la barra (pastilla) de
jabón** bar of soap, **12.2**
jamás never
el **jamón** ham, **5.1**
el **jardín** garden, **6.2**
el/la **jardinero(a)** outfielder, **7.2**
el **jet** jet
el **jonrón** home run, **7.2**
joven young, **6.1**
de joven as a young
person
el/la **joven** youth, young person,
10.1
la **judía: la judía verde** green
bean, **5.2**
el **juego** game
el juego de béisbol
baseball game, **7.2**
el juego de tenis tennis
game, **9.1**
los Juegos Olímpicos
Olympic Games
el **jueves** Thursday, **BV**
el/la **jugador(a)** player, **7.1**
**el/la jugador(a) de
béisbol** baseball player,
7.2
jugar (ue) to play, **7.1**
**jugar (al) béisbol
(fútbol, baloncesto,
etc.)** to play baseball
(soccer, basketball, etc.)
7.1
el **jugo** juice
el jugo de naranja
orange juice, **12.1**
el **juguete** toy
julio July, **BV**
la **jungla** jungle
junio June, **BV**
junto(a) together
juvenil: el albergue juvenil
youth hostel, **12.2**

K

el **kilo** kilogram, **5.2**
el **kilómetro** kilometer

L

la the (*f. sing.*), **1.1**; it, her
(*pron.*)
el **laboratorio** laboratory
el **lado** side

el **lago** lake
el **lamento** lament
la **lana** wool
la **langosta** lobster, **14.2**
la **lanza** lance
el/la **lanzador(a)** pitcher, **7.2**
   lanzar to throw, **7.1**
el **lápiz** pencil, **3.1**
   largo(a) long, **3.2**
   las them *(f. pl.) (pron.)*
la **lata** can, **5.2**
   lateral side *(adj.),* **13.2**
el **latín** Latin, **2.2**
   latino(a) Latin *(adj.)*
   Latinoamérica Latin
     America, **1.1**
   latinoamericano(a) Latin
     American
   lavarse to wash oneself, **12.1**
     lavarse los dientes to
       brush one's teeth, **12.1**
   le to him, to her; to you
     (formal) (pron.)
la **lección** lesson, **4.2**
la **leche** milk
     el café con leche coffee
      with milk, **5.1**
el **lechón** suckling pig
la **lechuga** lettuce, **5.2**
la **lectura** reading
   leer to read, **5.1**
la **legumbre** vegetable, **14**
la **lengua** language, **2.2**
el **lenguaje** language
   les to them; to you *(formal
     pl.) (pron.)*
la **letra** letter (of alphabet)
   levantar to lift
     levantarse to get up, **12.1**
el/la **libertador(a)** liberator
la **libra** pound
   libre free, **5.1**
     al aire libre outdoor
      (adj.)
el **libro** book, **3.1**
el **liceo** high school
el **lienzo** canvas (painting)
la **liga** league
     las Grandes Ligas Major
      Leagues
   ligero(a) light (cheerful)
   limeño(a) from Lima (Peru)
la **limonada** lemonade, **BV**
   lindo(a) pretty, **1.1**
la **línea** line

la **línea aérea** airline
la **línea ecuatorial**
   equator
la **línea paralela** parallel
   line
la **línea telefónica**
   telephone line
el **lípido** lipid, fat
   líquido(a) liquid
   listo(a) ready
la **litera** berth, **13.2**
   literal literal
   literario(a) literary
la **literatura** literature, **2.1**
el **litro** liter
   llamado(a) called
   llamar to call
     llamarse to be named,
      to call oneself, **12.1**
la **llegada** arrival, **11.1**
   llegar to arrive, **4.1**
   lleno(a) full
   llevar to carry, **3.1**; to wear,
     3.2; to bring, **6.1**; to bear;
     to have (subtitles,
     ingredients, etc.)
   llover (ue) to rain
     Llueve. It's raining., **9.1**
la **lluvia** rain
   lo it; him *(m. sing.) (pron.)*
   lo que what, that which
   local local, **13.2**
la **loción: la loción**
     bronceadora suntan
     lotion, **9.1**
   loco(a) insane
   los them *(m. pl.) (pron.)*
el **loto** lotto
   luchar to fight
   luego later; then, **BV**
     ¡Hasta luego! See you
      later!, **BV**
el **lugar** place
   lujo: de lujo deluxe
   lujoso(a) luxurious
la **luna** moon
el **lunes** Monday, **BV**
la **luz** light

M

la **madre** mother, **6.1**
   madrileño(a) native of
     Madrid
la **madrina** godmother
el/la **maestro(a)** teacher; master

   magnífico(a) magnificent
el **maíz** corn, **14.2**
   mal bad, **14.2**
     estar de mal humor
      to be in a bad mood,
      8.1
     Hace mal tiempo. The
      weather's bad., **9.1**
la **maleta** suitcase, **11.1**
la **maletera** trunk (of a car),
     13.1
el/la **maletero(a)** porter, **11.1**
   malhumorado(a) bad-
     tempered
   malo(a) bad, **2.1**
     sacar una nota mala to
      get a bad grade, **4.2**
la **mamá** mom
la **manera** way, manner, **1.1**
     de ninguna manera by
      no means, **1.1**
el **maní** peanut
la **mano** hand, **7.1**
     dar la mano to shake
      hands
el **mantel** tablecloth, **14.1**
   mantener to maintain
la **manzana** apple, **5.2**
   mañana tomorrow, **BV**
     ¡Hasta mañana! See you
      tomorrow!, **BV**
la **mañana** morning
     de la mañana A.M.
      (time), **2.2**
     por la mañana in the
      morning
el **mapa** map
el **maquillaje** makeup, **12.1**
     poner el maquillaje to
      put one's makeup on,
      12.1
   maquillarse to put one's
     makeup on, **12.1**
el **mar** sea, **9.1**
     el mar Caribe Caribbean
      Sea
   maravilloso(a) marvelous
el **marcador** marker, **3.1**
   marcar: marcar un tanto
     to score a point, **7.1**
el **marido** husband, **6.1**
los **mariscos** shellfish, **5.2**
   marrón: de color marrón
     brown, **3.2**
el **martes** Tuesday, **BV**

marzo March, **BV**

más more, **2.2**

  más tarde later

  más o menos more or less

la **masa** mass

las **matemáticas** mathematics, **2.1**

la **materia** matter, subject

el **material: los materiales escolares** school supplies, **3.1**

el **matrimonio** marriage

el/la **maya** Maya

mayo May, **BV**

mayor greater

  la mayor parte the greater part, the most

la **mayoría** majority

me me *(pron.)*

la **medalla** medal

media: y media half-past (time), **2.2**

la **medianoche** midnight, **2.2**

el **medicamento** medicine (drugs), **8.2**

la **medicina** medicine (discipline), **8.2**

el/la **médico(a)** doctor, **8.2**

la **medida** measurement

el **medio** medium, means

  el medio de transporte means of transportation

medio(a) half, **5.2**

  media hora half an hour

el **mediodía** noon

medir (i, i) to measure

melancólico(a) melancholic

menos less, fewer

  menos cuarto a quarter to (the hour)

la **mensualidad** monthly installment

el **menú** menu, **5.1**

el **mercado** market, **5.2**

el **merengue** merengue

la **merienda** snack, **4.2**

  tomar una merienda to have a snack, **4.2**

la **mermelada** marmalade

el **mes** month, **BV**

la **mesa** table, **5.1**; plateau

la **mesera** waitress, **5.1**

el **mesero** waiter, **5.1**

el/la **mestizo(a)** mestizo

el **metabolismo** metabolism

el **metal: instrumentos de metal** brass (instruments in orchestra)

meter to put, place, **7.1**

  meter un gol to score a goal, **7.1**

el **método** method

el **metro** subway, **10.1**; meter

mexicano(a) Mexican, **1.1**

mexicanoamericano(a) Mexican-American

la **mezcla** mixture

mi my

mí (to) me *(pron.)*

el **microbio** microbe

microscópico(a) microscopic

el **microscopio** microscope

el **miedo** fear

  tener miedo to be afraid

el **miembro** member, **4.2**

mientras while

el **miércoles** Wednesday, **BV**

mil (one) thousand, **3.2**

la **milla** mile

el **millón** million

el **minuto** minute

mirar to look at, watch, **3.1**

  mirarse to look at oneself, **12.1**

  ¡Mira! Look!

mismo(a) same, **2.1**; itself

el **misterio** mystery

misterioso(a) mysterious

mixto(a) co-ed (school)

la **mochila** backpack, **3.1**; knapsack, **12.2**

la **modalidad** mode, type

el/la **modelo** model

el **módem** modem

moderno(a) modern

el **modo** manner, way

  el modo de expresión means of expression

el **molino de viento** windmill

el **momento** moment

la **moneda** coin, currency

el **monitor** monitor

monocelular single-celled

el **monstruo** monster

la **montaña** mountain, **9.2**

montañoso(a) mountainous

montar (caballo) to mount, get on (horse)

el **monumento** monument

moreno(a) dark, brunette, **1.1**

morir (ue, u) to die

el **mostrador** counter, **11.1**

el **motivo** reason, motive; theme

el **motor** motor

mover (ue) to move

el **movimiento** movement

el **mozo** porter, **13.1**

la **muchacha** girl, **1.1**

el **muchacho** boy, **1.1**

mucho(a) a lot; many, **2.1**

  Mucho gusto. Nice to meet you.

los **muebles** furniture

la **muerte** death

la **mujer** wife, **6.1**

el/la **mulato(a)** mulatto

la **multiplicación** multiplication

multiplicar to multiply

mundial worldwide, (related to the) world

  la Copa mundial World Cup

  la Serie mundial World Series

el **mundo** world

  todo el mundo everyone

el **mural** mural, **10.2**

el/la **muralista** muralist, **10**

el **museo** museum, **10.2**

la **música** music, **2.2**

el/la **músico(a)** musician

muy very, **BV**

  muy bien very well, **BV**

N

nacer to be born

nacido(a) born

nacional national

la **nacionalidad** nationality, **1.2**

  ¿de qué nacionalidad? what nationality?

nadar to swim, **9.1**

el **narcótico** narcotic

nada nothing, **5.2**

  De nada. You're welcome., **BV**

  Nada más. Nothing else., **5.2**

Por nada. You're welcome., **BV**

nadie no one

la **naranja** orange, **5.2**

la **natación** swimming, **9.1**

natural: los recursos naturales natural resources, **2.1**

las ciencias naturales natural sciences

la **navaja** razor, **12.1**

navegar to navigate

navegar por la red to surf the Net

la **Navidad** Christmas

necesario(a) necessary

necesitar to need, **3.1**

negro(a) black, **3.2**

nervioso(a) nervous, **8.1**

nevar (ie) to snow, **9.2**

la **nieta** granddaughter, **6.1**

el **nieto** grandson, **6.1**

la **nieve** snow, **9.2**

ninguno(a) not any, none

de ninguna manera by no means, **1.1**

el/la **niño(a)** child

los niños desamparados homeless children

el **nivel** level

no no, **BV**

No hay de qué. You're welcome., **BV**

no hay más remedio there's no other alternative

noble noble

la **noche** night, evening

Buenas noches. Good night., **BV**

esta noche tonight, **9.2**

de la noche P.M. (time), **2.2**

por la noche in the evening, at night

la **Nochebuena** Christmas Eve

el **nombre** name

¿a nombre de quién? in whose name?, **14.2**

el **noroeste** northwest

el **norte** north

norteamericano(a) North American

nos (to) us (pl. pron.)

nosotros(as) we, **2.2**

la **nota** grade, **4.2**

la nota buena (alta) good (high) grade, **4.2**

la nota mala (baja) bad (low) grade, **4.2**

sacar una nota buena (mala) to get a good (bad) grade, **4.2**

notable notable

notar to note

las **noticias** news, **6.2**

novecientos(as) nine hundred, **3.2**

la **novela** novel

el/la **novelista** novelist

noveno(a) ninth, **6.2**

noventa ninety, **2.2**

noviembre November, **BV**

el/la **novio(a)** boyfriend/girlfriend; fiancé(e)

la **nube** cloud, **9.1**

Hay nubes. It's cloudy., **9.1**

nublado(a) cloudy, **9.1**

nuestro(a) our

nueve nine, **BV**

nuevo(a) new

de nuevo again

el **número** number, **1.2**; size (shoes), **3.2**

el número del asiento seat number, **11.1**

el número del vuelo flight number, **11.1**

nupcial nuptial, wedding

la **nutrición** nutrition

O

el **objeto** object

obligatorio(a): el curso obligatorio required course

la **obra** work

la obra de arte work of art

la obra dramática play

la obra teatral play, **10.2**

la **observación** observation

el/la **observador(a)** observer

observar to observe

el **obstáculo** obstacle

obtener to obtain

el **océano** ocean

ochenta eighty, **2.2**

ocho eight, **BV**

ochocientos(as) eight hundred, **3.2**

octavo(a) eighth, **6.2**

octubre October, **BV**

ocupado(a) occupied, taken, **5.1**

el **oeste** west

oficial official

ofrecer to offer

la **oftalmología** ophthalmology

oír to hear

el **ojo** eye, **8.2**

la **ola** wave, **9.1**

el **óleo** oil

la **oliva: el aceite de oliva** olive oil

once eleven, **BV**

la **onza** ounce

opcional: el curso opcional elective course

la **ópera** opera

el/la **operador(a)** operator

la **opereta** operetta

opinar to think

oralmente orally

la **orden** order (restaurant), **5.1**

el **ordenador** computer

el **orfanato** orphanage

el **organismo** organism

el **órgano** organ

el **origen** origin

original: en versión original in its original (language) version, **10.1**

el **oro** gold

la **orquesta** orchestra

la orquesta sinfónica symphonic orchestra

la **ortiga** nettle

oscuro(a) dark

otavaleño(a) of or from Otavalo, Ecuador

el **otoño** autumn, **BV**

otro(a) other, another

¡oye! listen!

P

la **paciencia** patience

el/la **paciente** patient

el **padre** father, **6.1**

el padre (religioso) father (relig.)

los padres parents, 6.1
el padrino godfather
los padrinos godparents
pagar to pay, 3.1
la página page
la página Web Web page
el pago payment
el pago mensual
monthly payment
el país country, 11.2
el país extranjero
foreign country
el paisaje landscape
el pájaro bird
la palabra word
el pan: el pan dulce sweet
roll, 5.1
el pan tostado toast, 5.2
panameño(a) Panamanian,
2.1
el panqueque pancake
la pantalla screen, 10.1
**la pantalla de salidas y
llegadas** arrival and
departure screen, 11.1
el pantalón pants, trousers,
3.2
el pantalón corto shorts,
3.2
la papa potato, 5.1
las papas fritas French
fries, 5.1
el papá dad
el papel paper, 3.1
el papel higiénico toilet
paper, 12.2
la hoja de papel sheet of
paper, 3.1
la papelería stationery store,
3.1
el paquete package, 5.2
el par: el par de tenis pair of
tennis shoes, 3.2
el paraíso paradise
para for
¿para cuándo? for
when?, 14.2
la parada stop, 13.2
parar to stop, to block, 7.1
parecerse to look like
parecido(a) similar
la pared wall
la pareja couple
el/la pariente relative, 6.1

el parque park
el párrafo paragraph
la parte part
la mayor parte the
greatest part, the most
por todas partes
everywhere
particular private, 6.2
la casa particular
private house, 6.2
particularmente especially
el partido game, 7.1
pasado(a) past; last
el (año) pasado last
(year)
el/la pasajero(a) passenger, 11.1
el pasaporte passport, 11.1
pasar to pass, 7.2; to spend;
to happen
**Lo están pasando muy
bien.** They're having a
good time., 12.2
pasar por to go through,
11.1
¿Qué te pasa? What's the
matter (with you)?, 8.1
el pase pass (permission)
el pasillo aisle, 13.2
la pasta dentrífica
toothpaste, 12.2
la pastilla pill, 8.2
la pastilla de jabón bar
of soap, 12.2
la patata potato
pedir (i, i) to ask for, 14.1
peinarse to comb one's hair,
12.1
el peine comb, 12.1
la película film, movie, 6.2
ver una película to see
a film, 10.1
el pelo hair, 12.1
la pelota ball, 7.2
la pelota vasca jai alai
el/la pelotari jai alai player
la península peninsula
el pensamiento thought
pensar (ie) to think
la pensión boarding house,
12.2
pequeño(a) small, 2.1
la percusión percussion
perder (ie) to lose, 7.1; to
miss, 10.2

**perder el autobús
(la guagua, el camión)**
to miss the bus, 10.2
Perdón. Excuse me.
el/la peregrino(a) pilgrim
perezoso(a) lazy, 1.1
el período period
el periódico newspaper, 6.2
permitir to permit, 11.1
pero but
el perrito puppy
el perro dog, 6.1
la persona person, 1.2
el personaje character
peruano(a) Peruvian
pesar to weigh
el pescado fish, 5.2
la peseta Spanish unit of
currency
el peso peso (monetary unit of
several Latin American
countries), BV; weight
la petición petition
el petróleo petroleum, oil
petrolero(a) oil
el piano piano
el/la pícher pitcher, 7.2
el pico peak, mountain
y pico just after (time)
el pie foot, 7.1; down payment
a pie on foot, 4.1
de pie standing
la pierna leg, 7.1
la pieza room
la píldora pill, 8.2
el/la piloto pilot, 11.2
la pimienta pepper, 14.1
el pincel brush, paintbrush
la pinta pint
pintar to paint
el/la pintor(a) painter
pintoresco(a) picturesque
la pintura painting
la pirueta pirouette,
maneuver
la piscina swimming pool, 9.1
el piso floor, 6.2; apartment
la pista (ski) slope, 9.2
la pizarra chalkboard, 4.2
el pizarrón chalkboard, 4.2
la pizza pizza, BV
la plaga plague, menace
la plancha de vela sailboard,
9.1

practicar la plancha de
vela to go windsurfing,
9.1

planear to plan

la **planta** floor, 6.2; plant

la **planta baja** ground
floor, 6.2

la **plata** money (income)

el **plátano** banana, plantain, 5.2

el **platillo** base, 7.2; saucer, 14.1

el **plato** plate, dish, 14.1

la **playa** beach, 9.1

playera: la toalla playera
beach towel, 9.1

la **plaza** plaza, square; seat,
13.2

la **pluma** pen, 3.1

la **población** population,
people

pobre poor

el/la **pobre** the poor boy (girl)

le **pobretón** poor man

poco(a) little, few, 2.1

un poco (de) a little

poder (ue) to be able, 7.1

el **poema** poem

la **poesía** poetry

el **poeta** poet

político(a) political

el **pollo** chicken, 5.2

el **poncho** poncho, shawl, wrap

poner to put, 11.1

poner la mesa to set the
table, 14.1

ponerse to put on, 12.1

ponerse el maquillaje
to put on makeup, 12.1

ponerse la ropa to
dress oneself, to put on
clothes, 12.1

popular popular, 2.1

la **popularidad** popularity

por for

por aquí over here

por ciento percent

por ejemplo for example

por eso therefore, for this
reason, that's why

por favor please, BV

por fin finally

por hora per hour

por la noche in the
evening

por lo general in general

Por nada. You're
welcome., BV

¿por qué? why?

por tierra overland

el **poroto** string bean

porque because

la **portería** goal line, 7.1

el/la **portero(a)** goalkeeper,
goalie, 7.1

la **posibilidad** possibility

posible possible

el **postre** dessert, 5.1

practicar to practice

**practicar el surfing (la
plancha de vela, etc.)**
to go surfing
(windsurfing, etc.), 9.1

precolombino(a) pre-
Columbian

el **precio** price

preferir (ie, i) to prefer

la **pregunta** question

preguntar to ask (a
question)

el **premio: el Premio Nóbel**
Nobel Prize

preparar to prepare

presentar to present; to
show (movie)

la **presentación** presentation

prestar: prestar atención
to pay attention, 4.2

prevalecer to prevail

**primario(a): la escuela
primaria** elementary
school

la **primavera** spring, BV

primero(a) first, BV

en primera (clase) first-
class, 13.1

el/la **primo(a)** cousin, 6.1

la **princesa** princess

principalmente mainly

el/la **principiante** beginner, 9.2

prisa: a toda prisa as fast
as possible

privado(a) private

la casa privada private
house, 6.2

el **problema** problem

procesar to process

la **procesión** procession

proclamar to proclaim

producido(a) produced

el **producto** product, 5.2

los **productos
congelados** frozen
food, 5.2

el/la **profesor(a)** teacher,
professor, 2.1

profundo(a) deep

el **programa** program

la **promesa** promise

pronto: ¡Hasta pronto! See
you soon!, BV

la **propina** tip, 14.1

la **protección** protection

**protector(a): la crema
protectora** sunblock, 9.1

la **proteína** protein

el **protoplasma** protoplasm

el/la **proveedor(a)** provider

proveer to provide

la **provisión** provision

próximo(a) next, 13.2

en la próxima parada
at the next stop, 13.2

proyectar to project, 10.1

publicar to publish

público(a) public

el **publico** audience, 10.2

el **pueblo** town

el **puerco** pork

la **puerta** door; gate, 11.1

la puerta de salida
departure gate, 11.1

puertorriqueño(a) Puerto
Rican

pues well

la **pulgada** inch

el **punto: en punto** on the
dot, sharp, 4.1

los puntos cardinales
cardinal points

el **puré de papas** mashed
potatoes

puro(a) pure

Q

qué what; how, BV

¡Qué absurdo! How
absurd!

¡Qué enfermo(a) estoy!
I'm so sick!

¿Qué tal? How are you?,
BV

¿Qué te pasa? What's the
matter (with you)?, 8.2

quechua Quechuan

quedar to remain, 7.1

querer (ie) to want, wish

el **queso** cheese, **5.1**

el **quetzal** quetzal (money)

¿quién? who?, **1.1**

¿quiénes? who? *(pl.),* **2.1**

la **química** chemistry, **2.2**

químico(a) chemical

quince fifteen, **BV**

la **quinceañera** fifteen-year-old (girl)

quinientos(as) five hundred, **3.2**

quinto(a) fifth, **6.2**

el **quiosco** newsstand, **13.1**

Quisiera... I would like . . . , **14.2**

quitarse to take off

R

rápido quickly

la **raqueta** racket (sports), **9.1**

el **rato** while

el **ratón** mouse

la **razón** reason

razonable reasonable

real royal

realista realistic

el/la **realista** realist

realmente really

rebotar to rebound

la **recámara** bedroom, **6.2**

el/la **receptor(a)** catcher, **7.2**

la **receta** prescription, **8.2**

recetar to prescribe, **8.2**

recibir to receive, **5.1**

el **reciclaje** recycling

recién recently

recientemente recently

reclamar to claim (luggage), **11.2**

el **reclamo de equipaje** baggage claim, **11.2**

recoger to pick up

recoger el equipaje to claim one's luggage, **11.2**

el **rectángulo** rectangle

el **recurso: los recursos naturales** natural resources

la **red** net, **9.1**

navegar por la red to surf the Net

reducido(a) reduced (price)

reemplazar to replace

reflejar to reflect

el **reflejo** reflection

reflexionar to reflect

el **refresco** drink, beverage, **5.1**

el **refugio** refuge

regalar to give

el **regalo** gift, **6.1**

la **región** region

regional regional

el **regionalismo** regionalism

regresar to return

regreso: el viaje de regreso return trip, trip back

regular regular, average, **2.2**

la **reina** queen

la **relación** relation

relacionado(a) related

relativamente relatively

religioso(a) religious

rellenar to fill

el **remedio** solution

renombrado(a) well-known

rentar to rent

renunciar to renounce, give up

repetir (i, i) to repeat; to take seconds (meal)

el **reportaje** report

la **representación** performance (theater), **10.2**

dar una representación to put on a performance, **10.2**

representar to represent

la **República Dominicana** Dominican Republic

requerir (ie, i) to require

la **reservación** reservation

reservado(a) reserved, **13.2**

reservar to reserve, **14.2**

resfriado(a): estar resfriado(a) to have a cold, **8.1**

el/la **residente** resident

resolver (ue) to solve

la **respuesta** answer

restar to subtract

el **restaurante** restaurant, **14.1**

el **resto** rest, remainder

la **retina** retina

el **retintín** jingle

el **retrato** portrait

el **retraso: con retraso** with a delay, late, **13.2**

revisar to inspect, **11.1**

revisar el boleto to check the ticket, **11.1**

el/la **revisor(a)** (train) conductor, **13.2**

la **revista** magazine, **6.2**

revolver (ue) to turn around

el **rey** king

rico(a) rich; delicious, **14.2**

el/la **rico(a)** rich person

el **río** river

rodar (ue) to roll

la **rodilla** knee, **7.1**

rojo(a) red, **3.2**

el **rollo de papel higiénico** roll of toilet paper, **12.2**

romántico(a) romantic

la **ropa** clothing, **3.2**

la tienda de ropa clothing store, **3.2**

la **rosa** rose

rosado(a) pink, **3.2**

rubio(a) blond, **1.1**

la **ruina** ruin

el **rumor** rumor

rural rural

la **ruta** route

la **rutina** routine, **12.1**

S

el **sábado** Saturday, **BV**

saber to know (how), **11.2**

sabio(a) wise

sabroso(a) delicious

sacar to get, **4.2**

sacar un billete to buy a ticket

sacar una nota buena (mala) to get a good (bad) grade, **4.2**

el **sacerdote** priest

el **saco** jacket

el saco de dormir sleeping bag, **12.2**

sacrificar to sacrifice

la **sal** salt, **14.1**

la **sala** room; living room, **6.2**

la sala de clase classroom, **4.1**

la sala de espera waiting room, **13.1**

la sala de salida
departure area,**11.1**
la **salida** departure, **11.1**
la hora de salida
departure hour, **13.1**
la pantalla de llegadas
y salidas arrival and
departure screen, **11.1**
la sala de salida
departure area, **11.1**
salir to leave, **10.1;** to go
out; to turn out
salir a tiempo to leave
on time, **11.1**
salir bien (en un
examen) to do well
(on an exam)
salir tarde to leave late,
11.1
el **salón: el salón de clase**
classroom, **4.1**
la **saltar** to jump
la **salud** health
el **saludo** greeting, **BV**
salvar to save
el **sándwich** sandwich, **BV**
la **sangre** blood
el **santo** saint
el **saxofono** saxophone
la **sección de (no) fumar** (no)
smoking section, **11.1**
secundario(a): la escuela
secundaria high school,
1.1
sed: tener sed to be thirsty,
14.1
seguir (i, i) to follow, **14**
según according to
segundo(a) second, **6.2**
el segundo tiempo
second half (soccer), **7.1**
en segunda (clase)
second-class, **13.1**
la **seguridad: el control de**
seguridad security
(airport), **11.1**
seis six, **BV**
seiscientos(as) six
hundred, **3.2**
la **selección** selection
seleccionar to select
la **selva** jungle
la **semana** week, **BV**
el fin de semana
weekend, **BV**

el fin de semana pasado
last weekend
la semana pasada last
week, **9.2**
el/la **senador(a)** senator
sencillo(a): el billete
sencillo one-way ticket,
13.1
sentarse (ie) to sit down,
12.1
el **sentido** meaning,
significance
el **señor** sir, Mr., gentleman,
BV
la **señora** Ms., Mrs., madam,
BV
la **señorita** Miss, Ms., **BV**
septiembre September, **BV**
séptimo(a) seventh, **6.2**
ser to be
el **ser: el ser humano** human
being
el ser viviente living
creature, being
la **serie: la Serie mundial**
World Series
serio(a) serious, **1.1**
el **servicio** service, tip, **5.1**
¿Está incluido el
servicio? Is the tip
included?, **5.1**
la **servilleta** napkin, **14.1**
servir (i, i) to serve, **14.1**
sesenta sixty, **2.2**
la **sesión** show (movies), **10.1**
setecientos(as) seven
hundred, **3.2**
setenta seventy, **2.2**
sexto(a) sixth, **6.2**
el **show** show
si if
sí yes
siempre always, **7.1**
de siempre y para
siempre eternally,
forever
la **sierra** sierra, mountain
range
siete seven, **BV**
el **siglo** century
el **significado** meaning
significar to mean
siguiente following
la **silla** chair
similar similar

simpático(a) nice, **1.2**
simple simple
sin without
sin escala nonstop
sincero(a) sincere, **1.2**
singles singles, **9.1**
el **síntoma** symptom, **8.2**
el **sistema métrico** metric
system
el **sitio** place
sobre on top of; over; on,
about
sobre todo especially
sobresaltar to jump up
la **sobrina** niece, **6.1**
el **sobrino** nephew, **6.1**
social: las ciencias sociales
social sciences
la **sociedad** society
la **sociología** sociology
socorrer to help
el **sol** Peruvian coin; sun, **9.1**
Hace (Hay) sol. It's
sunny., **9.1**
tomar el sol to
sunbathe,**9.1**
solamente only
soler (ue) to be accustomed
to, tend to
sólo only
solo(a) alone
a solas alone
el café solo black coffee,
5.1
soltero(a) single, bachelor
la **solución** solution
el **sombrero** hat
la **sonrisita** little smile
el **sorbete** sherbet, sorbet, **14**
la **sopa** soup, **5.1**
el/la **sordo(a)** deaf
su his, her, their, your
subir to go up, **6.2;** to
board, to get on
subir al tren to get on,
to board the train, **13.1**
el **subtítulo** subtitle, **10.1**
con subtítulos with
subtitles, **10.1**
el **suburbio** suburb
suceso: el buen suceso
great event
sudamericano(a) South
American

el **sudoeste** southwest

el **suegro** father-in-law

el **suelo** ground

el **sueño** dream

sufrir to suffer

sumar to add

superior: la escuela superior high school

el **supermercado** supermarket, **5.2**

el **sur** south

el **surf de nieve** snowboarding

el **surfing** surfing, **9.1**

practicar el surfing to surf, **9.1**

el **suroeste** southwest

el **surtido** assortment

sus their, your *(pl.)*, **6.1**

suspirar to sigh

la **sustancia: la sustancia controlada** controlled substance

T

el **T-shirt** T-shirt, **3.2**

la **tabla: la tabla hawaiana** surfboard, **9.1**

el **tablero** board, **7.1**

el tablero de llegadas arrival board, **13.1**

el tablero de salidas departure board, **13.1**

el tablero indicador scoreboard, **7.1**

la **tableta** pill, **8.2**

taíno(a) Taino

tal: ¿Qué tal? How are you?, **BV**

la **talla** size, **3.2**

el **talón** luggage claim ticket, **11.1**

el **tamal** tamale, **BV**

el **tamaño** size, **3.2**

también also

tan so

el **tango** tango

el **tanto** point, **7.1**

marcar un tanto to score a point

tanto(a) so much

la **taquilla** box office, **10.1**

tardar to take time

tarda el viaje the trip takes (+ time)

tarde late

la **tarde** afternoon

Buenas tardes. Good afternoon., **BV**

esta tarde this afternoon, **9.2**

por la tarde in the afternoon

la **tarifa** fare, rate

la **tarjeta** card, **11.1**

la tarjeta de crédito credit card, **14.1**

la tarjeta de embarque boarding pass, **11.1**

la tarjeta de indentidad estudiantil student I.D. card

el **taxi** taxi, **11.1**

la **taza** cup, **14.1**

te you *(fam. pron.)*

el **té** tea, **5.1**

el té helado iced tea, **5.1**

teatral theatrical, **10.2**

el **teatro** theater, **10.2**

salir del teatro to leave the theater, **10.2**

el **teclado** keyboard

el/la **técnico(a)** technician

la **tecnología** technology

telefonear to telephone

telefónico(a) (related to the) telephone

la línea telefónica telephone line

el **teléfono** telephone

hablar por teléfono to talk on the phone

el **telesilla** chairlift, **9.2**

el **telesquí** ski lift, **9.2**

la **televisión** television, **6.2**

el **telón** curtain (stage), **10.2**

el **tema** theme, subject

la **temperatura** temperature, **9.2**

templado(a) temperate

temprano early, **12.1**

el **tenedor** fork, **14.1**

tener (ie) to have, **6.1**

tener... años to be . . . years old, **6.1**

tener hambre to be hungry, **14.1**

tener miedo to be afraid

tener que to have to

tener sed to be thirsty, **14.1**

el **tenis** tennis, **9.1**

los **tenis** tennis shoes, **3.2**

el par de tenis pair of tennis shoes, **3.2**

el/la **tenista** tennis player

tercer(o)(a) third, **6.2**

la **terminal** terminal

terminar to end

el **término** term

la **ternera** veal, **14.2**

la **terraza** terrace (sidewalk café)

terrible terrible

el **terror** terror, fear

la **tía** aunt, **6.1**

el **ticket** ticket, **9.2**

el **tiempo** time; weather, **9.1**; half (game)

a tiempo on time, **11.1**

el segundo tiempo second half (game), **7.1**

la **tienda** store, **3.2**

la tienda de departamentos department store

la tienda de ropa clothing store, **3.2**

la tienda de videos video store

tierno(a) tender

la **tierra: por tierra** by land, overland

el **tilde** accent

tímido(a) timid, shy, **1.2**

el **tío** uncle, **6.1**

los tíos aunt and uncle, **6.1**

típicamente typically

típico(a) typical

el **tipo** type

tirar to kick, **7.1**

tirar el balón to kick (throw) the ball, **7.2**

la **toalla playera** beach towel, **9.1**

tocar to touch; to play (music)

todavía yet, still

todo: todo el mundo everyone

todos(as) everybody, **2.2**; everything, all

por todas partes everywhere

tomar to take, **4.1**
  tomar agua (leche, café)
    to drink water (milk, coffee)
  tomar apuntes to take notes, **4.2**
  tomar el bus (escolar) to take the (school) bus, **4.1**
  tomar el desayuno to eat breakfast, **12.1**
  tomar el sol to sunbathe, **9.1**
  tomar fotos to take photos
  tomar un jugo to drink some juice
  tomar un refresco to have (drink) a beverage
  tomar un vuelo to take a flight, **11.1**
  tomar una ducha to take a shower, **12.1**
  tomar una merienda to have a snack, **4.2**
el **tomate** tomato
el **tomo** volume
la **tonelada** ton
  tonto(a) foolish
la **tortilla** tortilla, **5.1**
la **tos** cough, **8.1**
  tener tos to have a cough, **8.1**
  toser to cough, **8.1**
la **tostada** toast
  tostadito(a) sunburned, tanned
  tostado(a): el pan tostado toast, **5.2**
el **tostón** fried plantain slice
  totalmente totally, completely
  tóxico(a) toxic
  trabajar to work, **3.2**
el **trabajo** work
la **tradición** tradition
  tradicional traditionally
  traer to bring, **14.1**
el **tráfico** traffic
el **traje** suit, **3.2**
  el traje de baño bathing suit, **9.1**
  el traje de gala evening gown, dress
el **tramo** stretch

tranquilo(a) peaceful; calm; quiet
transbordar to transfer, **13.2**
transformar to transform
transmitir to send, to transmit
el **transporte** transportation
el **tratamiento** treatment
  tratar to treat; to try
  trece thirteen, **BV**
  treinta thirty, **BV**
  treinta y uno thirty-one, **2.2**
el **tren** train, **13.2**
  el tren directo nonstop train, **13.2**
  el tren local local train, **13.2**
  tres three, **BV**
  trescientos(as) three hundred, **3.2**
el **triángulo** triangle
la **tripulación** crew, **11.2**
  triste sad, **8.1**
  triunfante triumphant
el **trombón** trombone
la **trompeta** trumpet
  tropical tropical
  tu your *(sing. fam.)*
  tú you *(sing. fam.)*
el **tubo: el tubo de pasta dentífrica** tube of toothpaste, **12.2**
el/la **turista** tourist, **10.2**

U

Ud., usted you *(sing. form.)* **3.2**
Uds., ustedes you *(pl.)*, **2.2**
último(a) last
un a, **1.1**
la **una** one o'clock, **2.2**
único(a) only
la **unidad** unit
el **uniforme** uniform
la **universidad** university
universitario(a) (related to) university
uno(a) one, a, **BV**
unos(as) some
urbano(a) urban
usar to wear (size), **3.2**; to use
utilizar to use

V

la **vacación** vacation
el **vagón** train car, **13.1**
la **vainilla: de vainilla** vanilla *(adj.)*, **5.1**
la **vainita** string bean
  ¡vale! OK!
  valer to be worth
  valeroso(a) brave
el **valor real** true value
  vamos a let's go
la **variación** variation
  variado(a) varied
  variar to vary, change
la **variedad** variety
  verios(as) various
el **varón** male
  vasco(a) Basque
    la pelota vasca jai alai
el **vaso** (drinking) glass, **12.1**
el/la **vecino(a)** neighbor
el **vegetal** vegetable, **5.2**
el/la **vegetariano(a)** vegetarian
  veinte twenty, **BV**
  veinticinco twenty-five, **BV**
  veinticuatro twenty-four, **BV**
  veintidós twenty-two, **BV**
  veintinueve twenty-nine, **BV**
  veintiocho twenty-eight, **BV**
  veintiséis twenty-six, **BV**
  veintisiete twenty-seven, **BV**
  veintitrés twenty-three, **BV**
  veintiuno twenty-one, **BV**
la **velocidad** speed
  vender to sell, **5.2**
  venezolano(a) Venezuelan
  venir to come, **11.1**
  el viernes (sábado, etc.) que viene next Friday (Saturday, etc.)
la **ventanilla** ticket window, **9.2**
  ver to see; to watch, **5.1**
el **verano** summer, **BV**
  ¡verdad! that's right (true)!
  verdadero(a) true
  verde green, **3.2**
    la judía verde green bean, **5.2**
  verificar to verify, **13.1**

la **versión: en versión**
    original in (its) original
    version, **10.1**
el **vestido** dress
  vestirse (i, i) to get dressed
la **vez** time
    a veces at times,
    sometimes, **7.1**
    de vez en cuando now
    and then
    una vez más one more
    time, again
la **vía** track, **13.1**
  viajar to travel
    viajar en avión to travel
    by air, **11.1**
el **viaje** trip
    el viaje de regreso return
    trip
    hacer un viaje to take a
    trip, **11.1**
  victorioso(a) victorious
la **vida** life
    la vida escolar school life
el **video** video
  viejo(a) old, **6.1**
el/la **viejo(a)** old person
  el **viento** wind

el **viernes** Friday, **BV**
el **vinagre** vinegar
la **viola** viola
el **violín** violin, **2.1**
  visible visible
  visitar to visit
  vital vital
la **vitamina** vitamin
  viviente: el ser viviente
    living creature, being
  vivir to live, **5.2**
  vivo(a) living, alive
la **vocal** vowel
  volar (ue) to fly
el **voleibol** volleyball
  volver (ue) to return, **7.1**
    volver a casa to return
    home, **10.2**
la **voz** voice
    en voz alta aloud
el **vuelo** flight, **11.1**
    el número del vuelo
    flight number, **11.1**
    tomar un vuelo to take
    a flight, **11.1**
    el vuelo nacional
    domestic flight

Y

y and, **BV**
    y cuarto a quarter past
    (the hour)
    y media half past (the
    hour)
    y pico just after (the
    hour)
  ya already; now
la **yarda** yard
  yo I, **1.1**
el **yogur** yogurt

Z

la **zanahoria** carrot, **5.2**
la **zapatería** shoe store
el **zapato** shoe, **3.2**
la **zona** zone, area,
    neighborhood
el **zumo de naranja** orange
    juice

Vocabulario inglés–español

The **Vocabulario inglés-español** contains all productive vocabulary from the text. The reference numbers following each entry indicate the chapter and vocabulary section in which the word is introduced. For example, **2.2** means that the word first appeared actively in **Capítulo 2, Palabras 2. BV** refers to the preliminary **Bienvenidos** lessons. Words without a chapter reference indicate receptive vocabulary (not taught in the **Palabras** sections).

A

a un(a)
able: to be able poder (ue), **7.1**
aboard a bordo de, **11.2**
about (time) a eso de, **4.1**
above por encima de
abstract abstracto(a)
academy la academia
to **accept** aceptar
access el acceso
to **accompany** acompañar
according to según
ache doler
    My . . . aches Me duele... , **8.2**
acrylic el acrílico
activity la actividad
actor el actor, **10.2**
actress la actriz, **10.2**
to **adapt** adaptar
to **add** sumar
to **adjust** ajustar
to **admire** admirar
    admission ticket la entrada, **10.1**
to **admit** admitir
    adorable adorable
to **adore** adorar
to **adorn** adornar
    adventure la aventura
    African africano(a)
after después de, **5.1**;
    (time) y

    It's ten after one. Es la una y diez.
afternoon la tarde
    Good afternoon. Buenas tardes., **BV**
    in the afternoon por la tarde
    this afternoon esta tarde, **9.2**
against contra, **7.1**
agent el/la agente, **11.1**
    customs agent el/la agente de aduana, **11.1**
agreed conforme, **14.2**
air el aire
    open-air (outdoor) café (market) el café (mercado) al aire libre
airline la línea aérea
airplane el avión, **11.1**
    by plane en avión, **11.1**
airport el aeropuerto, **11.1**
aisle el pasillo, **13.2**
a lot muchos(as), **2.1**; mucho, **3.2**
alarmed: to be alarmed alarmarse
album el álbum
algebra el álgebra, **2.2**
alive vivo(a)
all todos(as)
    All right. De acuerdo.
allergy la alergia, **8.2**
to **allow** dejar; consentir (ie, i)
almost casi

alone solo(a)
aloud en voz alta
also también, **1.2**
always siempre, **7.1**
A.M. de la mañana
American americano(a)
amusement la diversión
analysis el análisis
analytical analítico(a)
to **analyze** analizar
ancient antiguo(a)
and y, **BV**
Andean andino(a)
anecdote la anécdota
animal el animal
another otro(a)
answer la respuesta
to **answer** contestar
    Antarctic la Antártida
antibiotic el antibiótico, **8.2**
antiquity la antigüedad
Anything else? ¿Algo más?, **5.2**
apartment el apartamento, el piso, el departamento, **6.2**
    apartment house la casa de apartamentos (apartamentos), **6.2**
to **applaud** aplaudir, **10.2**
applause el aplauso, **10.2**
apple la manzana, **5.2**
to **apply** aplicar
    April abril, **BV**
    Aragon: from Aragon (Spain) aragonés(a)
arc el arco
archeological arqueológico(a)
archeologist el/la arqueólogo(a)
archeology la arqueología
area el área (*f.*), la zona

Argentinian argentino(a), **2.1**

argument la disputa

arithmetic la aritmética, **2.2**

arm el brazo, **7.1**

around alrededor de, **6.2**; (time) a eso de, **4.1**

arrival la llegada, **11.1**

  arrival and departure screen la pantalla de salidas y llegadas, **11.1**

  arrival board el tablero de llegadas, **13.1**

to **arrive** llegar, **4.1**

arrogant altivo, arrogante

arsenal el arsenal

art el arte, (f.) **2.2**

artichoke la alcachofa, **14.2**

artifact el artefacto

artist el/la artista, **10.2**

artistic artístico(a)

as como

to **ask (a question)** preguntar

to **ask for** pedir (i, i), **14.1**

asleep dormido(a)

aspirin la aspirina, **8.2**

assortment el surtido

astute astuto(a)

at a, en

  at about (time) a eso de, **4.1**

  at home en casa, **6.2**

  at night por la noche

  at that time en aquel entonces

  at the end of a fines de

  at what time? ¿a qué hora?, **10.1**

athletic atlético

attack el ataque

to **attack** atacar

to **attend** asistir

attention: to pay attention prestar atención, **4.2**

audience el público, **10.2**

August agosto, **BV**

aunt la tía, **6.1**

  aunt(s) and uncle(s) los tíos, **6.1**

Australia la Australia

author el/la autor(a), **10.2**

autumn el otoño, **BV**

average regular, **2.2**

B

baby el/la bebé

background la ascendencia

backpack la mochila, **3.1**

bacteria la bacteria

bad malo(a), **2.1**

  to be in a bad (good) mood estar de mal (buen) humor, **8.1**

back to school la apertura de clases

bag la bolsa, **5.2**

baggage el equipaje, **11.1**

  baggage claim el reclamo de equipaje, **11.2**

  carry-on baggage el equipaje de mano, **11.1**

ball (basketball, soccer) el balón, **7.1**; (tennis, baseball) la pelota, **7.2**

  to throw (kick) the ball tirar el balón, **7.2**

ballpoint pen el bolígrafo, **3.1**

banana el plátano, **5.2**

baptism, el bautizo

bar: bar of soap la barra de jabón, la pastilla de jabón, **12.2**

bargain la ganga

base (baseball) la base, **7.2**

baseball el béisbol, **7.2**

  baseball field el campo de béisbol, **7.2**

  baseball game el juego de béisbol, **7.2**

  baseball player el/la jugador(a) de béisbol, **7.2**; el/la beisbolista

basic básico(a)

basket (basketball) el cesto, la canasta, **7.2**

  to make a basket encestar, meter el balón en el cesto, **7.2**

basketball el básquetbol, el baloncesto, **7.2**

  basketball court la cancha de básquetbol, **7.2**

Basque vasco(a)

bat el bate, **7.2**

bathing suit el traje de baño, el bañador, **9.1**

bathroom el baño, el cuarto de baño, **6.2**

batter el/la bateador(a), **7.2**

battle la batalla

bay la bahía

to **be** ser, **1.1**; estar, **4.1**

  to be able poder (ue), **7.1**

  to be accustomed to soler (ue)

  to be afraid tener miedo

  to be born nacer

  to be going to ir a

  to be hungry tener hambre, **14.1**

  to be included estar incluido, **14.1**

  to be named (called) llamarse, **12.1**

  to be pleasing gustar

  to be thirsty tener sed, **14.1**

  to be tied (score) quedar empatado, **7.1**

  to be worth valer, **7.2**

  to be . . . years old tener... años, **6.2**; cumplir... años

beach la playa, **9.1**

  beach resort el balneario, **9.1**

  beach towel la toalla playera, **9.1**

bean el frijol, la habichuela, **5.2**

  green bean la judía verde, **5.2**

beau el galán

beautiful hermoso(a), bello(a), **1.1**

because porque

to **bear (name)** llevar (el nombre)

bed la cama, **8.1**

  to make the bed hacer la cama

  to stay in bed guardar cama, **8.1**

bedroom la recámara, el dormitorio, el cuarto (de dormir), **6.2**

beef la carne de res, **14.2**

before antes de, **5.1**

to **begin** comenzar (ie); empezar (ie), **7.1**

beginner el/la principiante, **9.2**

beginning: beginning of school la apertura de clases

behind atrás

being: human being el ser humano

    living being el ser viviente

to **believe** creer, **8.2**

below debajo (de); bajo

    below zero bajo cero, **9.2**

berth la litera, **13.2**

between entre, **7.1**

beverage el refresco, **5.1**

bicycle la bicicleta

    to go by bicycle ir en bicicleta, **13.2**

big grande, **2.1**

bilingual bilingüe

bill la cuenta, **5.1**

biography la biografía

biological biológico(a)

biologist el/la biólogo(a)

biology la biología, **2.1**

birthday el cumpleaños, **6.1**

black negro(a), **3.2**

    black coffee el café solo, **5.1**

to **block** bloquear, parar, **7.1**

blond rubio(a), **1.1**

blood la sangre

blouse la blusa, **3.2**

blue azul, **3.2**

    blue jeans el blue jean, **3.2**

board: arrival board el tablero de llegadas, **13.1;** **departure board** el tablero de salidas, **13.1**

to **board** embarcar, **11.2;** abordar; **(the train)** subir al tren, **13.1**

boarding el embarque

boarding house la pensión, **12.2**

boarding pass la tarjeta de embarque, **11.1**

book el libro, **3.1**

boot la bota, **9.2**

to **bore** aburrir

boring aburrido(a), **2.1**

born nacido(a)

bottle la botella, **12.2**

boy el muchacho, **1.1**

boyfriend/girlfriend el/la novio(a)

brave valeroso(a)

bread el pan, **5.1**

breakfast el desayuno, **5.2**

    to eat breakfast desayunarse, tomar el desayuno, **12.1**

bright brillante

to **bring** llevar, **6.1;** traer, **14.1**

broadcast la emisión, **6.2**

    sports broadcast la emisión deportiva, **6.2**

bronze el bronce, **10.2**

brook el arroyo

brother el hermano, **6.1**

brown de color marrón, **3.2**

brunette moreno(a), **1.1**

brush el cepillo, **12.2**

to **brush one's hair** cepillarse, **12.1**

to **brush one's teeth** cepillarse (lavarse) los dientes, **12.1**

building el edificio

bus el bus, **4.1;** el autobús (la guagua [P.R., Cuba], el camión [Mex.]), **10.1**

    school bus el bus escolar, **4.1**

    to miss the bus perder el autobús (la guagua, el camión), **10.1**

but pero

to **buy** comprar, **3.1**

by (plane, car, bus, etc.) en (avión, carro, autobús, etc.)

C

cafe el café, **BV**

cafeteria la cafetería

to **calculate** calcular

calculator la calculadora, **3.1**

calculus el cálculo, **2.2**

called llamado(a)

can el bote, la lata, **5.2**

candid franco(a)

canned enlatado(a)

cap la gorra, **3.2**

capital la capital

captain el/la capitán; el/la comandante, **11.2**

car el carro, el coche, **4.1**

    by car en carro, en coche, **4.1**

cafeteria car el coche-cafetería, **13.2**

dining car el coche-comedor, **13.2**

sleeping car el coche-cama, **13.2**

train car el coche, el vagón, **13.2**

card la tarjeta, **11.1**

    credit card la tarjeta de crédito, **14.1**

cardinal: cardinal points los puntos cardinales

careful! ¡cuidado!

carefully: very carefully con mucho cuidado

to **caress** acariciar

Caribbean el Caribe

carrot la zanahoria, **5.2**

to **carry** llevar, **3.1**

    carry-on luggage el equipaje de mano, **11.1**

case el caso

cash register la caja, **3.1**

cassette el casete, **4.2**

cat el/la gato(a), **6.1**

to **catch** atrapar, **7.2**

catcher el/la receptor(a), el/la cátcher, **7.2**

Catholic católico(a)

to **celebrate** celebrar

celebration la celebración

cell la célula

cellular celular

center el centro

central central, **13.2**

Central America la América Central

century el siglo

cereal el cereal, **5.2**

certainly! ¡claro!

chain (necklace) la cadena

chair la silla

chairlift el telesilla, **9.2**

chalet el chalet

chalkboard la pizarra, el pizarrón, **4.2**

champion el/la campeón(a)

championship el campeonato

to **change** cambiar

    to change trains (transfer) cambiar de tren, transbordar, **13.2**

chapter el capítulo
character el personaje
charming encantador(a)
cheap barato(a), **3.2**
check la cuenta, **5.1**
to **check luggage** facturar el equipaje, **11.1**
to **check one's ticket** revisar el boleto, **11.1**
cheese el queso, **5.1**
chemical químico(a)
chemistry la química, **2.2**
chicken el pollo, **5.2**
child el/la niño(a)
children los niños, **6.1**
  homeless children los niños desamparados
Chilean chileno(a)
chills: to have chills tener escalofríos, **8.1**
chocolate chocolate, **5.1**
  chocolate ice cream el helado de chocolate, **5.1**
choir el coro
to **choose** escoger
chorus el coro
Christian cristiano(a)
Christmas la Navidad
  Christmas Eve la Nochebuena
church la iglesia
circle el círculo
city la ciudad
to **claim (luggage)** reclamar (el equipaje), **11.2**
clam la almeja, **14.2**
class la clase, el curso, **2.1**
  first class primera clase, en primera, **13.1**
  second class segunda clase, en segunda, **13.1**
to **classify** clasificar
classroom la sala de clase, el salón de clase, **4.1**
clinic la clínica
cloth el lienzo
clothing la ropa, **3.2**
  clothing store la tienda de ropa, **3.2**
cloud la nube, **9.1**
cloudy: to be cloudy estar nublado, **9.1**
  It's cloudy. Hay nubes., **9.1**
club el club, **4.2**

Spanish Club el Club de español, **4.2**
coast la costa
co-ed mixto(a)
coffee el café, BV
  black coffee, el café solo, **5.1**
  coffee with milk el café con leche, **5.1**
cognate la palabra afina
coin la moneda
coincidence la coincidencia
cold (illness) el catarro, **8.1**
  to have a cold tener catarro, estar resfriado(a), **8.1**
cold: It's cold. Hace frío., **9.2**
collection la colección, el conjunto
collector el colector
Colombian colombiano(a), **1.1**
colonial colonial
colony la colonia
color el color, **3.2**
  What color is . . . ? ¿De qué color es... ?, **3.2**
comb el peine, **12.2**
to **comb one's hair** peinarse, **12.1**
to **come** venir
  to come (go) on stage entrar en escena, **10.2**
  compact disk el disco compacto, **4.2**
to **compare** comparar
to **compete** competir (i, i)
competition la competición
complete completo(a), **13.2**
compliment: to pay someone compliments echarle flores
composition la composición
computer el ordenador, la computadora
  computer science la informática, **2.2**
concert el concierto
condominium el condominio
conductor (train) el/la revisor(a), **13.2**

confirmed bachelor el solterón
to **connect** conectar
to **conquer** conquistar
to **conserve** conservar, **11.1**
to **consider** considerar
to **consist of** consistir (en)
to **consult** consultar
  consultation la consulta, **8.2**
contest la competición
continent el continente
to **continue** continuar, **7.2**
to **convert** convertir (ie, i)
  cook el/la cocinero(a), **14.1**
copilot el/la copiloto, **11.2**
to **copy** copiar
  corn el maíz, **14.2**
to **cost** costar (ue), **3.1**
  How much does . . . cost? ¿Cuánto cuesta(n)... ?, **3.1**
  Costa Rican costarricense
cough la tos, **8.1**
  to have a cough tener tos, **8.1**
to **cough** tener tos, **8.1**
  counter el mostrador, **11.1**
country el país, **11.2**
  foreign country el país extranjero, **11.2**
course el curso, **2.1**
  elective course el curso opcional
  required course el curso obligatorio
court la cancha, **2.1**
  basketball court la cancha de básquetbol, **7.2**
  indoor court la cancha cubierta, **9.1**
  outdoor court la cancha al aire libre, **9.1**
  tennis court la cancha de tenis, **9.1**
courtesy la cortesía, BV
cousin el/la primo(a), **6.1**
to **cover** cubrir
to **create** crear
  credit card la tarjeta de crédito, **14.1**
Creole el/la criollo(a)
crew la tripulación, **11.2**

Cuban cubano(a)

Cuban American
cubanoamericano(a)

to **cultivate** cultivar

cultural cultural

cup la taza, **14.1**

World Cup la Copa
mundial

curtain (stage) el telón,
10.2

custom la costumbre

customer el/la cliente, **5.1**

customs la aduana, **11.2**

to **cut** cortar, **14.1**

D

dad el papá

to **dance** bailar, **4.2**

dark (haired) moreno(a),
1.1

data los datos

date la fecha, **BV**

What is today's date?
¿Cuál es la fecha de
hoy?, **BV**

to **date** datar

daughter la hija, **6.1**

day el día, **BV**

day before yesterday
anteayer

deaf person el/la sordo(a)

death la muerte

December diciembre, **BV**

to **decide** decidir

to **declare** declarar

to **defeat** derrotar

degree (temperature) el
grado, **9.2**

delay: with a delay con una
demora, **11.1;** con retraso,
13.2

delicious delicioso(a), rico,
14.2; sabroso(a)

to **delight** encantar

to **deliver** entregar

deluxe de lujo

departure la salida, **11.1**

**arrival and departure
screen** la pantalla de
llegadas y salidas, **11.1**

departure board el
tablero de salidas, **13.1**

departure gate la puerta
de salida, la sala de
salida, **11.1**

departure hour la hora
de salida

descendant el/la
descendiente

design el diseño

designer el/la diseñador(a)

dessert el postre, **5.1**

destination el destino, **11.1**

diagnosis la diagnosis, **8.2**

dialog el diálogo

diamond el diamante

to **die** morir (ue, u)

difference la diferencia

different diferente

difficult duro(a), difícil, **2.1**

to **dig** excavar

dining car el coche-
comedor, el coche-
cafetería, **13.2**

dining room el comedor,
6.2

dinner la cena, **5.2**

to have dinner cenar

direct directo(a), **11**

director el/la director(a)

discipline la asignatura, la
disciplina, **2.1**

to **discover** descubrir

to **discuss** discutir

to **disembark** desembarcar,
11.2

dish el plato, **14.1**

disk: compact disk el disco
compacto, **4.2**

diskette el disquete, **3.1**

to **dive** bucear, **9.1**

to **divide** dividir

diving el buceo, **9.1**

divorced: to get divorced
divorciarse

doctor el/la médico(a), **8.2**

doctor's office la consulta
del médico, el consultorio,
8.2

to **do** hacer, **11**

to do well (on an exam)
salir bien (en un
examen)

dog el perro, **6.1**

domestic doméstico(a), **2.1**

Dominican dominicano(a),
2.1

Dominican Republic la
República Dominicana

donkey el asno

door la puerta

dose la dosis, **8.2**

dot: on the dot en punto,
4.1

doubles dobles, **9.1**

doubt la duda

doughnut (a type of) el
churro

dozen la docena

drawing el dibujo

dream el sueño

dreamed of imaginado(a)

dress el vestido

to **dribble (basketball)**
driblar, **7.2**

drink (beverage) el
refresco, **5.1;** la bebida

to **drink** beber, **5.1**

**to drink water (milk,
coffee)** tomar agua
(leche, café), **14.1**

druggist el/la
farmacéutico(a), **8.2**

drugstore la farmacia, **8.2**

dubbed doblado(a), **10.1**

during durante

E

e-mail el correo electrónico

each cada, **1.2**

early temprano, **12.1**

to **earn** ganar

easel el caballete

east el este

easy fácil, **2.1**

to **eat** comer, **5.1**

to eat breakfast
desayunarse, tomar el
desayuno, **12.1**

economical económico(a),
12.2

**economics: home
economics** la economía
doméstica, **2.1**

economy la economía

Ecuadorean
ecuatoriano(a), **2.1**

**education: physical
education** la educación
física, **2.2**

egg el huevo, **5.2**

eggplant la berenjena, **14.2**

eight ocho, **BV**

eight hundred
ochocientos(as), **3.2**

eighteen dieciocho, **BV**

eighth octavo(a), **6.2**

eighty ochenta, **2.1**

electronic mail (e-mail) el correo electrónico

elegant elegante

element el elemento

elevator el ascensor, **6.2**

eleven once, **BV**

else: Anything else? ¿Algo más?, **5.2**

   No, nothing else. No, nada más, **5.2**

emotion la emoción

emphasis el énfasis

to **emphasize** dar énfasis, enfatizar

employee el/la empleado(a), el/la dependiente(a), **3.1**

enamored: to become enamored of (to fall for) flechar

enchilada la enchilada, **BV**

end el fin, **BV**

   at the end of a fines de

enemy el/la enemigo(a)

energy la energía, **8**

English el inglés, **2.2**

to **enjoy** gozar

   to enjoy oneself divertirse (ie, i), **12.2**

enough bastante, **1.1**

to **enter** entrar, **4.1**

entire entero(a)

episode el episodio

epoch la época

equation la ecuación

equipment el equipo, **7.1**

to **erase** borrar, **3.1**

   eraser la goma de borrar, **3.1**

   errant: knight errant el caballero andante

especially especialmente, particularmente, sobre todo

essentially esencialmente

to **establish** fundar

esteemed estimado(a)

ethnic étnico(a)

Europe la Europa

evening la noche

   evening gown el traje de gala

Good evening. Buenas noches., **BV**

   in the evening por la noche

everyone todos, **2.2**; todo el mundo

everything todos(as)

exactly exactamente, **11**

to **exaggerate** exagerar, **11**

exam el examen, **4.2**

to **examine** examinar, **8.2**

example: for example por ejemplo

to **excavate** excavar

excavation la excavación

excellent excelente

Excuse (me). Perdón.

exhibition (art) la exposición (de arte), **10.1**

to **exist** existir

expedition la expedición

expensive caro(a), **3.2**

expert el/la experto(a), **9.2**

to **explain** explicar, **4.2**

explosion la explosión

expression la expresión

   means of expression el modo de expresión

extraordinary extraordinario(a)

extreme extremo(a)

eye el ojo

F

face la cara, **12.1**

faithful fiel

to **fall asleep** dormirse (ue, u), **12.1**

false falso(a)

fame la fama

family la familia, **6.1**

family (related to) familiar

famous famoso(a), **1.2**

fan (sports) el/la aficionado(a)

fantastic fantástico(a), **1.2**

fare la tarifa

fast rápido(a)

   as fast as possible a toda prisa

fat gordo(a), **1.2**

father el padre, **6.1**

father-in-law el suegro

favorite favorito(a)

fear el miedo, el terror

February febrero, **BV**

fever la fiebre, **8.1**

   to have a fever tener fiebre, **8.1**

few pocos(as), **2.1**

   a few unos(as)

fiancé(e) el/la novio(a)

field el campo

   baseball field el campo de béisbol, **7.2**

   soccer field el campo de fútbol, **7.1**

fifteen quince, **BV**

fifteen-year-old (girl) la quinceañera

fifth quinto(a), **6.2**

fifty cincuenta, **2.1**

to **fight** luchar

figurative figurativo(a)

film la película, **6.2**; el film, **10.1**

finally por fin

to **find** hallar; encontrar (ue)

fine bien, **BV**; Conforme., **14.2**

fine-looking gallardo(a)

finger el dedo

first primero(a), **BV**

fish el pescado, **5.2**

five cinco, **BV**

   five hundred quinientos(as) **3.2**

flight el vuelo, **11.1**

   flight attendant el/la asistente de vuelo, **11.2**

   flight number el número del vuelo, **11.1**

floor la planta, el piso, **6.2**

   ground floor la planta baja, **6.2**

flower la flor

flu la gripe, **8.1**

to **fly** volar (ue)

folder la carpeta, **3.1**

folk healer el/la curandero(a)

to **follow** seguir (i, i)

following siguiente

fond of aficionado(a)

food la comida, **5.2**; el alimento, el comestible, **14.2**

foolish tonto(a)

foot el pie, **7.1**

on foot a pie, **4.1**

for por, para

    for example por ejemplo

foreign extranjero(a), **11.2**

fork el tenedor, **14.1**

to **form** formar

forty cuarenta, **2.1**

to **found** fundar

four cuatro, **BV**

    four hundred
cuatrocientos(as), **3.2**

fourteen catorce, **BV**

fourth cuarto(a), **6.2**

frank franco(a)

free libre, **5.1**

French el francés, **2.2**

    French fries las papas
fritas, **5.1**

fresh fresco(a)

Friday el viernes, **BV**

fried frito(a), **5.1**

friend el/la amigo(a), el/la
compañero(a), **1.1**

frightful espantoso

from de, **BV**

front: in front of delante
de, **10.1**

frozen congelado(a),
helado(a), **5.1**

    frozen foods los
productos congelados,
5.2

fruit la fruta, **5.2**

to **fry** freír (i, i), **14.1**

full (train, bus, etc.)
completo(a)

funny cómico(a);
gracioso(a), **1.1**

furious furioso(a)

furniture los muebles

fury la furia

future el futuro

G

gallant gallardo(a)

game el partido, **7.1**; el
juego, **7.2**

    baseball game el juego
de béisbol, **7.2**

garage el garaje, **6.2**

garden el jardín, **6.2**

garlic el ajo, **14.2**

gate: departure gate la
puerta de salida, **11.1**

generally generalmente

generous generoso(a), **1.2**

gentleman el señor, **BV**

geography la geografía, **2.2**

geometry la geometría, **2.2**

German el alemán, **2.1**

to **get a good (bad) grade**
sacar una nota buena
(mala), **4.2**

to **get dressed** vestirse (i, i);
ponerse la ropa, **12.1**

to **get off (bus, train, etc.)**
bajar(se) (del bus, tren,
etc.), **13.2**

to **get on** abordar; subir, **13.1**

to **get on (horse)** montar
(caballo)

to **get on board (bus, train,
etc.)** subir (al bus, tren,
etc.), **13.1**

    to get up levantarse, **12.1**

giant el gigante

gift el regalo, **6.1**

girl la muchacha, **1.1**

to **give** dar, **4.2**; regalar (gift)

    to give (throw) a party
dar una fiesta, **4.2**

    to give up renunciar

glass (drinking) el vaso,
12.1

glove el guante, **7.2**

to **go** ir, **4.1**

    to go by bicycle ir en
bicicleta, **12.2**

    to go by car ir en coche

to **go back** volver (ue)

to **go down** bajar

to **go home** volver a casa

to **go shopping** ir de compras,
5.2

to **go through** pasar por, **11.1**

to **go to bed** acostarse (ue),
12.1

to **go up** subir, **6.2**

to **go (walk) around** andar

    goal el gol, **7.1**; la portería,
7.1

        to score a goal meter un
gol, **7.1**

goalie el/la portero(a), **7.1**

goalkeeper el/la portero(a),
7.1

godfather el padrino

godmother la madrina

godparents los padrinos

gold el oro

good bueno(a); buen

    Good afternoon. Buenas
tardes., **BV**

    Good evening. Buenas
noches., **BV**

    Good morning. Buenos
días., **BV**

good-bye! ¡adiós!, ¡chao!, **BV**

good-looking guapo(a),
bonito(a), lindo(a), **1.1**

Gosh! ¡Dios mío!, **11**

gossip: piece of gossip el
chisme

grade la nota, **4.2**

grammar la gramática

grandchildren los nietos,
6.1

granddaughter, la nieta, **6.1**

grandfather el abuelo, **6.1**

grandmother la abuela, **6.1**

grandparents los abuelos,
6.1

grandson el nieto, **6.1**

gray gris, **3.2**

great gran(de)

    great event el buen
suceso

greater mayor

green verde, **3.2**

    green bean la judía
verde, **5.2**

greeting el saludo, **BV**

ground el suelo

group el grupo

to **guard** guardar, **7.1**

Guatemalan
guatemalteco(a)

to **guess** adivinar

guitar la guitarra

gulf el golfo

gymnasium el gimnasio

H

hair el pelo, **12.1**

half medio(a), **5.2**

    half an hour media hora,
14

    second half el segundo
tiempo, **7.1**

ham el jamón, **5.1**

hamburger la
hamburguesa, **5.1**

hand la mano, **7.1**

    to shake hands dar la
mano

handsome guapo(a), **1.1**

to **hang** colgar (ue)

to **happen** pasar

What happened (to you)? ¿Qué te pasó?

happy contento(a), **8.1**

hard duro(a), **2.1**

hardworking ambicioso(a), **1.1**

hat el sombrero, la gorra, **3.2**

to **have** tener (ie), **6.1**

to have chills tener escalofríos, **8.1**

to have a cold tener catarro, estar resfriado(a), **8.1**

to have a drink (snack) tomar un refresco (una merienda), **4.2**

to have a fever tener fiebre, **8.1**

to have a headache tener dolor de cabeza, **8.1**

to have a sore throat tener dolor de garganta, **8.1**

to have a stomachache tener dolor de estómago, **8.1**

to have to tener que

They're having a good time. Lo están pasando muy bien., **12.2**

he él, **1.1**

head la cabeza, **7.1**

headache el dolor de cabeza, **8.1**

health la salud, **8.1**

to **hear** oír

heart el corazón

heartthrob el galán

Hello! ¡Hola!, **BV**; ¡Diga! (answering the telephone—Spain), **14.2**

to **help** ayudar, **13.1**

her su, **6.1**; la *(pron.)*

here aquí

Here is (are)... Aquí tiene...

heritage la ascendencia

hero el héroe

Hi! ¡Hola!, **BV**

to **hide** esconder

high alto(a), **1.1**

high school el colegio, la escuela secundaria, la escuela superior, **1.1**

hike: to take a hike dar una caminata, **12.2**

him lo

his su, **6.1**

historical histórico(a)

history la historia, **2.1**

to **hit (tennis)** golpear, **9.1**; **(baseball)** batear, **7.2**

hole el agujero

home la casa, **6.2**

at home en casa

country home la casa de campo

home economics la economía doméstica, **2.2**

home plate (baseball) el platillo, **7.2**

home run el jonrón, **7.2**

homeless desamparado(a)

homeless children los niños desamparados

honest honesto(a), **1.2**

honor el honor

horrible horrible

hospital el hospital, **8.2**

hot: It's hot. Hace calor., **9.1**

hotel (inexpensive) el hostal, **12.2**

hour la hora

per hour por hora

house la casa, **6.2**

apartment house la casa de apartamentos (departamentos), **6.2**

private house la casa privada (particular), **6.2**

how? ¿como?, **1.1**

How absurd! ¡Qué absurdo!

How are you? ¿Qué tal?, **BV**; ¿Cómo estás?, **8.1**

How many? ¿Cuántos(as)?, **2.1**

How much? ¿Cuánto?, **3.1**

How much does it cost? ¿Cuánto es?, ¿Cuánto cuesta?, **3.1**

How old is (are)... ¿Cuántos años tiene(n)... ?, **6.1**

human humano(a)

human being el ser humano

humble humilde

hungry: to be hungry tener hambre, **14.1**

to **hurt** doler (ue), **8.2**

My ... hurt(s) me Me duele(n)..., **8.2**

husband el marido, el esposo, **6.1**

I

I yo, **1.2**

ice cream el helado, **5.1**

chocolate (vanilla) ice cream el helado de chocolate (de vainilla), **5.1**

iced tea el té helado, **5.1**

idea la idea

ideal ideal, **1.2**

idealist el/la idealista

if si

illusion la ilusión

imagined imaginado(a)

immediately enseguida, inmediatamente, **5.1**

immense inmenso(a)

to **imply that** dar a entender

important importante

impossible imposible

in en

in front of delante de

Inca el/la inca

to **include** incluir, **5.1**

included incluido(a), **5.1**

Is the tip included? ¿Está incluido el servicio?, **5.1**

incredible increíble

independence la independencia

Indian indio(a)

to **indicate** indicar, **11.1**

indicator el indicador, **7.1**

indigenous indígena

individual individual, **7.2**

individual sport el deporte individual, **7.2**

inexpensive barato(a), **3.2**

influence la influencia

to **inform** informar, **13.2**

information la información

inhabitant el/la habitante
injection la inyección, **8.2**
inheritance la herencia
inning la entrada, **7.2**
insane loco(a)
to inspect inspeccionar, **11.2**
    to inspect (check) the ticket revisar el boleto, **11.1**
inspection: passport inspection el control de pasaportes, **11.2**
inspection: security inspection el control de seguridad, **11.1**
instant el instante
instruction la instrucción
instrument el instrumento
integral íntegro(a)
intelligent inteligente, **2.1**
interest el interés
to interest interesar
interesting interesante, **2.1**
intermediate intermedio(a)
international internacional
interpretation la interpretación
interview la entrevista, **4.1**
invitation la invitación
to invite invitar (a), **6.1**
island la isla
it la *(f.)*; lo *(m.)*
Italian italiano(a)

J

jacket la chaqueta, el saco, **3.2**
jai alai la pelota vasca
January enero, **BV**
jingle el retintín
July julio, **BV**
to jump saltar
    to jump up sobresaltar
June junio, **BV**

K

keyboard el teclado
to kick tirar (con el pie), **7.1**
    to kick the ball tirar el balón, **7.2**
kilogram el kilo, **5.2**
king el rey
kitchen la cocina, **6.2**
knapsack la mochila, **3.1**
knee la rodilla, **7.1**

knife el cuchillo, **14.1**
knight el caballero
    knight errant el caballero andante
    knight's attendant el escudero
to know saber, **11.2;** conocer, **11.1**
    to know how saber, **11.2**

L

laboratory el laboratorio, **2.1**
lady la dama
lady-in-waiting la dama
lake el lago
lamb el cordero, **14.2**
lance la lanza
to land aterrizar, **11.2**
landscape el paisaje
language la lengua, **2.2**
large grande
last último(a)
    last night anoche, **9.2**
    last week la semana pasada, **9.2**
    last weekend el fin de semana pasado
    last year el año pasado, **9.2**
late tarde; con una demora, **11.1;** con retraso, **13.2**
later luego, **BV**
    See you later! ¡Hasta luego!, **BV**
Latin el latín, **2.2**
Latin latino(a)
    Latin America Latinoamérica
    Latin American latinoamericano(a)
lazy perezoso(a), **1.1**
league la liga
    Major Leagues las Grandes Ligas
to learn aprender, **5.1**
to leave salir
    to leave late salir tarde, **11.1**
    to leave on time salir a tiempo, **11.1**
    to leave something behind dejar, **14.1**
lecture la conferencia
left izquierdo(a), **7.1**

leg la pierna, **7.1**
lemonade la limonada, **BV**
to lend prestar, **4.2**
lesson la lección, **4.2**
to let dejar; permitir, **11.1**
    let's see a ver
    Will you please let me see your passport? Me permite ver su pasaporte, por favor?, **11.1**
letter la carta, **6.2;** (of the alphabet) la letra, **11.1**
lettuce la lechuga, **5.2**
liberator el/la libertador(a)
life la vida
    school life la vida escolar
to lift levantar
light la luz
to light encender (ie)
like el gusto
to like gustar
Lima: from Lima (Peru) limeño(a)
line (of people) la cola, la fila, **10.1**
linen el lienzo
to listen (to) escuchar, **4.2**
    listen! ¡oye!, **1.1**
literal literal
literary literario(a)
literature la literatura, **2.1**
little: a little poco(a)
to live vivir, **5.2**
live vivo(a)
living viviente
    living creature el ser viviente
    living room la sala, **6.2**
lobster la langosta, **14.2**
local local, **13.2**
long largo(a), **3.2**
Look! ¡Mira!
to look at mirar, **3.1**
    to look at oneself mirarse, **12.1**
to look for buscar, **3.1**
to lose perder (ie), **7.1**
    lotion: suntan lotion la loción bronceadora, **9.1**
lotto el loto
lover el/la enamorado(a)
low bajo(a), **4.2**
to lower bajar
    luggage el equipaje, **11.1**

carry-on luggage el equipaje de mano, **11.1**
    luggage claim ticket el talón, **11.1**
lunch el almuerzo, **5.2**
luxurious lujoso(a)

M

ma'am la señora, **BV**
made hecho(a)
Madrid (native of) madrileño(a)
magazine la revista, **6.2**
magnificent magnífico(a)
mail el correo
    e-mail (electronic mail) el correo electrónico
main principal
mainly principalmente
Major Leagues las Grandes Ligas
majority la mayor parte, la mayoría
to **make** hacer
    to make a basket (basketball) encestar, **7.2**
    to make the bed hacer la cama, **13**
makeup el maquillaje, **12.1**
    to put one's makeup on maquillarse, ponerse el maquillaje, **12.1**
male el varón
man el hombre, el señor
manner la manera, el modo
many muchos(as), **2.1**
map el mapa
March marzo, **BV**
marker el marcador, **3.1**
market el mercado, **5.2**
marmalade la mermelada, **5.2**
marriage el matrimonio
married: to be married estar casado(a)
marvelous maravilloso(a)
mass la masa
master el/la maestro(a)
material el material, **3.1**
mathematics las matemáticas, **2.2**
matter: What's the matter (with you)? ¿Qué te pasa?

May mayo, **BV**
Maya el/la maya
me mí, **5.1;** me, **8**
meal la comida, **5.2**
meaning el significado, el sentido
means el medio, el modo
    by no means de ninguna manera, **1.1**
means of expression el modo de expresión
meat la carne, **5.2**
medal la medalla
medical office la consulta del médico, el consultorio, **8.2**
medicine (drug) el medicamento, **8.2;** **(discipline, field),** la medicina, **8.2**
medium el medio
melancholic melancólico(a)
member el miembro, **4.2**
menu el menú, **5.1**
mestizo el/la mestizo(a)
Mexican mexicano(a), **1.1**
Mexican American mexicanoamericano(a)
microbe el microbio, **2.1**
microscope el microscopio, **2.1**
microscopic microscópico(a)
middle: middle school la escuela intermedia
midnight la medianoche
mile la milla
milk la leche
million el millón
mineral water el agua mineral, **12.2**
minute el minuto
mirror el espejo, **12.1**
to **miss the bus** perder el autobús (la guagua, el camión), **10.1**
Miss señorita, **BV**
mixed mixto(a)
mixture la mezcla
model el modelo
modem el módem
modern moderno(a)
mom la mamá
moment el momento

Monday el lunes, **BV**
money el dinero, **14.1**
monitor el monitor
monster el monstruo
month el mes, **BV**
monument el monumento
mood el humor, **8.1**
    to be in a bad mood estar de mal humor, **8.1**
    to be in a good mood estar de buen humor, **8.1**
moon la luna
more más
moreover además
morning la mañana
    Good morning. Buenos días., **BV**
    in the morning por la mañana
    this morning esta mañana
mother la madre, **6.1**
motive el motivo
to **mount (horse)** montar (caballo)
mountain la montaña
    mountain range la sierra
mouse el ratón
to **move** mover (ue)
movie la película, **6.2;** el film, **10.1**
    movie theater el cine, **10.1**
Mr. el señor, **BV**
Mrs. la señora, **BV**
Ms. la señorita, la señora, **BV**
much mucho, **3.2**
mulatto el/la mulato(a)
multiplication la multiplicación
to **multiply** multiplicar
mural el mural, **10.2**
muralist el/la muralista
museum el museo, **10.1**
music la música, **2.2**
my mi, **6.1**

N

name el nombre
    My name is. . . . Me llamo... , **12.1**
napkin la servilleta, **14.1**
national nacional

nationality la nacionalidad, **1.2**

  what nationality? ¿de qué nacionalidad?

native indígena

natural: natural resources los recursos naturales

  natural sciences las ciencias naturales

near cerca de, **6.2**

necessary necesario(a)

neck el cuello

necktie la corbata, **3.2**

to **need** necesitar, **3.1**

neighbor el/la vecino(a)

nephew el sobrino, **6.1**

nervous nervioso(a), **8.1**

net la red

  to go over the net pasar por encima de la red, **9.1**

  to surf the Net navegar por la red

nettle la ortiga

never jamás, never

new nuevo(a)

news las noticias, **6.2**

newspaper el periódico, **6.2**

newsstand el quiosco, **13.1**

next próximo(a), **13.2**

nice simpático(a), **1.2**

  Nice to meet you. Mucho gusto.

niece la sobrina, **6.1**

night la noche

  at night por la noche

  Good night. Buenas noches., **BV**

  last night anoche, **9.2**

nine nueve, **BV**

  nine hundred novecientos(as), **3.2**

nineteen diecinueve, **BV**

ninety noventa, **2.1**

ninth noveno(a), **6.2**

no no, **BV**

  by no means de ninguna manera, **1.1**

  no one nadie

noble noble

nobody nadie

none ninguno(a), **1.1**

noon el mediodía

north el norte

North America la América del Norte

North American norteamericano(a)

northwest noroeste, **8**

no-smoking section la sección de no fumar, **11.1**

not at all de ninguna manera

notable notable

note: to take notes tomar apuntes, **4.2**

to **note** apuntar

notebook el cuaderno, el bloc, **3.1**

nothing nada, **5.2**

  Nothing else. Nada más., **5.2**

novel la novela

novelist el/la novelista

November noviembre, **BV**

now ahora, **4.2**

  now and then de vez en cuando

nowadays hoy día

number el número, **1.2**

  flight number el número del vuelo, **11.1**

  seat number el número del asiento, **11.1**

nuptial nupcial

O

object el objeto

obligatory obligatorio(a), **2.1**

observation la observación

to **observe** observar

observer el/la observador(a)

obstacle el obstáculo

occupied (taken) ocupado(a), **5.1**

ocean el océano

o'clock: It's (two) o'clock. Son las (dos).

October octubre, **BV**

of de, **BV**

  of course! ¡claro!

official oficial

oil el aceite, **14.2**

OK! ¡vale!

old anciano(a), antiguo(a), viejo(a), **6.1**

olive: olive oil el aceite de oliva

on en

  on board a bordo de, **11.2**

  on the contrary al contrario

  on the dot en punto, **4.1**

  on time a tiempo, **11.1**

  on top of encima de; sobre, **9.1**

once and for all definitivamente, **11**

one uno, **BV**

  one hundred cien(to), **2.1**

  one thousand mil, **3.2**

one-way: one-way ticket el billete sencillo, **13.1**

only sólo, solamente

to **open** abrir, **8.2**

  to open one's suitcases abrir las maletas, **11.2**

opening: opening of school la apertura de clases

opera la ópera, **2.1**

opinion: What's your opinion? ¿Qué opinas?

operator el/la operador(a)

optional opcional

orally oralmente

orange (color) anaranjado(a), **3.2**

orange (fruit) la naranja, **5.2**

  orange juice el jugo de naranja, **12.1**

order la orden, **5.1**

organism el organismo

origin el origen

original: in its original language version en versión original, **10.1**

orphanage el orfanato

Otavalo (of or from) otavaleño(a)

other otro(a), **2.2**

our nuestro(a)

outdoor al aire libre

outfielder el/la jardinero(a), **7.2**

outskirts los alrededores

over por encima de

to **owe** deber

P

to **pack one's suitcase** hacer la maleta, **11.2**

package el paquete, **5.2**

page la página

   Web page la página Web

pain el dolor, **8.1**

   I have a pain in . . . Tengo dolor de… , **8.2**

to **paint** pintar

   painter el/la pintor(a)

   painting el cuadro, la pintura, **2.1**

pair el par, **3.2**

   pair of tennis shoes el par de tenis, **3.2**

Panamanian panameño(a), **2.1**

pants el pantalón, **3.2**

paper el papel, **3.1**

   sheet of paper la hoja de papel, **3.1**

parents los padres, **6.1**

park el parque

parka el anorak, **9.2**

part la parte

party la fiesta, **4.2**

   to give (throw) a party dar una fiesta, **4.2**

pass (permission) el pase

to **pass** pasar, **7.2**

passenger el/la pasajero(a), **11.1**

passport el pasaporte, **11.1**

   passport inspection el control de pasaportes, **11.2**

past pasado(a)

patient el/la enfermo(a), **8.1**

to **pay** pagar, **3.1**

   to pay attention prestar atención, **4.2**; hacer caso

pea el guisante, **5.2**

peaceful tranquilo(a)

pen la pluma; **(ballpoint)** el bolígrafo, **3.1**

pencil el lápiz, **3.1**

peninsula la península

penny el centavo

people la gente

pepper la pimienta, **14.1**

percent por ciento

performance la función, la representación, **10.2**

to **put on a performance** dar una representación, **10.2**

to **permit** permitir, **11.1**

person la persona, **1.2**

Peruvian peruano(a)

peso el peso, **BV**

petition la petición

pharmacist el/la farmacéutico(a), **8.2**

pharmacy la farmacia, **8.2**

photo la foto

photograph la fotografía

phrase la frase

physical education la educación física, **2.2**

physics la física, **2.2**

piano el piano

to **pick up** recoger

   to pick up (claim) the luggage recoger el equipaje, **11.2**

picture el cuadro, **10.2**

pig (pork) el cerdo, **14.2**

pill la pastilla, la píldora, la tableta, **8.2**

pilot el/la piloto, **11.2**

pink rosado(a), **3.2**

piping (embroidery) el cordoncillo

pitcher el/la lanzador(a), el/la pícher, **7.2**

pizza la pizza, **BV**

place el lugar, el sitio

to **place** colocar, meter, **7.1**

   to place one's suitcase poner la maleta, **11.2**

plane el avión, **11.1**

plate el plato, **14.1**

   home plate el platillo, **7.2**

plateau la mesa

platform (railroad) el andén, **13.1**

play la obra teatral, **10.2**

to **play** jugar (ue), **7.1**

   player el/la jugador(a), **7.1**

   baseball player el/la jugador(a) de béisbol, **7.2**

playwright el/la dramaturgo(a)

plaza la plaza

pleasant agradable

please por favor, **BV**

P.M. de la tarde, de la noche

pocket el bolsillo

pocketbook la bolsa, **13.1**

poem el poema

poet el poeta

poetry la poesía

point (score) el tanto, el punto, **7.1**

   cardinal points los puntos cardinales

   to score a point marcar un tanto, **7.1**

pole: ski pole el bastón, **9.2**

pool la alberca, la piscina, **9.1**

political político(a)

poncho el poncho

poor pobre

   poor boy (girl) (/)el/la pobre

popular popular, **2.1**

popularity la popularidad

pork el cerdo, **14.2**

porter el/la maletero(a), el mozo, **13.1**

portrait el retrato

possibility la posibilidad

possible posible

potato la papa, **5.1**

   mashed potatoes el puré de papas

to **practice** practicar

pre-Columbian precolombino(a)

to **prefer** preferir (ie, i)

to **prepare** preparar, **4.2**

to **prescribe** recetar, **8.2**

prescription la receta, **8.2**

to **present** presentar

   pretty hermoso(a), lindo(a), bonito(a), bello(a), **1.1**

   price el precio

   priest el sacerdote

   primary primario(a)

   princess la princesa

   principal principal

   printer la impresora

   private particular, privado(a), **6.2**

   private house la casa particular (privada), **6.2**

prize el premio

   Nobel Prize el Premio Nóbel

problem el problema

to **process** procesar

procession la procesión

to **proclaim** proclamar

produced producido(a)

product el producto, **2.1**

professor el/la profesor(a), **2.1**

program (TV) la emisión, **6.2**

    sports program la emisión deportiva, **6.2**

to **project** proyectar, **10.1**

promise la promesa

protoplasm el protoplasma

public público(a)

to **publish** publicar

Puerto Rican puertorriqueño(a)

to **pull out** arrancar

puppy el perrito

purchase la compra, **3.1**

pure puro(a)

to **put** poner, **11.1**

    to put on clothes ponerse la ropa, **12.1**

    to put on a performance dar una representación, **10.2**

    to put on makeup ponerse el maquillaje, maquillarse, **12.1**

Q

quarrel la disputa

quarter: a quarter to menos cuarto

    a quarter past y cuarto

queen la reina

question la pregunta

    to ask a question preguntar

quetzal el quetzal

quickly rápido

quite bastante, **1.1**

R

racquet la raqueta, **9.1**

railroad el ferrocarril

    railway platform el andén, **13.1**

    railroad station la estación de ferrocarril, **13.1**

    railroad track la vía, **13.1**

to **rain: It's raining.** Llueve., **9.1**

rate la tarifa

rather bastante, **1.1**

razor la navaja, **12.1**

to **read** leer, **5.1**

reading la lectura

ready listo(a)

realist el/la realista

realistic realista

really realmente

rear (in the) atrás

reasonable razonable

to **rebound** rebotar

to **receive** recibir, **5.1**

    to receive a good (bad) grade recibir una nota buena (mala), **4.2**

recently recientemente; recién

rectangle el rectángulo

red rojo(a), **3.2**

reduced reducido(a)

to **reflect** reflexionar, reflejar

reflection el reflejo

refreshment el refresco, **5.1**

region la región

regular regular, **2.2**

relative el/la pariente, **6.1**

religious religioso(a)

to **remain** quedar, **7.1**

to **remember** acordarse (ue) de, **3.2**

to **renounce** renunciar

to **rent** alquilar, rentar, **10.1**

to **repeat** repetir (i, i)

to **replace** reemplazar

report el reportaje

to **represent** representar

republic la república

    Dominican Republic la República Dominicana

to **request** pedir (i, i), **14.1**

required: required course el curso obligatorio, **2.1**

reservation la reservación

to **reserve** reservar, **14.2**

reserved reservado(a), **13.2**

resident el/la residente

resort: seaside resort el balneario, **9.1**

resource el recurso

    natural resources los recursos naturales

rest lo demás

restaurant el restaurante, **14.1**

to **return** volver (ue), **7.1**; **(something)** devolver (ue), **7.2**

rice el arroz, **5.2**

rich rico(a); con mucha plata

right derecho(a), **7.1**

    right away enseguida, **5.1**

river el río

to **roll** rodar

    roll (bread) el pan dulce, **5.1**

    roll of toilet paper el rollo de papel higiénico, **12.2**

romantic romántico(a)

room la sala, el salón, el cuarto, la pieza, **4.1**

    bathroom el cuarto de baño, **6.2**

    classroom la sala (el salón) de clase, **4.1**

    dining room el comedor, **6.2**

    living room la sala, **6.2**

    waiting room la sala de espera, **13.1**

rose la rosa

round-trip ticket el billete de ida y vuelta, **13.1**

routine la rutina, **12.1**

row (of seats) la fila, **10.1**

royal real

rubber la goma, **3.1**

ruin la ruina

rumor el rumor

to **run** correr, **7.2**

rural rural

S

to **sacrifice** sacrificar

sad triste

sail (of a mill) el aspa

sailboard la plancha de vela, **9.1**

saint el santo

salad la ensalada, **5.1**

salesperson el/la dependiente(a), el/la empleado(a), **3.1**

salt la sal, **14.1**

same mismo(a), **2.1**

sand la arena, **9.1**

sandal el huarache, el alparagata

sandwich el bocadillo, **5.1**, el sándwich, **BV**

sash la faja

Saturday el sábado, **BV**

saucer el platillo, **14.1**

to save salvar

to say decir

scale la báscula, **11.1**

scene la escena

schedule el horario, **13.1**

  school schedule el horario escolar

school la escuela, el colegio, **1.1**

  elementary school la escuela primaria

  high school el colegio, la escuela secundaria, la escuela superior

  middle school la escuela intermedia

school (pertaining to) escolar

  school bus el bus escolar, **4.1**

  school life la vida escolar, **4.1**

  school schedule el horario escolar

  school supplies los materiales escolares, **3.1**

science la ciencia, **2.2**

  natural sciences las ciencias naturales

  social sciences las ciencias sociales

scientific científico(a)

scientist el/la científico(a)

score el tanto, **7.1**

to score: to score a goal meter un gol, **7.1**

  to score a point marcar un tanto, **7.1**

scoreboard el tablero indicador, **7.1**

screen la pantalla, **10.1**

sculptor el/la escultor(a), **10.2**

sculpture la escultura

sea el mar, **9.1**

  Caribbean Sea el mar Caribe

search: in search of en busca de

season la estación, **BV**

seasoning el condimento, **14.1**

seat (theater) la butaca, **10.1**; (airplane, train, etc.) el asiento, **11.1**; la plaza, **13.2**

  seat number el número del asiento, **11.1**

second segundo(a), **6.2**

  second half el segundo tiempo, **7.1**

secondary secundario(a), **1.1**

secret secreto(a)

security: security control el control de seguridad, **11.1**

to see ver, **5.1**

  See you later! ¡Hasta luego!, **BV**

  See you soon! ¡Hasta mañana!, **BV**

  See you tomorrow! ¡Hasta mañana!, **BV**

  to see a film ver una película, **10.2**

to select seleccionar

selection la selección

to sell vender, **5.2**; despachar, **8.2**

to send transmitir, enviar

sentence la frase

September septiembre, **BV**

series la serie

  World Series la Serie mundial

serious serio(a), **1.1**

to serve servir (i, i), **14.1**

service (tip) el servicio, **5.1**

set (theater) el escenario, **10.2**

to set the table poner la mesa, **14.1**

seven siete, **BV**

  seven hundred setecientos(as), **3.2**

seventeen diecisiete, **BV**

seventh séptimo(a), **6.2**

seventy setenta, **2.1**

several varios(as)

to sew coser

sewing la costura

to shake hands dar la mano

shampoo el champú, **12.2**

sharp en punto, **4.1**

to shave afeitarse, **12.1**

shaving cream la crema de afeitar, **12.1**

shawl el poncho

she ella, **1.1**

sheet: sheet of paper la hoja de papel, **3.1**

shellfish el marisco, **5.2**

sherbet el sorbete

to shine brillar, **9.1**

shirt la camisa, **3.2**

shoe el zapato, **3.2**

  shoe size el número, **3.2**

  shoe store la zapatería

to shop ir de compras, **5.2**

short (person) bajo(a), **1.1**; (length) corto(a), **3.2**

  short story la historieta

shorts el pantalón corto, **3.2**

shot (injection) la inyección, **8.2**

show la sesión, **10.1**; el espectáculo, **10.2**

  to see a show ver un espectáculo, **10.2**

shower: to take a shower tomar una ducha, **12.1**

shrimp el camarón, **14.2**

shy tímido(a), **1.2**

sick enfermo(a), **8.1**

sick person el/la enfermo(a), **8.1**

side el lado; (adj.) lateral, **13.2**

sierra la sierra

to sigh suspirar

similar parecido(a), similar

simple sencillo(a); simple

since como; desde, **1.2**

sincere sincero(a), **1.2**

to sing cantar, **4.2**

single soltero(a)

single-celled monocelular

singles (tennis) singles, **9.1**

sir el señor, **BV**

sister la hermana, **6.1**

to sit down sentarse (ie), **12.1**

six seis, **BV**

  six hundred seiscientos(as), **3.2**

sixteen dieciséis, **BV**

sixth sexto(a), **6.2**

sixty sesenta, **2.1**

size (clothes) el tamaño, la talla; (shoes) el número, 3.2

What size do you take? ¿Qué talla (número) usa Ud.?, ¿Qué número usa (calza) Ud.?, 3.2

ski el esquí, 9.2

water-ski el esquí acuático, 9.1

to ski esquiar, 9.1

ski lift el telesquí, 9.2

ski pole el bastón, 9.2

ski resort la estación de esquí, 9.2

ski slope la pista, 9.2

skier el/la esquiador(a), 9.2

skiing el esquí, 9.2

skirt la falda, 3.2

sky el cielo, 9.1

to sleep dormir (ue, u)

sleeping bag el saco de dormir, 12.2

sleeping car el coche-cama, 13.2

small pequeño(a), 2.1

smile: little smile la sonrisita

smoking (no-smoking) section la sección de (no) fumar, 13.1

snack la merienda, 4.2

to have (eat) a snack tomar una merienda, 4.2

sneakers los tenis, 3.2

to sneeze estornudar, 8.1

snow la nieve, 9.2

to snow nevar (ie), 9.2

so tan

so much tanto(a)

soap el jabón, 12.2

bar of soap la barra (la pastilla) de jabón, 12.2

soccer el fútbol, 2.1

soccer field el campo de fútbol, 7.1

social sciences las ciencias sociales

society la sociedad

sociology la sociología

socks los calcetines, 3.2

solution la solución

to solve resolver (ue)

some algunos(as), 4.1

something algo, 5.2

sometimes a veces, 7.1

son el hijo, 6.1

soon pronto, BV; dentro de poco

See you soon! ¡Hasta pronto!, BV

sorbet el sorbete

sore throat el dolor de garganta, 8.1

soup la sopa, 5.1

south el sur

South America la América del Sur

South American sudamericano(a)

southwest el sudoeste

Spanish español(a)

Spanish American hispanoamericano(a)

Spanish speaker el/la hispanohablante

Spanish (language) el español, 2.2

Spanish-speaking hispanohablante

to speak hablar, 3.1

special especial

specialty la especialidad

spectator el/la espectador(a), 7.1

to spend: to spend the weekend pasar el fin de semana, 9.1

spoon (tablespoon) la cuchara, 14.1; (teaspoon) la cucharita, 14.1

sport el deporte, 7.2

individual sport el deporte individual

team sport el deporte de equipo

sports (related to) deportivo(a), 6.2

sports program (TV) la emisión deportiva, 6.2

spouse el/la esposo(a), 6.1

spring la primavera, BV

square la plaza

squire el escudero

stadium el estadio, 7.1

stage el escenario, la escena, 10.2

to come (go) on stage entrar en escena, 10.2

stairway la escalera, 6.2

standing de pie

star la estrella

state el estado

station la estación, 13.1

subway station la estación de metro, 10.1

train station la estación de ferrocarril, 13.1

stationery: stationery store la papelería, 3.1

statue la estatua, 2.1

to stay in bed guardar cama, 8.1

steak el biftec, 5.2

stomach el estómago, 8.1

stomachache el dolor de estómago, 8.1

stop la parada, 13.1

to stop parar, bloquear, 7.1

store la tienda, 3.2

clothing store la tienda de ropa, 3.2

department store la tienda de departamentos

stationery store la papelería, 3.1

to store almacenar

story: little story la historieta

strategy la estrategia

stream el arroyo

street la calle, 6.2

strong fuerte

structure la estructura

student el/la alumno(a), 1.1; el/la estudiante

student I.D. card la tarjeta de identidad estudiantil

study el estudio

to study estudiar, 4.1

stupendous estupendo(a)

style el estilo

subject la asignatura, la disciplina, 2.2

subtitle el subtítulo, 10.1

The movie has subtitles. El film lleva subtítulos., 10.1

to subtract restar

suburb el suburbio, la colonia

subway el metro, 10.1

subway station la estación de metro, **10.1**

such tal

suckling pig el lechón, **14.2**

to **suffer** sufrir

suit el traje, **3.2**

bathing uit el traje de baño, el bañador, **9.1**

suitcase la maleta, **11.1**

to pack one's suitcase hacer la maleta, **11.2**

summer el verano, **BV**

sun el sol, **9.1**

to **sunbathe** tomar el sol, **9.1**

sunblock la crema protectora, **9.1**

Sunday el domingo, **BV**

sunglasses los anteojos de sol, las gafas de sol, **9.1**

sunny: It's sunny. Hace (Hay) sol., **9.1**

suntan lotion la crema protectora, la loción bronceadora, **9.1**

superior superior

supermarket el supermercado, **5.2**

supplies: school supplies los materiales escolares, **3.1**

to **surf** practicar la tabla hawaiana, **9.1**

to surf the Net navegar por la red

surfboard la tabla hawaiana, **9.1**

surfing el surfing, **9.1**

sweet roll el pan dulce, **5.1**

sweetheart el/la enamorado(a)

to **swim** nadar, **9.1**

swimsuit el bañador, el traje de baño, **9.1**

swimming la natación, **9.1**

underwater swimming el buceo, **9.1**

swimming pool la alberca, la piscina, **9.1**

symptom el síntoma, **8.2**

T

T-shirt el T-shirt, la camiseta, **3.2**

table la mesa, **5.1**

to set the table poner la mesa, **14.1**

tablecloth el mantel, **14.1**

tablespoon la cuchara, **14.1**

tablet la tableta, **8.2**

taco el taco, **BV**

Taino taíno(a)

to **take** tomar, **4.1**

to take a bath bañarse, **12.1**

to take a flight tomar un vuelo, **11.1**

to take a hike dar una caminata, **12.2**

to take a nap echar (tomar) una siesta

to take a shower tomar una ducha, **12.1**

to take a trip hacer un viaje, **11.2**

to take notes tomar apuntes, **4.2**

to take off (airplane) despegar, **11.2**

to take photos tomar fotos

to take (clothing size) usar, **3.2**

to take (shoe size) calzar, **3.2**

to take time tardar

taken ocupado(a), **5.1**

to **talk** hablar, conversar, **3.1**

tall alto(a), **1.1**

tamale el tamal, **BV**

taxi el taxi, **10.2**

tea el té, **5.1**

iced tea el té helado, **5.1**

to **teach** enseñar, **4.1**

teacher el/la maestro(a), el/la profesor(a), **2.1**

team el equipo, **7.1**

team sport el deporte de equipo, **7.2**

teaspoon la cucharita, **14.1**

technology la tecnología

teeth los dientes, **12.2**

telephone el teléfono

to speak on the telephone hablar por teléfono

telephone (related to) telefónico(a)

television la televisión, **6.2**

to **tell** decir

temperature la temperatura, **9.2**

ten diez, **BV**

to **tend to** soler (ue)

tender tierno(a)

tennis el tenis, **2.1**

tennis court la cancha de tenis, **9.1**

tennis game el juego de tenis, **9.1**

tennis player el/la tenista, **9.1**

tennis shoes los tenis, **3.2**

pair of tennis shoes el par de tenis, **3.2**

tenth décimo(a), **6.2**

term el término

terminal la terminal

terrace la terraza

terrible terrible

terror el terror

test el examen, **4.2**

to give a test dar un examen, **4.2**

thank you gracias, **BV**

that aquel; eso, **4.1**

at that time en aquel entonces

that's right (true)! ¡verdad!

the el, la, **1.1**

theater el teatro, **10.2**

theatrical teatral, **10.2**

their sus, **6.1**

them las *(f. pl.);* los *(m. pl.)*

theme el tema

then luego, **BV**; entonces, **2.1**

there allí

there is/are hay, **BV**

they ellos(as), **2.1**

thin flaco(a), **1.2**; delgado(a)

thing la cosa

to **think** pensar (ie), opinar

to think so creer

third tercer(o), **6.2**

thirsty: to be thirsty tener sed, **14.1**

thirteen trece, **BV**

thirty treinta, **BV**

thirty-one treinta y uno, **2.1**

this este (esta)

thistle el cardo

thought el pensamiento

thousand mil, **3.2**

three tres, **BV**

three hundred trescientos(as), **3.2**

throat la garganta, **8.1**

  to have a sore throat tener dolor de garganta, **8.1**

to **throw** lanzar, **7.1**; tirar, **7.2**

Thursday el jueves, **BV**

ticket el boleto, la entrada, **7.2**; el ticket, **9.2**; el billete, **11.1**

  one-way ticket el billete sencillo, **13.1**

  round-trip ticket el billete de ida y vuelta, **13.1**

ticket window la ventanilla, la boletería, **9.2**; la taquilla, **10.1**

tie la corbata, **3.2**

tied (score) empatado(a), **7.1**

  The score is tied. El tanto queda empatado., **7.1**

time el tiempo; la vez; la hora

  at times a veces

  at what time? ¿a qué hora?

  on time a tiempo

  one more time une vez más, **12**

timid tímido(a), **1.2**

tiny diminuto(a)

tip el servicio, **5.1**; la propina, **14.1**

  Is the tip included? ¿Está incluido el servicio?

  to leave a tip dejar una propina, **14.1**

tired cansado(a), **8.1**

to a; con destino a, **11.1**

toast el pan tostado, **5.2**

toasted tostado(a), **5.2**

today hoy, **BV**

together junto(a), **5.1**

toilet paper el papel higiénico, **12.2**

to **tolerate** consentir (ie, i)

tomato el tomate, **5.2**

tomorrow el mañana, **BV**

  See you tomorrow! ¡Hasta mañana!, **BV**

tonight esta noche, **9.2**

too también, **1.2**

too much demasiado

tooth el diente, **12.1**

toothbrush el cepillo de dientes, **12.2**

toothpaste la pasta dentrífica, **12.2**

  tube of toothpaste el tubo de pasta dentífrica, **12.1**

tortilla la tortilla, **5.1**

to **touch** tocar

touch el contacto

tour la gira, **12.2**

tourist el/la turista

toward hacia

towel: beach towel la toalla playera, **9.1**

town el pueblo

toy el juguete

track la vía, **13.1**

tradition la tradición

traffic el tráfico

trail (ski) la pista, **9.2**

train el tren, **13.1**

  local train el tren local, **13.2**

  nonstop train el tren directo, **13.2**

  train car el coche, el vagón, **13.1**

  train station la estación de ferrocarril, **13.1**

to **transfer** transbordar, **13.2**

to **transmit** transmitir

triangle el triángulo

to **travel** viajar

  to travel by air viajar en avión, **11.1**

tree el árbol

trip el viaje, **11.1**

  to take a trip hacer un viaje, **11.1**

triumphant triunfante

trousers el pantalón, **3.2**

trousseau el ajuar de novia

true verdadero(a)

  true value el valor real

trunk (of a car) el/la maletero(a), **11.1**

truth la verdad

to **try** tratar

tube el tubo, **12.2**

Tuesday el martes, **BV**

tuna el atún, **5.2**

to **turn around** revolver (ue)

twelve doce, **BV**

twenty veinte, **BV**

twenty-one veintiuno, **BV**

two dos, **BV**

  two hundred doscientos(as), **3.2**

type el tipo

typical típico(a)

U

ugly feo(a), **1.1**

uncle el tío, **6.1**

  aunt(s) and uncle(s) los tíos, **6.1**

under bajo, debajo (de)

undershirt la camiseta, **3.2**

to **understand** comprender, **5.1**

unit la unidad

uniform el uniforme

United States los Estados Unidos

university la universidad

university (related to) universitario(a)

until hasta, **BV**

urban urbano(a)

us nos

to **use** usar, **3.2**

  usually generalmente

V

vacation la vacación

vanilla (adj.) de vainilla, **5.1**

  vanilla ice cream el helado de vainilla, **5.1**

various varios(as)

to **vary** variar

veal la ternera, **14.2**

vegetable el vegetal, **5.2**; la legumbre

vegetarian el/la vegetariano(a)

Venezuelan venezolano(a)

version: in (its) original version en versión original, **10.1**

very muy, **BV**

  very well muy bien, **BV**

vest el chaleco

victorious victorioso(a)

video el video, **4.2**

video store la tienda de videos, **10.1**
view la vista, **BV**
vinegar el vinagre, **14.2**
violin el violín, **2.1**
visible visible
vital vital
voice la voz
volleyball el voleibol, **2.1**
volume (book) el tomo
vowel la vocal

W

to **wait (for)** esperar, **11.1**
waiter el camarero, el mesero, **5.1**
waiting room la sala de espera, **13.1**
waitress la camarera, la mesera, **5.1**
to **wake up** despertarse, **12.1**
to **walk** andar (around, through)
wall la pared; **(of a jai alai court)** el frontón
to **want** querer (ie), desear, **3.2**
war la guerra
to **wash oneself** lavarse, **12.1**
to wash one's face (hands, etc.) lavarse la cara (las manos, etc.), **12.1**
to **watch** mirar, ver, **3.1**
water el agua *(f.)*, **9.1**
watercolor la acuarela
waterskiing el esquí acuático, **9.1**
to go waterskiing esquiar en el agua, **9.1**
wave la ola, **9.1**
way la manera, el modo, **1.1**
we nosotros(as), **2.1**
weapon el arma *(f.)*
to **wear** llevar, usar; **(shoe size)** calzar, **3.2**
weather el tiempo, **9.1**
The weather is bad. Hace mal tiempo., **9.1**
The weather is nice. Hace buen tiempo., **9.1**
Wednesday el miércoles, **BV**
week la semana, **BV**
last week la semana pasada, **9.2**

weekend el fin de semana, **BV**
last weekend el fin de semana pasado
to **weigh** pesar
to **welcome** dar la bienvenida, **11.2**
well bien; pues, **BV**
very well muy bien, **BV**
west el oeste
what? ¿qué?, ¿cuál?, ¿cuáles?, ¿cómo?, **1.1**
What is he (she, it) like? ¿Cómo es?, **1.1**
What is it? ¿Qué es?, **1.1**
What is today's date? ¿Cuál es la fecha de hoy?, **BV**
What time is it? ¿Qué hora es?
when cuando
for when ¿para cuándo?, **14.2**
when? ¿cuándo?
where donde, adonde, **1.2**
where? ¿dónde?, ¿adónde?
¿Where is he (she, it) from? ¿De dónde es?, **1.1**
which? ¿cuál?, ¿cuáles?, **BV**
while el rato
while mientras
white blanco(a), **3.2**
who? ¿quién?, **1.1**; quiénes, **2.1**
Who is it (he, she)? ¿Quién es?, **1.1**
whole entero(a)
why? ¿por qué?
wife la esposa, la mujer, **6.1**
to **win** ganar, **7.1**
windmill el molino de viento
to **windsurf** practicar la plancha de vela, **9.1**
winter el invierno, **BV**
wise sabio(a)
to **wish** querer (ie), desear, **3.2**
with con
within dentro de
woman la dama
wool la lana
word la palabra
work el trabajo; la obra

work of art la obra de arte
to **work** trabajar, **3.2**
world el mundo
world (related to) mundial
World Cup la Copa mundial
World Series la Serie mundial
worldwide mundial
to **wrap** envolver (ue)
wrap el poncho
to **write** escribir, **5.1**
writing pad el bloc, **3.1**

Y

year el año, **BV**
last year el año pasado, **9.2**
this year este año, **9.2**
to be . . . years old tener... años, cumplir... años, **6.1**
yellow amarillo(a), **3.2**
yesterday ayer, **9.2**
the day before yesterday anteayer
yesterday afternoon ayer por la tarde, **9.2**
yesterday morning ayer por la mañana, **9.2**
yogurt el yogur, **5.2**
you tú *(sing. fam.)*, Ud. *(sing. form.)*; Uds. *(pl.)*; te *(fam. pron.)*, le *(pron.)*
You're welcome. De nada., No hay de qué., **BV**
young joven, **6.1**
as a young person de joven
young person el/la joven, **8.1**
your tu(s), su(s)
youth hostel el albergue juvenil (para jóvenes), **12.2**

Z

zero cero, **BV**
zone la zona

Índice gramatical

Credits

Photographs

Aitchison, Stewart/DDB Stock Photo: 212T. Arruza, Tony/Bruce Coleman Inc.: 54T, 258BM. Art Resource (Prado Museum): 181, 183T. Aubry, Daniel/Odyssey/Chicago: 371T. Augustin, Byron/DDB Stock Photo: 447M. Barrow, Scott: 315, 321. Bean, Tom/Tony Stone Images: 107. Benn, Oliver/Tony Stone Images: 88T, 313B. Bibikow, Walter/FPG International: 278B. Borchi, Massimo/Atlantide/Bruce Coleman Inc.: 10TL, 370T. Boyer, Dale E./Photo Researchers Inc.: 83(#2). Bruce Coleman Inc.: 32B, 33T. Brunskill, Clive/Allsport: 193. Bruty, Simon/Allsport USA: 209. Bryant, Dave/DDB Stock Photo: 305. Bryant, Doug/DDB Stock Photo: 309TR, 458. Burnett, Mark C./Stock Boston: 118T. Cannon, David/Allsport: 190TL. Carrasco, Ricardo: 34L. Carrillo, Jose/PhotoEdit: 180. Carton, J.C./Bruce Coleman Inc.: 35T, 335. Cassidy, Anthony/ Tony Stone Images: 460-461. Castro, Harold/FPG International: 281T. Chaplow, Michelle: 3TL&M, 5T, 16B, 41, 43R, 75, 79M, 86L, 87L, 98T, 99T, 100T&M, 102, 104T, 111TR, 123 , 126T, 146, 148, 149, 152, 155, 166, 172T, 178T, 203, 206, 208B, 230T, 233, 261B, 268T, 288, 290, 297T, 304T, 318, 322, 325T, 330, 342, 354, 361, 363, 380TR, 384, 401BR, 427, R7, R20R. Chaplow, Michelle/Andalucia Slide Library: 424R, 435. Cinti, Roberto R./Bruce Coleman Inc.: 441T. Clyde, G./FPG International: 87R. Cohen, Stuart/Comstock: R31. Contreras Chacel, Jorge/International Stock: 307M, 431B. Corbis-Bettman: 30T. Corsetti, Marco/FPG International: 264L, 282. Courau, J.P./DDB Stock Photo: 445. Cozzi, Guido/Atlantide/Bruce Coleman Inc.: 34R, 154R, 356T, 368T. Culver Pictures, Inc.: 292BR. Curtis, John/DDB Stock Photo: 264R. Daemrich, Robert E./Tony Stone Images: 258TR. Dalda Fotographia: 187B. Dekovic, Gene: 307T. Delgado, Luis: 3BL, 4, 13, 23B, 24TR, 28, 32T, 36T, 42, 44T, 61L, 74, 76, 77TR, 78, 79T, 81T, 91, 112, 116T&M, 120T, 121, 140T&M, 143, 162B, 169, 189, 196B, 198, 199T, 218, 246, 247, 248, 258L 260T, 267, 271, 274, 302, 304B, 306T, 316, 327, 334B, 358, 364, 366, 368B, 372L, 373B, 379, 380, 382, 386, 388, 394, 396, 401B, 401M, 401MR, 407, 410, 411, 414, 424T, 432, R3, R15B. Derke/O'Hara/Tony Stone Images: 280L. Donnezan, Herve/Photo Researchers Inc.: 151. Driendl, Jerry/FPG International: 61R. EFE Reportajes: 381. Ehlers, Chad/Tony Stone Images: 9M. Elmer, Carlos/FPG International: R26. Esbin-Anderson/The Image Works: 185B. Fenton, Cheryl: 12B, 40L, 70B, 77B, 77ML, 78, 90, 96B, 132B, 157B, 158B, 188B, 226B, 256B, 286B, 314B, 350B, 359, 377B, 378B, 406B, 441R, 450, 456. Fischer, Curt: 14L, 18, 19, 20, 22, 24TL, 35T, 43L, 44B, 46, 47, 48, 60, 72, 77MR, 79T, 88B, 90, 99B, 103, 113, 138M, 150R, 153, 161, 170B, 190R, 194, 195TL, 195BR, 205, 228, 229, 231, 232B, 250, 251B, 251T, 262ML, 262R, 336, 352, 353, 356B, 357, 359, 401TL, 408, 412, 422B, 424M, 426, R1. Fisher, Ken/Tony Stone Images: R15T. Franken, Owen/Stock Boston: 372R. Frazier, David: 82, R25. Frazier, David R./Photo Researchers Inc.: 202B. Freeman, M./Bruce Coleman Inc.: 399. Frerck, Robert/Odyssey/Chicago: 5B, 35B, 49, 63R, 69B, 71, 83(#3), 151R, 212B, 243, 251M, 253, 280R, 285B, 287, 295, 299, 307B, 309B, 312B, 337, 368M, 370BR, 371B, 398BL, 452, R12, R14B, R21, R22, R23R. Frerck, Robert/Tony Stone Images: 21B, 255B. Frerck, Robert/Woodfin Camp & Assoc.: 30B, 31, 281L, R5, R13, R17. Fried, Robert/DDB Stock Photo: 27TR, 59. Fried, Robert/Robert Fried Photography: xiT, 7, 51, 83(#5), 88MC, 167L&BR, 186M, 211T, 213B, 240L, 258TM, 277L, 297B, 319, 369, 387R, 392T, 397T, 397B, 398MR, 398TL, 425B, 453T. Fried, Robert/Stock Boston: xiiT, 398ML. Fried, Robert/Tom Stack & Assoc.: 27TL, 64ML. Fuller, Timothy: 1, 3BR, 14R, 16T, 21T, 24B, 27B, 58, 73, 83(#1), 84, 100B, 101B, 139TL, 139TR, 140B, 176, 227, 230ML, 234, 236T, 259, 413, 422T, 434, R19, R20L. Courtesy of Dr. Antonio Gassett: 249R. Gillham, K./Photo 20-20: 370BL. Ginn, Robert/PhotoEdit: 64B. Gottschalk, Manfred/Tom Stack & Assoc.: 62R. Graham, Ken/Tony Stone Images: xiv. Grande, J.L.G./Tourist Office of Spain: 268B. Grantpix/Stock Boston: 154L. Grebliunas, Paul/Tony Stone Images: 451. Gridley, Peter/FPG International: 261T. Heaton, Dallas & John /WestLight: 111BR, 175, 291. Hersch, H. Huntly/DDB Stock Photo: 64MR. Hollenbeck, Cliff/International Stock: 2B, 125B, 213T. House of El Greco, Toledo, Spain: 183B, 301T, 390. Ikeda/International Stock: 387L. Image Club Graphics: 90, 195MR, 197T. Jacques & Natasha Gilman Collection: 182T. Jangoux, Jacques/Tony Stone Images: 332R. Karp, Ken: 2T, 3TR, 9T, 17L, 23T, 29, 45, 54B, 55, 77TL, 79B, 81B, 85, 108T, 114, 134, 162T, 163, 178B, 202T, 232T, 232T, 236B, 239B, 241, 244, 270, 293B, 343, 362, 365, 374, 417R, 419T, 420, R4T, R11T, R14T, R30. Kerstitch, Alex/Bruce Coleman Inc.: 120BL. Leah, David/Allsport: 192. Leah, David/Allsport Mexico: 196T, 210B, 217B. Lloyd, Harvey/The Stock Market: 119T. Macia, Rafael/Photo Researchers, Inc.: 334T. Manske, Thaine/The Stock Market: R8. Markewitz, Scott/FPG International: 279R. Marriott, Paul/Empics Ltd.: 208T. Mason, Douglas/Woodfin Camp & Assoc.: 141. Mays, Buddy/International Stock: 278T. Maze, Stephanie/Woodfin Camp & Assoc.: 262TL. McCutcheon, Shaw/Bruce Coleman Inc.: 88ML. McIntyre, Loren/Woodfin Camp & Assoc.: 88MR. McIntyre, Will & Deni/Photo Researchers Inc.: 329. McVey, Ken/International Stock: 160. Melloan, Cathlyn/Tony Stone Images: 293M. Menzel, Peter: 150L, 447T, R9. Messerschmidt, Joachim/FPG International: 326. Courtesy of Mexicana Airlines: 341B. Miyazaki, Yoichiro/FPG International: 391. Morgan Cain & Associates: 126B, 138T, 144, 204B, 355, 402, 417B, R6. Morgan, Warren/WestLight: 170T. Muller, Kal/Woodfin Camp & Assoc.: 220. Murphy-Larronde, Suzanne/DDB Stock Photo: 64TR, 83(#4), 309M. Murphy-Larronde, Suzanne/FPG International: R11M. The Museum of Modern Art, New York. Photograph ©1996 The Museum of Modern Art, New York. National Palace, Patio Coridor, Mexico City: 65. National Palace, Mexico City: 423. O'Keefe, Timothy/Bruce Coleman Inc.: 277B. Organization of American States: 33B. Courtesy Oscar de la Renta: 89T. Pcholkin, Vladimir/FPG International: 260M, 300. Pensinger, Doug/Allsport: 210T. Peterson, Chip & Rosa Maria : 453BR, 457. Philadelphia Museum of Art, A. E. Gallatin Collection: 105. PhotoDisc, Inc.: 86R. Photoworks/P. Lang/DDB Stock Photo: 344. Prado Museum, Madrid, Spain: 301. Raga, Jose Fuste/The Stock Market: 93, 108B. Randklev, James/Tony Stone Images: 62L. Rivademar, D./Odyssey/Chicago: 332L. Rondeau, Pascal/Allsport UK Ltd.: 258BR. Rosendo, Luis/FPG International: 116B, 116M, 117. Sacks, David/FPG International: 173. St./© 1999 Estate of Pablo

Picasso/Artists Rights Society (ARS), New York: 31. Sapieha, Nicolas/Art Resource: 63L. Savage, Chuck/The Stock Market: 64TM. Schafer, Kevin/Tony Stone Images: R16. Schmitt, Conrad J.: 119B. Sewell, Michael Evan: 120BR. Simson, David/Stock Boston: 10BL, 10BR. Sitton, Hugh/Tony Stone Images: 276R. Smestad, Mark: 6T, 17R, 36B, 97, 101T, 110, 167M. Stack, Tom & Therisa/Tom Stack & Assoc.: 16M, 104B, 211M. Superstock: 257. Szymanski, Chuck/International Stock: 405B. Taylor, Pam/Bruce Coleman Inc.: 453BL. Telegraph Color Library/FPG International: 133, 179B, 397M. Travelpix/FPG International: 276L. Turner, John Terence/FPG International: 279L. UPI/Corbis-Bettmann: 119M. Vautier, Mireille/Woodfin Camp & Assoc.: 281M. Venegas, Martin/Allsport Mexico: 201. Vidler, Steve/Leo de Wys Inc.: 37. Viesti, Joe/Viesti Associates, Inc.: 118B, 351. Von Tumpling-Manning, Caroline/FPG International: 277TR. Wallick, Phillip/International Stock: 258MR. Welsch, Ulrike: 10TR, 309TL, 312T. Welsch, Ulrike/Photo Researchers Inc.: 167TR. Wheeler, Nik: 159. Whitby, Ron/FPG International: 249L. Wolfe, Bernard P./Photo Researchers Inc.: 373T. Young, Tess & David/Tom Stack & Assoc.: 444. Young-Wolff, David/Photo Edit: 9B, 11B, 64TL. Zuckerman, Jim/WestLight: 333.

Illustration

Barrow, Ann: 182B. Broad, David: 29, 59, 85B, 115, 147, 177B, 207, 245, 275, 303, 331, 367, 395, 421B. Gregory, Lane: 25, 52, 76, 106, 109, 122, 137, 185T. Harden, Laurie: 102, 103. Jaekel, Susan: 75, 92, 115, 136, 138, 139, 184T, 414T, 416. Lacamara, Carlos: 7, 56, 57, 174, 211R, 260, 271T, 273, 294, 301B, 308, 365, 396BR, R10, R28, R33. Lazor-Behr, Beverly: 26, 53, 228. LeMonnier, Joe: 14, 30, 32, 34, 39, 42, 55, 383. Magovern, Peg: 408, 409. Maxey, Betty: 190, 191, 194T, 194MR, 194B, 195ML. McCreary, Jane: 15, 37, 93, 163, 234T, 235, 238, 339, 358, 375, 419B, 429B. Merrilees, Rebecca: 135. Miller, Lyle: 19, 440, 442, 443, 448, 449, 454, 455. Moore, Stephen: 193B, 200, 354, 360. Ordaz, Frank: 237T, 300T, 362. Sauk, Ed: 113. Schofield, Den: 14, 43, 98, 381, 384, 385, 403. Simison, D.J.: 17, 20, 45, 51, 73, 92, 105, 135, 160, 161, 164, 165, 233, 269, 292, 293, 316M, 317, 320, 321, R2, R18. Strebel, Carol: 352, 353, 374T, 380, 381. Thewlis, Diana: 169, 221, 252T, 288, 289, 310. Treatner, Meryl: 263, 357. Yu, Qin-Zhong: 191, 195TR.

Vista credits

Ecuador - Now
1 - Cotopaxi volcano: ©Eduardo Gill/Black Star/PNI. 2 - City of Guayaquil: Matteo Torri/Imago Latin Stock. 3 - Oil excavation: ©Tayacan/Panos Pictures. 4 - Handmade rugs: Robert Frerck/Woodfin Camp & Associates. 5 - Shrimp packing: Matteo Torri/Imago Latin Stock. 6 - Sea lions: ©David Fritts/AllStock/PNI. 7 - Banana farm: Matteo Torri/Imago Latin Stock.
Ecuador - Then
1 - Harvesting barley: ©Jeremy Horner/Panos Pictures.
2 - Woman at market: Robert Frerck/Odyssey Productions/Chicago. 3 - Rain forest: ©Wolfgang Kaehler. 4 - New Cathedral: Suzanne L. Murphy/DDB Stock Photo. 5 - Independence Plaza: Patricia Sydney Straub/DDB Stock Photo. 6 - Marine iguanas: Kevin Schafer, Martha Hill/AllStock/PNI. 7 - Making Panama hats: ©Jeremy Horner/Panos Pictures.
Mexico - Now
1 - Alhóndiga: David Alan Harvey. 2 - Maya girl: Danny Lehman/©Corbis. 3 - Stock exchange: Poulides/Thatcher/Tony Stone Images. 4 - Picking grapefruit: Kal Muller/Woodfin Camp & Associates. 5 - Television assembly: Mark Segal/Tony Stone Images. 6 - Oil platform crew: Stuart Franklin. 7 - Reforma Monument: Peter Menzel/Stock, Boston/PNI.

Mexico - Then
1 - Uxmal ruins: Bill Ross/Woodfin Camp & Associates. 2 - Olmec statue: ©Mireille Vautier/Woodfin Camp & Associates. 3 - Tzotzil Indian market: ©Robert Frerck/Woodfin Camp & Associates.
4 - Blue skies: David Alan Harvey. 5 - Singers: David Alan Harvey. 6 - Cane chair weaver: Kevin Schafer/Tony Stone Images.
7 - Fishermen: Robert Frerck/Tony Stone Images.
España - Now
1 - Guggenheim: Photo by David Heald. 2 - Málaga: ©Robert Frerck/Woodfin Camp & Associates. 3 - Paseo del Prado: ©Kim Newton/Woodfin Camp & Associates. 4 - Fishing boats: ©Richard During/AllStock/PNI. 5 - Sagrada Familia: Adina Tovy/DDB Stock Photo. 6 - Art conservation lab: Louis Mazzatenta. 7 - Basque shepherd: Joanna B. Pinneo.
España - Then
1 - Plaza Mayor: Oliver Benn/Tony Stone Images. 2 - Hillside town: Robert Frerck/Woodfin Camp & Associates.
3 - Celebration: Tor Eigeland. 4 - Moorish arches: Jon Bradley/Tony Stone Images. 5 - 14th-century castle: Patrick Ward/©Corbis. 6 - Spanish riding school: Robert Frerck/Woodfin Camp & Associates.
Puerto Rico - Now
1 - Tropical vegetation: ©Tom Bean 1992. 2 - Radio telescope: ©Dan McCoy/Rainbow/PNI. 3 - Laguna del Condado: ©Len Kaufman/Black Star/PNI. 4 - Ponce Museum: Joan Iaconetti.
5 - Pineapple harvest: Robert Frerck/Odyssey Production/Chicago. 6 - Athletic competitor: Stephanie Maze. 7 - Cathedral: Macduff Everton.
Puerto Rico - Then
1 - La Princessa Promenade: Stuart Westmorland/Tony Stone Images. 2 - Plaza de Armas: ©Wolfgang Kaehler. 3 - Residential area: Robert W. Madden. 4 - Traditional folk dance: Suzanne Murphy-Larronde/DDB Stock Photo. 5 - Coqui frog: ©Kevin Schafer. 6 - Fruit stand: Robert Frerck/Odyssey Productions/Chicago. 7 - Three Kings parade: Suzanne Murphy-Larronde/DDB Stock Photo.

Maps

Eureka Cartography, Berkeley, CA.

Special thanks to Debbie Costello, Barbara Luck and Alisa Peres for loan of the chapter opener objects from their collections.